한자론

불가피한 타자

이 역서는 2010년도 정부재원 (교육과학기술부 학술연구 조성비)으로
한국연구재단의 지원을 받아 이루어졌음 (NRF-2010-361-A00018)

문자 · 사회 · 문화 총서 31

漢字論 不可避の他者

한자론

불가피한 타자

고야스 노부쿠니 지음 이한정 옮김

연세대학교 대학출판문화원

KANJI RON: FUKAHI NO TASHA
by Nobukuni Koyasu

First published 2003 by Iwanami Shoten, Publishers, Tokyo.
This Korean language edition published 2017
by Yonsei University Press, Seoul
by arrangement with the proprietor c/o Iwanami Shoten, Publishers, Tokyo.

옮기고 나서

이 책은 2003년에 일본 이와나미서점(岩波書店)에서 출간한 고야스 노부쿠니(子安宣邦)의 『漢字論—不可避の他者』(한자론—불가피한 타자)의 완역이다. 고야스 노부쿠니는 일본 사상사의 연구자로 널리 알려져 있다. 도쿄대학 윤리학과를 졸업한 후 요코하마국립대학 교수를 거쳐 오사카대학 교수로 1996년에 퇴임했다. 그의 저작 중 다수가 이미 국내에 소개되어 있다. 출판연도 순으로 살펴보면 다음과 같다. 『야스쿠니의 일본 일본의 야스쿠니』(김석근 역, 산해, 2005), 『동아 대동아 동아시아』(이승연 역, 역사비평사, 2005), 『귀신론』(이승연 역, 역사비평사, 2006), 『일본근대사상비판』(김석근역, 역사비평사, 2007), 『후쿠자와 유키치의 문명론의 개략을 정밀하게 읽는다』(김석근 역, 역사비평사, 2007), 『일본 내셔널리즘 해부』(송석원 역, 그린비, 2011). 또한 2009년 9월 15일부터 18일까지 한국학중앙연구원과 성균관대에서 네 차례의 연속 특강을 통해 고야스 노부쿠니는 '동아시아 공동체와 야스쿠니 참배', '일본 민족과 교과서 문제', '한일 관계사와 독도, 한류'의 문제를 다루며 국내의 독자들과도 만났다. 미셸 푸코의 '담론' 개념을 일본사상사를 다시 파악하는 이론 틀로 삼아 일본 에도 시대의 사상가인 모토오리 노리나가, 오규 소라이, 히라타 아쓰타네의 '국학'에 담긴 내셔널리즘의 근원을 되묻고, 일본의 유학자였던 이토 진사이의 사상을 '인륜학적 세계'로 파악하였다. 나아가 일본의 근대 사상의 출발지점에 있는 후쿠자와 유키치 등을 통해 일본 내셔널리즘에 대한 비판적 시선을 던졌다. 이 책 '한자론'도 고야스 노부쿠니가 이룬 일본 사상사의 분석 작업 가운데 하나라 말할 수 있다. 책의 주요 내용과 발간 의의는 뒤에 수록한 최경열 선생님의 해설/Introduction 「타자와 공존해야 한다」에 맡기기로 하겠다. 최경열 선생님은 이토 진사이의 『동자문』, 『논어고의』, 『맹자고의』 등을 한국어로 옮긴 한문학자이자 한문번역자다. 아울러 『흔들리는 언어들』(성균관대학교 대동문화연구원, 2008)에 수록된 고야스 노부쿠니의 「근대 일본의 한자와 자국어 인식」은 이 책에 대한 개괄적 성격의 논문이므로 일독하면 크게 참고가 될 것이다.

여기에서는 이 책의 번역 과정에 대한 회고로 가름하고자 한다. 옮긴이가 번역을 맡게 된 것은 고인덕 선생님의 추천에 의해서다. 박사논문으로 일본 근대 문학자의 언어사상을 다루었던 관계로 고야스 노부쿠니의 저작물에는 이미 배움이 컸었다. 이 책의 번역을 의뢰받았을 때에는 자신의 역량은 염두에 두지 않고 번역을 통해 꼼꼼하게 다시 읽을 생각에 무척이나 기뻤다. 하지만 번역 작업은 간단하지 않았다. 고야스 노부쿠니의 독특한 문체와 역사적 맥락을 띠고 있는 다양한 용어를 어떻게 한국어로 옮겨야 할지 곤란한 점이 적지 않았다. 예를 들어 고야스 노부쿠니의 문체는 과거와 현재 시제를 섞어 쓰고 있으며 문장도 대체적으로 길다. 이에 적절하게 대응하며 저자의 문체를 최대한 존중하며 옮겼다. 그리고 '倭語'와 '和語'라는 말이 있다. 여기에 또 '国語'와 '日本語'가 있다. 한국어로 옮기면 모두 '일본어'라는 뜻이다. 그러나 이 용어는 역사성을 띠고 있기에 단지 '일본어'라고 옮기면 맞지 않다. 그렇다고 한자말을 그대로 한국어 바꾸어 '왜어'나 '화어'라고도 쓸 수 없다. '倭語'는 한자로 된 단어, 즉 한어(漢語)에 대해 일본 고유의 단어를 의미하는 '일본어'다. '和語'는 '倭語'와 같은 의미로 쓰이는 말이나 '和'라는 글자는 '倭'라는 글자보다 더 일본어의 고유성을 강조하는 용어다. '国語'는 번역하자면 '국어'이나 이는 일본의 '국어'를 뜻하므로 '일본어'라고 할 수 있다. 하지만 한국어로 말하는 '일본어'는 '日本語'이지 '国語'는 아니다. 그렇다고 '国語'와 '日本語'를 모두 '일본어'로 번역하면 이는 역사성을 소거하게 된다. 이렇게 까다로운 용어가 한둘이 아니다. 번역문에 병기한 한자는 원저에 쓰인 대로 일본어 한자를 사용했다. 번역문을 작성하면서 옮긴이의 역자 주는 최소한으로 하면서 번역문에서 이러한 역사적 용어의 성격이 훼손되지 않도록 노력했으나 그 의미를 충분히 살리지 못한 점도 있을 수 있다.

그러나 다행히 이 책의 번역은 옮긴이 혼자서 방에 틀어박혀 하지 않았기에 오류를 줄일 수 있었다. 번역은 해설을 써주신 최경열 선생님과 역사학을 전공하신 한규현 선생님, 이렇게 셋이서 2년에 걸쳐 강독 세미나를 진행하면서 했다. 번역문의 손질은 한규현 선생님께서 맡아 주셨다. 아마 이 두 분과 함께 하지 않았더라면 다소 읽기에 어렵지 않은 번역문으로 완성하기 힘들었을 것이다. 우리 셋은 매주 한 번씩 만나 정말로 즐겁게 이 책을 읽었다. 한자의 문제를 이렇게 명쾌하게 사상사적 흐름에서 짚어 내다니! 하는 감탄의 소리를 몇 번이나 흘렸는지 모른다. 최경열 선생님의 해설은 이를 적확하게 담아 내셨다. 한문학자로서의 시야가 책을 읽는 독자에게 큰 도움이 되리라 믿는다. 고 인덕 선생님과의 인연, 그리고 최경열, 한규현 선생님과의 우정으로 빚어진 번역 작품이다. 선생님들께 진심으로 고마운 마음을 전한다. 또한 번역서를 낼 수 있도록 지원해주신 연세대학교 인문학연구원 HK문자연구사업단에도 감사의 말씀을 드린다.

이 한 정

해설/Introduction

타자와 공존해야 한다

사상가이거나 사상을 연구하는 사람이라면 한자를 가지고 무엇을 할 수 있을까. 중국이라는 거대한 문명을 연구하는 통로로 볼 수도 있고, 표의문자의 세계에 매혹될 수도 있을 것이며 다른 언어와 견주어 보는 직업도 할 수 있을 것이다. 어느 것이나 훌륭한 아카데미즘의 표본이 될 수 있을 것이다. 그렇다 해도 근대국가 성립 이후에는 학문의 어떤 탐구도 국가성國家性을 전제로, 국가성을 우선으로 하지 않을 수 없다. 한자의 경우에도 이미 연구대상으로서 사후적으로 파악하고 접근하게 되는 것이다. 연구 대상의 사후성은 강조할 필요가 있다. 근대적 학문의 표식이 묻어 있는 그 어디서건 국가라는 인장이 보이게 혹은 보이지 않게 찍혀있기 마련이다.

고야스 노부쿠니가 한자를 주목한 이유가 국가의 차이를 인식하는 데서 왔음은 주목을 끈다. 동문동종同文同種이라는 사유가 동양 국가에 스며 있다. 한자라는 공통 문자로 표기한다는 상황에 근거를 둔 것이다. 이는 동일한 문자사용이라는 착각일 뿐 기실 위장이고 허구였음을 깨달았다고 작가는 고백한다. 작가의 자각이 일본어와 한자의 관계를 추적하는 계기였다.

고야스 노부쿠니의 논의를 요약해 보자. 일본에서 한자는 전통적으로 일본어 속에 융화된 존재였다. 그런데 한어漢語라는 말로 새로 지칭

되어 외래성이 강조되면서 재정의 된다. 이 때 재정의는 국어로서의 일본어 성립과 관련이 있다. 국가가 성립하고 국가성립의 필수요건으로 국어를 요청하고 국어의 고유성이 강조되면서 외래/고유의 이항대립이 형성된 것. 이 틀 속에 한어가 정립된 것이다. 그렇다면 국가성립 이전에는 한어라는 인식이 존재하지 않았던 것인가. 일본어와 병존했던 언어로서, 일본어가 소화한 표기체계의 하나로 소위 한어는 일본어에 자연스럽게 수용되어 녹아있었던 게 아니었던가. 문제가 간단하지 않았던 것은 이미 전통시대에 모토오리 노리나가라는 학자가 『고사기古事記』 연구를 통해 한자가 외래언어임을 인식했다는 사실이다. '중국 사상 · 이데올로기〔漢意〕'비판이라는 프로젝트로서 모토오리 노리나가는 전례없는 스칼라십을 발휘, 일본어의 고유성을 증명했던 것. 모토오리 노리나가의 치밀한 연구가 일본 국학의 뿌리이자 자존심임을 거론하는 것은 췌언에 불과할 터.

모토오리 노리나가의 학문적 성과는 일본 고유어의 아름다움과 정신[야마토코토바]을 복원 · 구성하면서 고유 · 토착/외래 · 침입의 프레임을 성공적으로 완성했다. 한어는 일본어라는 국어에 침입자로서 호명되고 역으로 한자와 접촉하면서 일본어에 불행이 생겼다는 인식이 생기게 된다. 국어(일본어)와 한어의 이질성이 강조되는데 이 기저엔 일본의 음표주의 표기가 진보라는 생각이 깔려있다. 모토오리 노리나가의 작업을 정면으로 마주하고 음미하지 않으면 현대 국어학자들의 일반적 인식으로까지 전해진 '침입자로서의 한자의 외래성'을 받아들일 수 밖에 없게 된다. 여기서 고야스 노부쿠니의 비판적 검토가 시작된다.

노리나가의 방법론은 이러하다. 한자표기는 빌려온 글자로, 한자표기 이전에 일본 고유의 언어가 존재했다는 것. 한자는 단지 표기하는 수단이었다는 것. 다시 말해 고유어의 존재가 선행하고 한자를 통해 고유어를 적었을 뿐이라고 가정하는 것이다. 모토오리는 한자표기를 한 방식으로, 일본 고유어를 적는 투명한 언어/거울로 보았던 것이다. 한자라는 외피를 벗기면 일본 고유어-일본고유의 정신을 복원할 수 있다는 생각이다. 모토오리의 인식과 학문 방법을 어떻게 비판하고 극복할 것인가. 고야스 노부쿠니는 모토오리의 인식 근저를 다시 읽는다. 여기서 '다시'라고 말한 것은 고야스가 이전에 모토오리의 가정을 전적으로 수용하고 찬동하는 논의를 벌인 적이 있기 때문이었나. 모토오리의 성과를 재점검하는 게 아니라, 모토오리 학문의 근본전제를 다시 읽는 것, 이 점이 중요하다. 모토오리는 순수한 일본어가 선행하며 한자는 단지 표기수단이라고 간주했다. 고야스는 이 전제를 뒤집는다. 순수한 일본어가 선행하는 것이 아니라 문자로 표기되면서 언어가 형성됐다는 것이 그 핵심이다. 순수한 일본어라는 인식은 허구로서 상정된 것이며 고유어/언어라는 인식은 문자표기 이후에 형성되었다는 말이다. 고야스의 지적은 단순히 자연언어의 존재와 그것의 표기라는, 순서로서의 선후先後를 말하는 게 아니다. 언어와 문자표기를 분리하는 사고는 별개로 분리할 수 없는 것을 편의적으로 갈라놓은 것이며, 구어의 선행성을 강조하는 사유는 가치 우위로 논단될 문제가 아님을 간파한 것이었다. 한마디로 모토오리가 작업의 토대로 둔 전제는 허구로 상정된 명제였다는 말이다.

언어문제를 연구하면서 자기 언어, 소위 토착어에 가치를 부여하는 사고방식을 문제 삼은 것이다. 한자표기를 보고 우리 고유어가 있다, 이건 한자다 하고 분리하는 사고방식은 사후적인 것임을, 다시 말해 후대의 분별의식으로 이전 시대의 사태를 소급해석한 시대착오임을 밝힌 것이다. 한자표기는 고유어를 볼 수 있는 투명한 유리창이 아니다. 고유어가 과연 존재하기나 할까. 언어와 문자표기가 각자 따로 존재할 수 있을까. 고야스의 논의는 언어(구어)와 표기체계 사이의 관계를 근본적으로 재검토할 것을 촉구한다. 한자표기는 고유어를 적는 단순 매개가 아니라는 말이다. 표기를 통해서 비로소 언어 인식이 생긴다. 이 점은 강조되어야 한다. 일반적으로 생각하는 것처럼 언어인식이 먼저 존재하고 표기는 나중에 필요에 의해 요청되는 게 아니라, 재삼 강조하지만, 표기를 통해 언어인식이 생겨나는 것이다. (표기를 하면서 동시에 바로 언어의식이 형성됐는지 그 또한 의심해 볼 만 한 문제다.)

모토오리의 연구는 자신의 전제를 밀고 나가 방대하고 치밀한 연구성과를 낳았다. 이에 따라 그의 한어 인식은 후대에 결정적인 영향을 끼쳤다. 일본에 근대국가가 성립하는 시기, 국어의식이 특별히 강조되었다. 민족국가 성립에 국어는 동질성의 토대다. 근대국가의 독립성은 국어를 원천으로 분별의식까지 내세운다. 일본어에 끼어든 존재로서 한어는 타자화 될 수밖에 없었다. 국가의식의 성립과 함께 근대학문으로서 국어학 · 언어학이 구성되고 학문적 요청이자 귀결로서 한어를 외부요소로 설정했다. 그 설정에 따라 국어의 지도가 그려졌던 것이다. 역시 모토오리의 경우와 전혀 다름없는 전도된 사고였다. 근대적 양식으로 옷만 갈아입었을 뿐 작동방식은 다르지 않다. 그런데 문제는 여기에서만 그치지 않는다. 전도된 사고는 윤리학과 윤리의 관계에서도 그대로 적용된다. 악화된 케이스가 또 있었던 것. 사태는 반복되었다.

윤리와 윤리학은 다르다. 윤리학은 학문으로 세워진 것이다. 기묘한 것은 윤리문제가 발생하고 이에 대한 학문적 대응으로 윤리학이 발생한 게 아니라, 윤리학이라는 학문시스템이 먼저 성립하고 그 틀 안에 윤리를 담았다는 사실이다. 유럽에서 산업혁명 이후 부르주아 자유주의가 득세하면서 개인주의의 발흥과 함께 새로이 ethics라는 학문이 부흥한다. 서양학문을 익히러 유럽에 유학한 학자를 통해 ethics가 수입되는데 ethics의 번역으로 윤리학이라는 말을 택한 것. 문제는 윤리학의 '윤리倫理'라는 말에 전통시대 중국유학의 그림자가 담겨 있었다는 사실이다. 전통유학과 전혀 상관없는 ethics를 번역하면서 단지 번역어로서 '윤리'라는 말을 사용한 것인데 언어의 동질성이 뜻하지 않은 혼란을 불러왔다. 일본의 유학자들이 '번역어' 윤리라는 말을 전통유학의 범주 안에서 꺼내와 근대적 재해석을 가한 것. 서양의 개인윤리학이었던 ethics가 근대국가의 성립과 함께 국민교육으로서의 윤리학으로 변용이 요청되던 때였다. 국민국가에 불가결한 존재로서 집단정체성을 가진 동질적 존재-국민이라는 자각이 형성되어야 했고 개인윤리학은 국민윤리학이라는 집단윤리로 변형되어야 했다.

서양으로부터 전혀 다른 개념으로 수입한 ethics가 윤리로 번역되는 순간 다른 개념(전통유학)과 뒤섞이고 의미가 변질됐다. 국민국가 형성이라는 외부요인이 작용해 의미 변화를 겪은 윤리학은 학교제도 안에 자리를 잡는다. 그 이후 윤리학이라는 학문 테두리 안에서만 윤리문제가 형성된다. 실로 기묘한 일이 아닐 수 없다. 번역어로 선택된 윤리라는 말이 개념의 곡예를 겪고 정착한 사정은 근대학문의 곡예와 정비례한다. 이후에 벌어진 상황은 윤리학 성립의 기묘한 경로를 그대로 반영한 것이었다. 학문으로서 윤리학이 학제시스템으로 먼저 터를 잡고 학문구조에 따라 실제 윤리문제를 구성하면서 현실(윤리)이 학문(윤리학)에 종속되어 버린 것이다. 당연히 윤리학 체계 안에 포함되지 못한, 포함될 수가 없던 문제가 생기게 되자 윤리학은 전혀 대응을 못하게 된다. 현실이 학문에 발목을 잡힌 형국. 가장 중대한 문제 가운데 하나인 환경문제, 특히 핵과 관련된 시급한 사안에 벙어리가 되고만 윤리학은 학문체계로 먼저 성립한 윤리학의 한계를 적나라하게 보여준다. 이 대목에서 고야스의 분노가 느껴지는 것 같다. 학문이 무엇에 종속되는 것도 불행이지만 아카데미즘의 절대적 자유는 얼마나 공허하며 대가代價도 얼마나 큰 것인가.

고야스 노부쿠니의 도키에다와 모토오리 재발견 과정에 대한 자세한 논의는 여기서 되풀이할 필요가 없을 것이다. 대학자 모토오리 노리나가를 비판적으로 읽고, 근대국가의 성립과 함께하면서 타자성을 도입한 근현대 국어학·언어학의 정체를 밝히고, 윤리학의 문제까지 검토한 이후 도키에다의 발견은 고야스에게 필연적인 과정이었을 것이다. 현재는 학계에서 거의 무시하고 거론하지 않는 도키에다를 고야스가 발굴한 이유를, 작가의 논의를 따라온 사람이라면 충분히 예측할 수 있을 것이다. 한자의 타자성을 강조해 침입자로 설정하고 이질성으로 딱지 붙이는 것이 학계와 일반의 풍토다. 도키에다는 한자를 가나문자와 아무 구별도 하지 않고 (즉 타자로 보지 않고) 내부의 자기 것으로 보았던 것. 도키에다 학문의 일체성이 고야스 노부쿠니에게 중대한 시사점을 제공했던 것이다.

「제5장 한자와 국어의 사실 - 도키에다의 언어과정설의 성립」은 고야스가 공들여 쓴 도키에다 학문의 재음미와 소개다. 도키에다를 소환한 이유는 그의 학문에 대한 재평가를 요구하는 수준에 머물지 않는다. 근대국가의 성립과 근대학문의 구축이 분리되지 않고 근대학문의 구축이 윤리와 (윤리학이 아니라) 구분될 수 없음을 고야스는 책 전반에서 강조한다. 궁극적으로 작가는 타자성이라는 딱지가 불러오는 위험성을 알리고 싶었을 것이다. 타자성 강조에 숨은 배제의 논리는 고유성의 강조와 표리를 이룬다. 타자라고 딱지 붙이는 순간 내부공간이 형성된다. 내부공간은 외부와 구분을 생성하면서 가치의 위계를 만든다. 고유성 우선. 그것은 근대국가의 형성 시점과 일치한다. 고야스는 근대주의가 불러온 타자성의 폭력을 환기시킨다. 이항대립과 구별을 불러온 근대학문이 배제의 정치학과 하나도 다르지 않으며 순수 아카데미즘이 얼마나 윤리성을 결여했는지를 보여준다. 아카데미즘의 정치성 혹은 윤리의 결여를 자양분으로 삼은 무책임성, 그리고 이 모두를 에너지원으로 삼아 폭력을 정당화하는 근대국가 시스템에 대한 비판이 이 안에 담겨 있다.

사상사가思想史家로서 고야스의 저작이 주는 파워는 아마 여기에 있을 것이다. 사상을 연구하면서 그것이 관념의 나열이 아님을, 휘황찬란한 학설의 전시가 아님을 염두에 두고 자신의 뿌리까지 의심하고 들추는 그의 글엔 용기가 있다. 그는 정확히 사상의 역사를 말한다. 사상이란 독립된 추상의 전개가 아니라 한 시대의 필요와 요청에 대응한 구체적 사고이기에 철학과 다르며, 역사란 단지 시간의 추이와 적층이 아니기에 연대기와 다른 것이다. 이점에서 고야스의 사상사 연구는 시사점이 적지 않다. 마루야마 마사오의 사상사 연구를 계승했다는 고야스에 대한 평가가 있다. 근대 사상사 연구자 마루야마 마사오가 앞에 있고 현대 연구자 고야스 노부쿠니가 뒤에 존재한다는, 뛰어난 두 학자의 시간성을 얘기하는 게 아닐 것이다. 헤겔을 중심으로 한 독일 계통의 학문이 푸코나 레비나스를 통과한 현대철학으로 이동했다는 점을 말하려는 것도 아닐 것이다. 고야스의 저작이 암시하는, 근본적인 삶의 문제로서의 학문, 사회적 존재로서의 학문에 대한 통찰로서, 그 주체가 개인이든 국가이든 윤리문제를 끝까지 품은 고야스에 대한 긍정적인 평가로 읽어야 할 것이다.

이 책을 다 읽고 나니 감회가 없을 수 없다. 고야스의 안목을 빌려 한국에서 벌어지는 사태에 적용해 보자. 얼마 전 초등학교에 한자 병기를 허용하겠다는 발표가 있었다. 2019년부터라 했고, 쉬운 한자 중심으로 300자 제한을 두어 5~6학년을 대상으로 한다는 전제를 달기는 했다. 당연히 한글교육을 중시하는 한글단체 등의 반발이 따라붙었다. 한자표기 문제만 거론되면 조건반사적으로 나타나는, 어휘력 증가 등의 교육효과를 내세우며 한자교육을 찬성하는 쪽과 불필요한 학습부담 등을 이유로 반대하는 단체의 화해할 수 없는 평행성은 익히 보아온 풍경이다. 찬성과 반대라는 현상과 그 배후에 놓인 다양한 이유 역시 늘 들어오던 논리라 새삼스러울 것도 없다. 당혹스러운 것은 정책 측면으로만 접근해 찬반이라는 흑백논리 안에서 폐쇄적으로 작동하는 방식을 문제 삼지 않는 태도다. 한자와 한글 사이의 관계, 그 둘을 명확하게 경계 짓고 던지는 발설은 과연 합당한가. 이 둘의 관계를 흑백으로 정확히 가를 수 있는가. 또한 과연 가치 판단의 문제까지 품고 말할 수 있는가. 놀라운 일은 고야스가 지적했던 내부공간, 한글이라는 고유 영역을 구축하고 한자를 침입자로 보는 시각이 의심 없이 전제된다는 사실이다.

엄밀히 말하면 한국어라는 언어와 한글이라는 문자 표기는 반드시 일치하는 게 아니다. 한국의 경우 둘 사이의 관계가 검토 없이 그대로 통용된다. 예를 들어 보자. 보통 한글학자라고 말하지만 그들은 국어학 연구를 하고 있다. 한글이라는 문자표기를 연구한다고 하지만 실상 언어로서 한국어를 연구한다. 한글학자건 언어학자건 언어학자linguist라는 말로 대치될 수 있는 성질의 것이다. 한글학회에서는 과연 '한글'이라는 문자표기 시스템만을 연구하고 있는가. 언어와 문자는 상관관계가 높기는 하지만 그렇다고 해서 한국어공동체가 반드시 한글공동체인 것은 아니다. (외국에 사는 한국인들의 한국어공동체가 과연 한글공동체이기도 할까?) 한글이 생기고 나서 그 이후에 한국어공동체라는 동일한 어떤 것을 상상하게 된 것이다. 한글이 생기기 이전에는 한국어공동체는 한글을 필연적으로 쓰게 되리라고 상상하지 않았을 것이다. 한글이라는 문자 표기가 생기고 나서 한국어공동체를 상상하고 이 한국어공동체는 신라시대 이전으로까지 소급되는 유구한 역사를 가진 언어공동체로 역사성을 부여 받은 것이다. 유구한 역사성, 이 말은 중요하다. 근대 민족국가 성립에 언어공동체로서의 자질은 필수적이었다. 한글이 만들어지기 전의 사회는 분명 문자공동체와는 다른 존재였음에도 '한글이라는 문자'는 '한국어라는 언어'와 순식간에 일치가 되었다.

문자와 언어는 같은 것으로 당연시 되었다. 문자와 언어는 근대-민족이라는 정치적-종족 결사체와 한 몸이 되면서 무적의 이데올로기가 되었다. 언어와 국가와 민족에 문자까지 더해져 상고하게 성립된 근대 이데올로기는 역사까지 거슬러 올라 변함없는, 유구한 언어공동체를 끊임없이 강조한다. 그것은 시대착오다. 그것은 상상된 공동체다. 상상된 것이기 때문에 더욱 위력을 발휘한다.

이렇게 성립한 유구한 공동체는 고유성을 내세우며 자기만의 영역을 구축한다. 영역을 구체적으로 구성한 장소의 메타포는 견고한 자기 완결성을 갖추게 되고 고유성에 반하는 모든 요소는 침입하는 타자가 된다. 건강한 몸에 끼어드는 바이러스로 규정되는 것이다. 한자라는 이질적 존재가 그것. 근대 이전엔 내부/외부의 구별의식 없이 쓰였던 한자는 나중에 구성된 근대에 의해 갑자기 고유공간에 침입한 타자가 되었다. 순수한 국어의 표상 앞에 한자는 타자로 재정의 된 것이다. 타자로 규정된 한자는 문자교육 문제가 불거질 때마다 이질적 존재로 소환되어 한글의 우수성과 순수한 한국어를 강화시키는 볼모로서 강력한 상징이 된다. 한글에 대한 애정과 우수성이 강조될 필요가 있을 때마다 한글의 알리바이를 위해 한자는 계속 소환되는 존재다. 한글이 가진 이 강고한 프레임은 깨질 수 없는 것이고 깨져서도 안 되며, 이 프레임이 작동하는 한 한자의 침입성은 쉼 없이 환기될 것이다. 한글의 존재 이유는 한국어-국어에 기반하며, 우리 언어 위에 민족이 존재한다. 민족은 동일하고 순수하다. 그래야 한글을 사랑하고 한국어를 사용하는 자랑스런 한국인으로 규정된다. 한글은 한국어고 한국어는 민족정체성이며 민족정체성이 있어야 한국인이라는 정치적 공동체가 존재한다.

그 사이에 틈은 없다.

고야스의 논의를 따라 우리 사태를 비춰보면 검토되지 않은 채 질주하는 논리의 폭력을 보게 된다. 언어와 문자는 다르다는 기초적인 사실, 언어공동체가 정치공동체와 반드시 일치하지는 않는다는 상식이 끼어들지 못한다. 언어와 문자와 정치와 종족성이 완전체가 된 현실. 여기에 윤리가 개입할 자리는 있기나 한 것일까. 고야스의 전언傳言을 되새기다보면 숱한 문제가 떠오른다. 아카데미즘이라는 미명 아래 절박한 문제는 외면하고 속편하게 공부하고 있는 건 아닐런지.

처음 제기한 질문으로 돌아가 보자. 사상을 연구하는 사람으로서 무엇을 할 것인가. 고야스는 한자라는 표기체계를 통해 근대국가의 결여를 지적한다. 그 결여가 얼마나 위험한지 경종을 울린다. 학문이란 현실에 대한 고차원의 어프로치나 코멘트라 할 때 고야스의 연구는 한 모델이 되는 것 같다. 탁월한 저술이다.

최 경 열*

---

* 번역가. 이토 진사이 선집 총 4권을 번역했다.

목 차

제1장
'한어'란 무엇인가

몇 세기에 걸쳐 중국어는 조선어, 일본어, 베트남어의 어휘 안으로 홍수처럼 들어갔지만, 어떠한 답례품도 받지 못했다.

에드워드 사피어, 『언어』

중국 문자는 일본말에 적합하지 않으며, 일본말과 중국의 문자는 성질이 다릅니다 ……. 일본인이 뛰어난 문화를 지니고 있으며 일본의 문화를 더욱더 진전시켜 나가고 있습니다만, 여기에 크나큰 방해가 되는 것은 일본인이 중국 문자를 사용한다는 것입니다.

쓰다 소키치, 『일본 문예의 연구』

1. '한어' 개념의 성립

국어학자 야마다 요시오(山田孝雄, 1875~1958)는 『국어 안의 한어 연구』[1]

1) 山田孝雄『国語の中における漢語の研究』(宝文館, 1940년 초판 발행, 1958년 정정판

에서 처음으로 일본어의 한어(漢語) 문제를 체계적으로 깊이 연구했다고 한다. 하지만 야마다의 이 책은 무엇을 처음으로 연구한 걸까? 그는 '서문'에서 도호쿠대학의 1931년도 강의를 바탕으로 집필하였음을 언급하고 "이 책은 한어를 구가하자는 것도 아니고 배척하자는 것도 아닌, 다만 한어 자체가 국어 안에서 어느 정도의 양을 차지하며, 어떠한 지위와 성질로 다루어지고 있는가에 대한 실상을 알리는 데 있다"라고 저술 취지를 밝히고 있다. 과연 책 제목이 나타내는 대로 집필 의도는 '국어 속의 한어'라는 시점에서 이루어진 한어의 실태 연구였다. 이와 동시에 성립하는 것은 다름 아닌 '한어' 개념, 즉 '국어 속의 한어'라는 개념이다. 원래 한(漢, 중국)의 언어인 한어가 이제 야마다에 의해 일본어 안에 있는 존재로 보이려한다. 다만 여기에서 '일본어 안에 있는 것으로'이지 결코 '일본어로서'가 아님에 유의하자. 이 '일본어 안에 있는 것으로'라는 시점에서 새로운 '한어' 개념이 성립한 것이다. 즉 '한어' 개념은 "국어 안에서 이용되는 중국 기원의 말로 주로 한음(漢音)・오음(呉音)으로 소리 내는 것"[2](山田孝雄「漢語」,『国語学辞典』1955)으로 정의된다. 야마다의 저서가 처음이라는 사실은 이러한 '한어' 개념의 성립과 관련하여 말하는 것이다.

이로써『대언해』(大言海, 1932~37)에서는 그저 '중국의 언어'라고만 설명하고 있던 '한어'가 오늘날 국어사전에서는 "옛날에 중국에서 전래되어 일본어가 된 말. 더 포괄적으로는 한자로 이루어져 음으로 읽는 말"(『岩波国語辞典』제3판)로 설명하기에 이르렀다. 일본어 안에 있는 중국 출신임(외래적 성격을 지닌)[3]을 추적할 수 있는 어휘, 나아가 그 문자(한자)가 중국에서 연유하고

발행).

2) 야마다의 '한어' 정의는 이 이후 국어학사전에서도 기본적으로 답습된다.『国語学辞典』(東京堂出版, 1980)은 '한어'를 "중국에서는 외국어에 대해 자국어를 이렇게 부르지만, 일본에서는 좁은 의미에서 중국에서 기원한 말로, 주로 오음(呉音)・한음(漢音)으로 소리내는 것을 가리키며, 넓은 의미에서는 '고유 일본어(和語)' '외래어'에 대해서 자음어(字音語)를 이렇게 부르고 있다"(森岡健二)라고 정의하고 있다.

3) 괄호의 번역문은 원문에 있는 내용이다. 역자에 의한 보충 내용에 한해서 '옮긴이'라고 명기하겠다. 번역문의 진한 글자와 방점, 〈 〉, [ ], ―, 말줄임표 등의 문장 부호 사용은 원저자에 의한 것이다. (옮긴이)

있음을 아련하게 간직하고 있는 음으로 읽게 되는 한자 어휘를 '한어'라고 여긴다. 요컨대 일본어 안에서 어휘의 문자구성과 그 소리의 읽는 방법에 있어 중국태생이라는 것으로 구별되는 자음어[4]인 것이다.

일본어 어휘에서 중국 출신(외래성)이라는 딱지를 붙이고자 했던 '한어' 개념의 성립을 촉구하는 학문적 시점은 자국 언어로서의 국어(일본어) 성립사나 형성사에 관한 학문적 입장의 확립과 서로 관련을 맺고 있다. 일본에서 자국 언어(국어)에 관한 국어학 · 국어학사의 체계적 고찰은 야마다 요시오의 저서 『국어 속의 한어 연구』가 처음이기 때문이다. '한어' 개념이 자국 언어라는 고유 언어에 대한 시점과 관련해서 성립한다는 점은 '한어' 개념이 한편으로는 '고유 일본어(和語)'의 개념을 성립시키는 것이라는 사실을 보여준다. 따라서 위에서 인용한 『국어사전』은 '한어'에 대립하는 말로 '고유 일본어'를 지시하며, 나아가 '고유 일본어'를 '일본어'의 별칭이라고 하면서 "한어와 서양 등에서 온 외래어에 대한 일본 고유의 단어"로 설명하고 있는 것이다. 일본어 안에 있는 '한어'라는 어휘를 구별하는 시점은 심지어 자국어 안에서 기묘하게도 '고유 일본어'라는 일본어 고유 어휘를 따로 구별하게 만든다.

일본어로 현재 사용되며, 또 예전에 사용되었던 어휘 중에서 한자로 구성되어 자음(字音)으로 읽는 말이 '한어'라면, 거기에는 에도 시대 말기(1853년대 이후)부터 메이지 시대(1868~1912)에 걸쳐 서양어에 대응해 구성된 방대한 수의 한자 신조어, 번역어도 포함된다. 한자에 의한 신조어는 서양문명·학술에 대응하는 과정에서 가나문자로 표기하는 외래 어휘의 증대와 함께 근대 일본에서 끊임없이 창출된 단어들이다. 정치·경제·과학·철학 등과 같은 어휘에서부터 현재 우리들의 사고·표현 활동과 깊은 관계를 맺고 있는 어휘, 예를 들면 주관·객관·추상·구상·개념·명제·정의·인식·현상 등이 각각 서양어에 대응하는 번역어로서 1870~80년대에 걸쳐서 확립되었다.[5] 근대의 새로

4) 여기서 '자음어(字音語)'란 한자의 음읽기와 대응하는 어휘체계라는 의미에서 사용하는 말이다. 고유 일본어(和語)와 한어 이외의 외래어, 즉 서양어(洋語, 外来語)와 구별하여 한자의 글자 음(字音)에서 생긴 어휘라는 의미에서 사용되는 용어다. (옮긴이)

5) 여기에 열거한 말 이외에 철도 · 전신 · 전화 · 전보 · 우편과 같은 일상 한어에서 사상 ·

운 한어 어휘의 성립에 대해서는 따로 고찰하지 않으면 안 되지만, 이와 같은 근대의 신조어를 보면 일본인이 현재 사용하는 언어, 특히 문장 언어(書記言語)에서 소위 '한어'의 수가 엄청남을 알 수 있을 것이다. 그리고 내가 이 글에서 사용하는 문장 속 한자어 대부분은 근대적인 개념용어로서 재구성된 새로운 '한어,' 즉 한자에 의한 번역어, 신조어다.

2. 국어의 침입자

야마다 요시오는 앞에서 언급했던 책 첫머리에서 『언해』(言海, 1889~1891년 초판)에 수록된 어휘 중에서 '고유 일본어(和語)' '한어(漢語)' '외래어(外語)' 별로 낸 통계치를 들면서 "지금 이 통계가 나타내는 바에 의하면 전체 어휘 중에서 고유어가 불과 반밖에 안 된다는 점에 놀랄 뿐이다. 그러나 나머지 약 절반에 해당하는 외래어 가운데 한어가 가장 많은 수를 치지하는 데에 새삼 놀라지 않을 수 없다"[6]라고 놀라움을 드러낸다. 그렇지만 이상한 것은 오히려 국어학자의 이 놀라는 모습이 아닐까. 우리들이 사용하는 말에 외래어가 많다는 이 상황에 대해서 왜 그는 '놀랄 뿐이다'라고 말하는 것일까. 야마다의 이러한 놀람은 우리들이 사용하는 언어에서 절반을 그 스스로가 '고유 일본어'에 대해 '한어'라로 정해 버린 데에서 기인하지 않을까. 스스로 사용하는 말의 절반을 '고유어(固有語)'에 대비 되는 말, 즉 '외래어'라든가 '이질어(異質語)'로 결론짓고서 그 숫자가 많다는 것에 스스로 놀라는 것처럼 보인다.

어쨌든 비웃자는 말이 아니고 야마다의 이러한 놀람에는 국어학자의 언어

문화·문명에 이르는 한어가 근대 일본에서 생겨났고(鈴木修次『漢語と日本人』 각주 24) 참조) 그 상당수가 중국으로 역수출되어 근대 중국의 어휘로 유통되고 있다. 이와 같이 보자면 서두에서 인용한 중국에서 어휘가 일방적으로 유출되었다고 보는 사피어의 문장은 올바르지 않다고 말할 수 있을 지도 모른다. 그러나 근대 일본의 신조어가 한어 조어인 점에서 중국어로 치자면 자기증식으로 간주될 뿐인지도 모른다.

6) 야마다가 인용하는 통계적인 수치는 다음과 같다. 고유 일본어 관련어 수 24,789(59%), 한어 관련어 수 16,500(39%), 외래어 관련어 수 1,016(2%)

의식이 드러나 있다. 다시 말해 '고유 언어(native language)'라는 자국 언어의 이념에 관한 집착과 고유 언어가 먼저 존재한다는 사실을 전제로 한 언어의식이다. 이러한 언어의식이 국어의 '고유어'를 전제로 삼고, 발생사적으로는 외부로부터 고유어에 부가된 것으로서, 혹은 고유 언어에 섞여 들어왔어도 외부성이란 표지에 의해 구별되어야만 하는 것으로서 '이질어·외래어'='한어' '외래어(外語)'의 개념을 성립시킨다. 이러한 언어의식에서 문제가 되는 것은 '국어 안의 한어' 문제다. 다시 말해 국어 안으로 침입했고, 여전히 침입하고 있는 외부자, 혹은 외부성이란 표지를 지닌 타자='한자·한어'의 문제가 만들어진 것이다. 이로써 '한어'에 침범당하지 않은 국어의 생명이 깃든 고유 영역을 강하게 지향하는 야마다의 발언이 나오게 된다. "한어가 침입할 수 없는 국어의 세력 범위를 앎으로써 어디에 국어의 생명이 깃들었는가를 인지해야만 한다. 또한 위와 같이 여러 방면의 연구에 의해 간접적으로도 국어의 본질을 인지해야만 한다"라고 말한다. 나아가 야마다는 다음과 같이 '한어' 연구에 대한 그의 관심을 부연 설명하고 있다.

> 이와 같이 지금 나는 한어가 어떻게 해서 우리 국어에 침입했고, 어떠한 방면에서 들어왔으며, 어느 시대부터 이입되기 시작하여, 국어에서 어떠한 위치를 차지하고 있으며, 국어에 어떠한 힘을 미쳤는지를 상세하게 검토하려고 마음먹고 있는데, 운운.

국어학자의 이러한 언어의식에서 '한어'란 국어에 대한 침입자다. 그렇다고 해도 이 침입자 없이는 국어 그 자체도, 또 그의 국어 생활도 성립할 수가 없다. 그럼에도 불구하고 더욱더 그것은 외래의 침입자라는 신분 표지를 계속 지니지 않으면 안 되는 것이다. 그의 국어 생활을 지탱하는 주요 어휘에 침입자란 신분 표지를 계속 붙여두는 언어의식은 국어학자라는 입장에서 처음 말할 수 있었던 '본래의 일본어'라는 기묘한 표상을 오늘날의 국어학자에게도 따라 하도록 만든다.

문자가 없었던 일본어는 중국에서 전해온 한자에 의해 쓰기가 가능해졌다. 이처럼 고대에서부터 문자를 비롯해 한자음, 한어 차용 등 중국어의 영향을 받았지만, **그것을 제외함으로써 본래 일본어의 모습을 그려낼 수 있는 것이다.**[7)]

3. 국어와 국적의 메타포

국어 중에서 '한어'는 중국에서 유래한다는 외래성의 표지를 계속 붙이고 있는, 아니 오히려 붙이도록 해놓은 어휘다. 그렇지만 '한어'가 국어와 깊이 융화되었기에 한어를 일반적인 외래어와 마찬가지로 다루어야 할지 어떨지 학자들은 망설인다. 그래서 『언해』에 수록된 어휘 통계에서 '고유 일본어' '한어' '외래어'라는 세 종류로 구별한 것처럼 '외래어(외어)'와는 구별된 '한어'라는 범주를 설정했다. 야마다는 국어와 깊이 융화되었기에 '한어'를 별개의 범주로 취급한다는 설정에는 이해를 보인다. 그러나 '한어'가 외래어임에는 틀림없다고 단언한다. 그는 "애당초 한어는 본래 국어가 아닌 까닭에 외래어라고 불러야만 한다"고 말하는 것이다.

'한어'는 국어학자에게 외래어다. 그러나 한어는 국어와 깊이 융화된 외래어다. '한어'를 포함한 외래어에는 국어와 융화되거나, 혹은 단적으로 말해 국어로 동화되는 과정이 존재한다. 야마다는 외래어가 국어로 동화되는 과정을 네 가지로 구분하고 이에 따라서 외래어를 네 가지로 나누고 있다. 첫째, '순수한 외래어'로, 신문 · 잡지에 가타카나로 표기한다. 둘째, '좁은 의미의 외래어'로,

---

7) 白藤礼幸 · 杉浦克己『国語学概論』1「国語 · 日本語」(白藤礼幸, 放送大学教育振興会, 1998). 인용문 중의 방점은 필자에 의함. 이『국어학개론』은 그야말로 순진무구(L'innocente)한 민족주의적인 국어의식에 입각한 개론서로, 굳이 지금 '국어학'을 칭함과 동시에 현대 국어학자의 시대착오적인 언어의식을 알려주기에 귀중하다. 시라후지(白藤)는 굳이 '국어학'을 부르는 이유로서 당당하게 우에다 가즈토시(上田万年)의 말투를 계승하듯 감히 이렇게 말하고 있다. "우리 일본인에게 일본어는 그 안에서 태어나 그 안에서 성장해온 언어이며, 우리들의 아이덴티티를 이루는 것이다. 이와 같은 의미에서 절대적인 것이다. 이 점에서 감히 이 책에서는 '국어'라는 말을 사용하기로 했다."

외국어에서 왔으나 이미 국어 안에서 널리 사용하고 있는 말, 예를 들면 '잉크' '테이블' 등. 셋째, '차용어(借用語)'로, 외국어의 특색을 잃고 국민의 일상어가 된 말, 예를 들어 '담배(たばこ)' '바보(ばか)' '어르신(だんな)' 등. '한어'도 국어에 동화된 정도로 보면 '차용어'의 범위에 포함된다고 본다. 따라서 국민 대다수는 '한어'를 외국어로 의식하지 않는다. 넷째, '귀화어(帰化語)'이다. 동화의 정도가 보다 심화된 말로 고유어와 동일하게 취급되며, 국어로 후대에 전해지는 것이다.

야마다는 이처럼 국어에 동화된 정도에 따라 외래어를 구분하고 '한어'를 동화가 진행된 '차용어', 나아가 '귀화어'의 범주에 이른 것으로 간주한다. 그러나 또한 한어어휘가 '차용어'이며 '귀화어'인 것은 야마다의 언어 혈통주의적인 국적 관념에 따른 것이다. 이것은 야마다가 **한어 문제**를 '외국어' '외래어' '고유어', 그리고 '동화어'나 '귀화어'와 같은 **국적 문제**의 메타포로써 구성하고 있는 점에서도 명백해진다. 여기서 야마다가 외래어가 국어에 동화되는 과정을 국어의 통사법에서 차지하는 위치와의 관계로 말하고 있는, 그야말로 흥미로운 문장을 인용해보자.

> 원래, 외국어가 국어로 들어오는 최초 상태를 고려할 때 그것은 단지 어떤 개념을 나타내는 것으로써 다룰 뿐이지만, 그 자격은 개념어, 즉 단지 체언으로 본다. …… 그러나 이는 첫 번째 순수 외국어의 경우나, 두 번째인 좁은 의미의 외래어인 경우도 마찬가지다. 세 번째 차용어의 경우도 대략 마찬가지다. 즉 그것이 국어 안에 동화된다고 해도 체언으로서 취급될 뿐 더 이상 조금이라도 나가지 못할 때는 역시 빌려 쓰는 차용물의 성격을 벗어나지 못한다. 그러나 그것이 지금 한 걸음 더 나아가 국어에 귀화할 때는 단순히 체언으로 취급하지 않고 국어에서도 용언, 부사로서도 쓰이게 되며, 당연히 국어 조어법의 활동에 지배받기에 이를 것이다. 이 범위에 들어올 때 비로소 귀화어라고 부를 수 있다.

야마다는 체언으로만 이용하던 '외래어'가 용언으로 변하거나 부사로 쓰여야 비로소 '귀화어'가 된다고 말한다. '한어(외래어)'가 국어로 동화되는 과정과 그 정도를 야마다는 여기에서 국적이란 메타포로 말하고 있다. 야마다의 이 말을 따른다면 **한어 문제**란 **국적 문제**라는 메타포에 의해 비로소 문제로서 구성되고, 문제로서 이야기될 수 있을 것이다. 국적 문제가 오히려 국어학적인 담론에서 한어 문제를 부상시킨다. 내셔널 랭귀지(national language)의 혈통주의적인 고유성에 대한 집착 혹은 '고유어(native language)'의 이념이 '외래어'의 동화(귀화)라는 시점에서 이루어지는 한어 문제를 구성하고 있다. '국가'를 말하는 언어와 '국어'를 말하는 언어의 불가분성은 여기서도 명백하다. '국가'의 일국적 기원에 대한 신화가 동시에 '국어'의 일국적 기원 신화를 구성하는 것이다. 하지만 언어를 둘러싼 이 일국적 기원 신화에 입각한 침입자의 서사는 실제로는 무엇을 이야기하는 것일까.

4. '한어' 수입론

야마다가 국어에 침입하는 '한어'를 표상하는 과정은 실제로는 쓰기(書記)언어로서의 일본어의 성립과정이기도 하다. 일본어는 한자·한문 에크리튀르(écriture)로 이루어진 쓰기언어·일본어로서 현실에 존재한다. 이 쓰기언어·일본어의 성립과정을 국어학자는 한자의 도입과 '한어'가 국어로 침입하는 과정으로 표상하는 것이다.

'한어'가 침입하는 과정은 먼저 일본 열도로 한자가 들어오고 사용하는 과정으로 서술된다. 그런데 한자의 이입이란 분명히 문자기호 체계로 도입하는 것이지 중국어라는 음성언어 체계를 말하는 것이 아니다. 한자라는 문자기호 체계가 처음 도입되었다고 할 수 있다. 물론 개개의 한자 어휘는 머지않아 일본어의 한자음[8]을 구성하게 되듯이 특정 지역의 소리(地域音) 내지는 시대의

8) 한자음(字音)이란 일본어의 한자읽기방식으로, 이 한자음에는 한자 어휘의 도래 경로에 따라서 각각 오음[呉音;북방계인 한음(漢音)에 대해서 남방계라 불리며, 男은 'nan', 女는 'nyo' 등으로 읽는 음으로 불교관련 말에 많이 사용된다]·한음[漢音;나라 · 헤이안 시대에 견당사, 일본에 건너온 한반도와 중국대륙 사람들에 의해 전해진 음, 男은 'dan',

소리(時代音)를 동반하여 전해진다. 그렇지만 그렇게 전해진 음이란 한자·한어의 읽기로서의 음이며, 그만큼 중국어라는 음성 언어 체계에서 추출된 것이다. 이것은 무엇보다도 한자가 곧 만요가나[9]로서 표음기호화되어 중국어와는 다른 이질적인 음성언어를 표기하는 문자로 만들어진 사실에서도 명백하다. 한자는 표기문자기호로서 비로소 이질적인 음성언어의 토양에 도입되었던 것이다.[10] 한자는 분명히 표기문자 체계로 들어왔으나 단지 표기 기호로만 도입된 것은 아니다. 한자의 도입이란 무엇보다도 한자가 담당하는 문명체계의 도입인 것이다. 거대한 문명 체계로서 한자문화는 그 문자와 함께 혹은 문자 체계로서 우선 한반도를 거쳐 도입되었다. 백제의 왕인 박사가 "『논어』 10권, 『천자문』 1권"을 조정에 헌상했다라고 적혀있는 『고사기』(古事記)의 오진(応神)천황 시대의 기술은 한자문화의 도입을 상징적으로 보여준다. 문자 혹은 표기언어로서의 한자 도입은 일본에서 한자·표기언어로서 일본어의 성립을 촉진시켰다. 야마다가 한자의 도입과 국어에 대한 한어의 침입 과정으로 그린 것은, 실제로는 표기언어로서의 국어 성립 과정인 것이다.

> 그런데 생각해보면, 이렇게 한문책을 읽고 한문에 친숙하며 한어를 알더라도 이것을 단지 한문을 위해 사용할 때에는 아직 한어를 우리 국어 안에 들여왔다고 할 수 없다. 그렇지만 이렇게 한어에 익숙해짐에 따라 한어를 국어 안에 수

女는 'zyo' 등으로 읽는 음. 일본어의 일반적인 한자음을 가리킨다]·당음[唐音;에도시대에 나가사키를 통해 전해진 중국 명나라, 청나라 초기의 중국어 음. 선승, 통역, 무역상 등에 의해 전해졌다] 등의 구별이 있다. 동일한 한어가 다른 한자음을 가지는 경우도 있고, 중국이나 한반도에서 그 기원을 찾기 어려운 자음(字音), 고유 일본어음(和音)과 관용음(慣用音)도 있다. (옮긴이)

9) 고유 문자를 갖지 못한 고대 일본인들은 한자가 전래된 이후 한자의 음과 훈을 이용하여 일본어를 표기하는 '만요가나'를 만들었다. 한자의 음과 훈을 이용하여 일본어 음을 표기하는 방식에서 10세기 무렵에 일본어의 가타가나와 히라가나가 만들어졌다. (옮긴이)

10) 중국어권에서 다양한 방음(방언)적인 차이를 포괄하는 표기문자기호로서의 한자의 특성, 즉 "표기로서의 한자는 공통이지만 그 읽는 방식은 각각의 방음권의 발음에 맡긴다"라는 특성에 대해서 스즈키 슈지(鈴木修次)가 뛰어난 지적을 하고 있다(「中国語の性格と漢字」, 『漢字とは』 漢字講座 1, 明治書院, 1988). 한반도 및 일본 열도의 한자 수용은 이러한 표기문자인 한자의 성격에 따르고 있다.

입할 수 있는 준비를 충분히 갖추었다고 할 만한 형세가 생겨나는 시기였을 것이다. 다음으로 역시 위와 같이 한문책을 읽고 한문에 친숙하며 한자를 알기에 이르면 이것을 사용하는 일도 일어나고, 게다가 한자를 사용하는 일은 어떤 관점에서 보면 한어를 자유롭게 다루는 것과 깊은 관계가 있기 마련이어서 이러한 사실은 역시 한어의 수입과 커다란 관련이 있겠다. **일본에서 한자를 이용하여 언사(言事)를 기록하기에 이른 것은 언제쯤일까.** …… 그런데 스이코(推古)천황의 치세에 이르면 쇼토쿠(聖德)태자의 저작, 각종 금석문 등이 있어서 오늘날까지 전해지고 있다. …… 더욱이 또한 『천황기』(天皇記)·『국기』(国記) 등의 편찬으로 인해 한자, 한어, 한문을 즐겨 쓴 일이 아주 많았고 이미 국어에 동화된 한어도 다소 존재했다고 생각되지만 확증을 찾기는 어렵다. 그래도 여하튼 이미 한어를 국어 안에 수입할 만한 형세에 이르렀다고 말할 수 있을 것이다.[11]

야마다는 '한어' 수입에 앞서서 한자 도입이 있었고 일본인이 한자 사용에 익숙해지는 과정이 있었다고 말한다. 여기서 야마다가 한어 수입 과정을 단계별로 구분하고 있듯 한사의 이입이란 표기문자기호로서의 이입이고, 따라서 한자에 익숙해진다는 것은 우선 한문식 표기에 익숙해지는 과정이었다. 그리고 이미 일찍이 한자·한문에 능숙하며, 더욱이 한자로 고유 언어를 표기하는 법(이두吏讀·현토吐)을 획득한 한반도에서 건너온 지식인·기술자의 지도로 인해 일본에도 한자 식자층이 생겼고, 얼마 안 가서 그들이 일본어의 한자 표기법을 만들었다. 712년에 성립된 『고사기』는 표기문자·한자로 일본어 표기를 체계적으로 성립시켜 쓴 가장 오래된 문헌이다. 『고사기』는 또한 쓰기 언어로서 일본어가 성립된 것을 알리는 가장 오랜 문헌이기도 할 것이다. 이 텍스트 안에서 '한어'가 어떻게 훈독되었는가, 혹은 오히려 어떻게 훈독해야만 할 것인가라는 문제와는 별개로[12] '한어'는 이 쓰기언어·일본어를 성립시킨

11) 山田孝雄『国語の中に於ける漢語の研究』第二章 「漢語の伝来とその国語に入れる状態の史的概観及び研究の方針」. 인용문 중 방점은 필자.

12) 『고사기』를 어떻게 읽을까 하는 것은 한자·한문 에크리튀르로 이루어진 텍스트를 어떻게 훈독할 것인가의 문제로서, 모토오리 노리나가(本居宣長) 이후 일관해서 파악되고 있다. 여기에는 한자·한문 에크리튀르로 이루어진 쓰기 언어로서 일본어가 성립

불가결한 요소였다. 예를 들어 『고사기』 첫머리의 "천지초발지시(天地初発之時)"의 '천지'를 '하늘 땅(아메쓰지)'으로 읽었는가 '하늘 나라(아메쿠니)'로 읽혔는가에 대한 추리는 어쨌든[13] '천지'라는 한어 개념을 가지고 비로소 신화적 시초를 기술하는 언어가 가능했을 것이다. 한자·한어는 쓰기언어·일본어와 함께 일본의 신화 기록 자체도 성립시켰다. 일본어의 현실적인 시초에는 한자·한어 에크리튀르로 이루어진 텍스트가 존재했던 것이다. 그 텍스트 상에서 비로소 일본의 태초 신화도 표현되었던 것이다. 그러하기에 '한어'의 수입과정을 탐색한 야마다는 "일본에서 한자를 이용해 언사(言事)를 기록하게 된 것은 언제쯤일까"라고 한자·한문 에크리튀르로 이루어진 옛 기록의 시원적인 성립을 묻는 것이다. 야마다의 이러한 물음은 모토오리 노리나가(本居宣長, 1730~1801)가 『고사기전』(古事記伝) 1권 「고기전」(古記典) 등 총론의 첫머리에 쓴 "전대의 고사(故事)를 알려주는 기록은 어느 천황의 치세부터 시작된 것일까"[14]라는 물음을 상기시킨다. 일본의 고유언어 **야마토코토바**[15]가 원래 존립하였음을 믿고, **야마토코토바**로 『고사기』 훈독을 지향하는 노리나가의 고대로 향한 시선이 실제로 찾아낼 수밖에 없었던 것은 한자·한문 에크리튀르로 이루어진 텍스트였다.

국어로 '한어'가 수입되는 과정으로서 국어학자가 표상하고 있는 것은 한자·한어에 의한 표기언어·일본어의 성립과정이다. 쓰기 언어로서의 일본어

되었다라는 시점이 완전히 결여되어 있다.

13) 모토오리 노리나가는 『고사기전』에서 '천지'를 '하늘 나라'로 읽을지, '하늘 땅'으로 읽을지 훈독을 확정하는 데 동요를 보이면서도 최종적으로 '하늘 땅'이란 훈을 채용했다. 그러나 이 훈독이라는 작업에서 항상 전제하는 것은 '천지'는 어디까지나 빌린 글자(借り字)로서의 한자 표기라는 점이다. 모토오리의 훈독 작업은 한자를 완전히 차용적인 표기기호(임시 글자·빌린 글자)로 간주하지만 실제로는 '천지'라는 한어 없이는 창세신화 역시 성립하지 않는다.

14) 『고사기전』 1권 '총론' 첫머리의 말이다. 그러나 '야마토코토바'의 원초적인 성립을 지향하는 국학자의 고대를 향한 시선이 발견하지 않을 수 없는 것은 한자·한문 에크리튀르로 이루어진 텍스트인 것이다.

15) 야마토는 3세기에서 5세기 무렵 일본 최초의 고대 왕조가 자리 잡았던 현재 나라현(奈良県) 지역의 옛 이름 야마토(大和)를 가리키며, 코토바(言葉)란 일본어는 '언어' '말'을 뜻한다. (옮긴이)

의 성립이란 고유 언어(야마토코토바)가 단지 한자라는 표기수단에 의해 문장이 되었다는 것을 의미하지 않는다. 표기언어로서의 일본어의 성립이란 한자를 불가피한 타자로 받아들인 일본어와 그 문화가 실제로 성립했음을 의미한다. 일본어에서 한자는 부수적이거나 쓰기를 위한 단순한 기술적인 전제가 아니다. 한자란, 그것 없이는 일본어 자체가 현실적으로 존립할 수 없는 불가피한 전제다. 국어학자가 한자라는 표기 수단에 의한 자국 언어의 쓰기 과정을 표상하고, 나아가 자국 언어 안의 외래어·한어의 침입과정으로서 한자를 표상하고 있는 것은 오히려 한자·한어에 의해서 자국 언어 자체가 실제로 존립하는 과정이다. 야마다의 '한어'론이 그 수입론적 담론을 통해서 드러내는 것은 일본어의 성립을 둘러싼 이와 같은 상황이다.

5. 일본어의 불행

일본어에서 타자성이란 각인(刻印)을 안고 있는 '한어' 개념의 성립은 한자 수용이라는 상황을 둘러싼 역사 인식 속에서 배태했다. 즉 일본어와는 다른 이질적인 언어인 중국어 표기문자인 한자를 일본의 표기문자로서 수용하지 않을 수 없었다. 말하자면 일본어에서 이중의 타자성을 띤 한자 수용이라는 역사적 상황 인식 속에서 '한어' 개념이 성립하고 있다고 말할 수 있을 것이다.[16] 우리는 한자 수용을 둘러싼 이러한 역사인식에 서 있는 국어학자·일본어학자[17]의 일본한자론·문자론을 다시금 묻지 않을 수 없다.

---

16) 근대 국어학·일본어학의 전개에서 중국어와 일본어의 언어적 이질성의 명확한 인식은 음성언어주의적인 근대 언어학의 침투와 함께 확립한다. 이러한 근대 일본 언어학의 입장에서는 일본어가 갖는 한자·한어의 타자성을 한층 강하게 주장하게 된다. 이렇게 이질언어·일본어에 이질언어·중국어 문자의 수용이라는 역사적 상황 인식 안에 이미 한자·한어의 타자성에 대한 강한 인식이 이미 성립되어 있었다.

17) 일본에서 일본어를 둘러싼 언어학적인 상황은 커다란 동요 속에 있다. 일본어 연구자를 '국어학자'라고 부를지 '일본어학자'라고 부를지, 혹은 '언어학자'라고 부를지는 기본적으로는 그들 연구자의 자기 인식에 따를 수밖에 없다. 여기서 국어학자·일본어학

야마다가 말한 국어에 대한 '한어'의 수입 과정으로서 표상하는 표기문자·한자 도입과 쓰기언어·일본어의 성립 과정은 일본어와 중국어의 언어적 이질성을 강하게 인식하는 언어학적 입장에서 볼 때, 이 이질적인 두 언어 사이의 장래에 대한 문제를 내포한 숙명적인 접촉·교섭과정으로서 서술된다. '일본어가 처음으로 획득한 문자'가 일본어와는 전혀 다른 이질적인 언어인 중국어 문자·한자였음은 이후 일본어에 중대한 의미를 가지게 되었다며 현대의 일본어학자는 다음과 같이 말한다.

> 말할 것도 없이 한자는 일본어와 성격·구조가 아주 크게 다른 중국어를 기반으로 성립했고 발달한 문자다. 그것이 그대로 일본어에 적합할 리가 없었고, 사실 이 이질적인 언어를 기원으로 하는 문자를 우리의 것으로 하기 위해서는 고난에 찬 오랜 역사의 도정을 피할 수 없었다. 일본어는 오늘날에도 여전히 그 연장선상에 있다고 말해도 과언이 아니다.[18)]

오늘날까지 계속되는 일본어 수난의 역사는 일본어와 완전히 다른 언어인 중국어 문자를 일본어 표기문자로 삼은 고대 일본의 한자문화 수용에서 비롯되었다고 말하는 것이다. 한자문화와의 숙명적인 접촉과 표기문자·한자의 부득이한 수용에서 일본어의 불행을 찾는 일종의 숙명론적인 시선은 현대 일본어학자들에게 공통적으로 자리한다. 특히 일본어의 음표문자적인 표기화에서 언어생활의 합리성과 진보성을 찾아내는 일본어학자·언어학자에게 일본인의 한자문화와의 접촉과 그 결과로서 겪지 않을 수 없었던 일본어의 불행을 한탄하는 말투는 두드러진다. 히라이 마사오(平井昌夫, 1908~1996)가 라이 아사오(賴阿佐夫)라는 필명으로 집필한 『국어·국자문제』(国語·国字問題, 1939)[19)]는 일찍이 국어·국자 문제의 발생 기반을 "계통과 특징이 완전히 다른 국어와

자라고 병기하고 있는 것도 그러한 자기인식의 동요를 반영하고 있다.

18) 林史典「日本における漢字」(『岩波講座 日本語 8 文字』岩波書店, 1977).

19) 賴阿佐夫『国語・国字問題』(三笠書房, 1938). 라이 아사오는『国語国字問題の歴史』(昭森社, 1948)의 저자인 히라이 마사오(平井昌夫)다.

중국어의 숙명적인 접촉"에서 찾고 있다. 일본어 계통론을 둘러싼 비교 언어학적인 논의를 기반으로 히라이는 "일본어와 지나어[중국어]는 유사할 여지가 전혀 없다"고 두 언어의 이질성을 강조한다. 여기에서 일본어와 중국어의 이질성이 근대 유럽에서 직수입한 비교언어학이라는 학술적 담론을 가지고 이야기되는 점에 주의를 기울이고자 한다. 1945년 이전 일본의 언어학계를 지배한 비교언어학은 유전적 형질로 종족의 동일성을 도출해내는 인류학과 마찬가지로 특히 음운적 특성으로 언어의 동일성과 이질성을 구별하려고 한다. 동일한 조어(祖語)를 전제로 하면서 언어 간의 친족 관계를 식별하고 언어 계통론을 전개하는 비교언어학은 동일성의 이념에 입각한 근대적 학지(学知)로서 언어적 동일성의 계보를 조사하여 그 존립을 증명하고 있다. 일본어는 그 음운적 특성에 의해 언어적인 동일성을 유지하는 종족 언어로서 조정(措定)되며, 중국어는 음운적 특성에 의해 언어적 동일성을 가진 종족 언어로서 조정되듯이 말이다. 현대에도 여전히 목숨을 유지하고 있어 보이는 비교언어학을 대표하는 학자 한 사람이 "비교언어학에서 음성 대응이 혈액형 판정의 역할"[20]을 맡고 있다고 결단성 있게 말하는 것처럼 비교언어학은 쉽사리 민족적, 인종적 동일성이란 입장을 언어학적으로 표현한다. 1930년대 일본의 비교언어학적 논의를 기반으로 히라이는 일본어와 중국어의 언어적 이질성을 전제로 해서 서로 완전히 다른 언어 간의 교섭에서 유래하는 국어·국자 문제를 '일본민족의 숙명적인 문제'로서 재구성한 것이다.

> 우리들은 일본어와 중국어가 형태상에서나 계통상 전혀 연고가 없는 언어라는 것을 알았다. 이렇게 연고 없는 두 언어가 이웃 지역이라 해서 가장 밀접하게 접촉했기에 거기서 많은 곤란이 발생하는 것은 당연하다고 할 수 있다. 게다가 접촉 당시 일본어가 자신에게 적합한 표기법, 즉 문자를 가지고 있지 않았기 때문에 곤란은 더욱 특수하게 발전했다. 국어·국자 문제는 이렇게 일본 민족의

---

20) 小泉保『縄文語の発見』(青土社, 1998). 이 책의 비교언어학적 입장에 대한 필자의 비판적 논고로 「一国的境界言語の表象」(『方法としての江戸』 ぺりかん社, 2000)이 있다.

숙명적인 문제가 되었던 것이다.

히라이는 일본어와 완전히 다른 언어임에도 불구하고 중국어 문자·한자를 일본어의 표기문자로 만들어버린 데서 오는 언어적 혼란과 장해를 일본어가 그대로 이어받게 되었다고 말하고 있다. 이렇게 해서 히라이는 일본 민족 언어인 일본어 속의 한자·한어를 향해서 "한자·한문의 극단적인 영향으로 부자연스러운 한어가 설치는 모습"이라는 원한에 찬 말을 토해내게 된 것이다. 일본어의 음표주의적 표기화를 주장하는 사람들에게 한자 문화와의 접촉은 '일본어를 위해 불행'한 상황이었다. 일본어 안에 복잡하게 뒤얽혀 계속 존재하는 한자는 일본어의 근대화를 저해하는 최대의 요인이 되었던 것이다.[21]

6. 한자 부적합론

현대 일본어학의 문자론은 "글자 하나하나가 어떠한 언어적인 단위를 나타내고 있는가"에 주목해서 '음소문자' '음절문자' '표어문자'라는 세 유형으로 구별하고 있다.[22] 일본어학자 하야시 치카후미(林史典)는 이 세 유형을 다음과 같이 설명하고 있다. '음소문자'란 원칙적으로 한 글자가 한 음소를 나타내는 문자로, 알파벳이 대표적이다. 다음으로 '음절문자'는 한 글자가 한 음절을 나타내는 글자로, 음소문자보다는 자모 수가 많아서 글자 형태도 복잡해진다. 일본의 가나가 그 대표적인 예이다. 한글은 음소문자와 음절문자의 성격을 아울러 가지고 있다고 분류한다. '표어문자'는 원칙적으로 한 글자가 하나의 말(형태소[23])을 나타내는 문자로, 문자의 수도 아주 많이 필요하며 글자 형태

21) 패전 후 출판한 앞의 『国語国字問題の歴史』의 '머리말'에서 '봉건성과 비합리성'을 내재한 한자야말로 '일본어 본래의 활기찬 발달'을 방해하는 히라이 마사오는 요인이라고 한다.

22) 林史典「文字・書記」(工藤浩 ほか 著『日本語要説』第七巻, ひつじ書房, 1993).

23) '형태소'란 "의미를 가진 가장 작은 언어 형식"이며, "의미와 음이 결합한 언어의 최소

역시 훨씬 복잡하다. 그 대표적인 예는 말할 것도 없이 한자다. 이와 같은 문자의 세 유형에 입각해 하야시는 언어의 음절 구조와 표기문자의 적합성을 두고 다음과 같이 말하고 있다.

> 중국어와 같이 단음절성 언어에서는 '말 하나(형태소)=한 음절'이라는 단위가 기본이기 때문에, 그러한 단위가 하나의 문자로 나타나기 쉽다. 음절문자는 사용하는 음절 수(종류)가 적고 그 구조도 비교적 일정한 일본어와 같은 언어에 적합하다. 또한 영어처럼 음절구조가 일정하지 않은 단음절이 아닌 언어에서는 음소문자가 보다 효율적이다. 이렇게 보면 언어의 구조적 특징과 문자 사이에는 매우 밀접한 관계가 있음을 알 수 있다.

일본어학자에 의한 이 문자론적 논설은 각각의 언어가 지니는 음절 구조와 그 표기문자 사이에서 적합한 관계를 찾고 있다. 여기서 중국어가 한자라는 표기문자를 가진 것은 그 언어의 단음절 구조에서 오는 필연성으로 이해하고 있다. 또한 일본어가 **가나** 문자표기를 발전시킨 것은 일본어의 음절 구조에 가나 표기가 가장 적합했기 때문이라는 것이다. 저마다의 음절구조를 가진 언어에 적합한 표기문자가 제가끔 있다는, 언어와 그 표기문자의 관계를 소위 사후적인 하나의 설명 체계 안에 담아낸 이 문자론은, 문자기호를 둘러싼 문화 사상(事象)을 기본적으로 음성 언어에 종속시켜 부가적으로 설명하는 2차적, 종속적인 사상으로 구성하고 있다. 그러나 중국어에서는 한자가 적합하고 일본어에서는 가나 문자가 적합하며, 영어에는 알파벳이 맞다는 것을 사후적으로 설명하는 것으로 보일 뿐인 이 문자론에서는 어떤 문자기호 체계가 다른 음성언어의 표기문자로서 전이되는 것을 이해하지 못한다. 단적으로 말하면 한자가 중국어와는 다른 음성언어인 일본어와 한국어의 표기문자로서 전용된 사실은 이 문자론에서 보자면 오용으로 밖에 이해되지 않을 것이다. 이러한

단위다. 즉 한자는 각각의 언어에 있어서 가장 작은 의미=음소 단위인 형태소를 표시한다고 한다면, 한자의 작용을 명료하게 나타낼 수가 있다."(森岡健二「漢字の表意性と表音性」『漢字とは』漢字講座 1)

문자론에서는 앞에서 언급한 히라이 마사오와 마찬가지로 오용이라 할 수 있는 한자수용으로 일본어가 겪은 수난의 역사를 회상하고 서술하지 않을 수 없다. 그리고 이러한 입장에서는 "한자는 한자를 사용하는 이민족의 자유로운 응용을 허용한다. 그러한 의미에서 상당히 코스모폴리탄적인 표기부호이다"[24]라는, 표기문자로서 한자가 지닌 범용성에 입각한 스즈키 슈지(鈴木修次, 1923~1989)의 한자론은 허용 밖에 있는 것이라고 간주하지 않을 수 없을 것이다.

각각의 언어가 지니는 음절구조의 특성에서 적합성이 서로 다른 표기문자의 존재를 말하는 이러한 문자론은 일본어가 수용하는 한자·한어에 대한 비교언어학적인 견해, 다시 말해 '일본어의 불행'으로서의 한자 수용론을 더욱더 설득력 있게 만들 것이다. 즉 음성언어의 이질성은 그 표기문자의 이질성에까지 관철되기 때문이다. 이러한 문자론이라면 한자란 문자는 일본어에서 이중의 타자성을 갖게 된다. 언어에서 문자기호는 '기호의 기호'라는 이중의 기호성을 띠는 것인데, 일본어에서 한자·문자기호는 '타자의 타자'라고 하는 이중의 타자성을 갖는 것이다. **입말**·일본어에서 문자기호의 타자성에 이질언어·중국어의 문자기호·한자라는 타자성이 가중되는 것이다. 현대 일본어학은 이제 한자·한어를 노골적인 국수적 언어로써 '침입자'라는 식으로 부르지는 않는다. 그렇지만 이중의 타자성을 가진 한자·한어를 변함 없이 일본어의 트러블 메이커라고 간주한다. 아니 오히려 애물단지로 바라보는 시선은 한층 심하다고 할 수 있다.

7. 한자 의상(衣裳)론

일본어학자 노무라 마사아키(野村雅昭, 1939~)는 일본인은 "한자와 쉽게 끊을 수 없는 악연을 맺고 말았다"라며, 히라이와 마찬가지로 일본어 수난의

24) 鈴木修次『漢語と日本人』(みすず書房, 1978).

역사를 회상하는 『한자의 미래』[25]라는 흥미로운 책을 쓰고 있다. 이 책에서 그는 일본어 문장 속에서 한자가 없어질 가능성에 대한 언어학자·일본어학자들의 일종의 예측 게임을 소개하고 있다.[26] 이러한 예측 게임이 진지한 학술 논의로 성립하고 있는 자체에서 언어학자를 지배하고 있는 너무나도 단순한 근대주의적인 이데올로기가 존재한다는 점을 인정하지 않을 수 없다. 그러나 이에 대한 비판은 그만두고, 여기에서는 노무라가 책에서 전개한 '한자 의상론'이라고 할 수 있는 논의를 소개하고자 한다. 이 논의는 신문·잡지의 한자 표기에 대한 국립국어연구소 조사에 의거한 것이다.[27] 이 조사는 '고유 일본어(和語)' 표기를 놓고 동요가 있음을 밝히고 있다. 이미 언급한 대로 '고유 일본어'란 일본어 속의 일본어라고 할 만한 어휘로, 일본어에서 '한어'를 포함하는 소위 외래어를 제외하고 남은 어휘이다. 일본에서 소위 '본래 일본어'라고 추상된 어휘인 것이다. 이 조사에 의하면 '밝다(明ける), 비우다(空ける), 열다(開ける)'는 거의 'あけるakeru'라고 표기된다. '올리다(上げる), 게양하다(揚げる), 쳐들디(挙げる)'는 압도적으로 'あげるageru'로 표기된다. '나타나다(現われる)'와 '나타나다(あらわれるarawareru)'는 표기 방식에서 반반이다. '분하다(悔しい)'는 완전히 '분하다(くやしいkuyashii)'로 표기된다. '거스르다(逆らう)' '휴대하다(携える)' 등도 완전히 가나로 표기된다. 거꾸로 '파랗다(あおいaoi)'는 '파랗다(青い)', '놀다(あそぶasobu)'는 '놀다(遊ぶ)'라 해서 한자로 표기되는 것이 대부분이라고 한다. 이 조사 결과를 근거로 해서 노무라는 "고유 일본어가 가나로 표기되는 경향은 부정할 수 없다"며 다음과 같이 말했다.

> 어쨌든 고유 일본어가 가나로 표기되는 것은 원래 한자가 여분의 의상이기 때문이다. 평소에는 그것을 걸치고 있지만, 필요 없을 때에는 그것을 벗어 던지

25) 野村雅昭『漢字の未来』(筑摩書房, 1988).

26) 노무라는 앞의 책 『한자의 미래』에서 「한자는 없어질까」라는 장을 마련해 야스모토 비텐(安本美典)이 시작한 '한자는 언제 없어질 것인가'란 통계적 예측 게임을 자세하게 소개하고 있다.

27) 신문·잡지의 표기에 불안정감이 있는 말(표기 형식이 두 종류 이상인 말)에 대한 국립국어연구소의 조사에 의한다(野村雅昭『漢字の将来』「表記のゆれと漢字」).

더라도 아무런 지장이 없다. …… 한어에서 한자를 빼는 것은 북극 민족에게 털코트를 벗으라고 말하는 것인지도 모른다. 다만 그중에는 그래도 감기 하나 걸리지 않는 튼튼한 한어도 있다. 그것에 비하면 고유 일본어에서 한자를 제외하는 것은 열대지방의 주민에게 모닝코트 착용을 금지하는 것과 같다. 본래 고유 일본어에 한자라는 옷은 필요하지 않기 때문이다.

"고유 일본어에는 일본 전통옷(和服)이야말로 잘 어울린다"라고 말하고 싶을 만큼 "고유 일본어에 한자라고 하는 옷은 필요하지 않았다"고 노무라는 말하고 있다. 고유 일본어에게 한자라는 표기문자는 의상이다. 게다가 본래 필요하지 않았던 어울리지 않는 옷이다. 그런데 이러한 '한자 의상론'은 나로서는 '외래/토착(고유)'라는 이항대립적인 틀로 구성된 이른바 일본문화론, 일본정신론 같은 담론을 상기시킨다. 물론 한자·한어에 외래성이란 딱지를 끊임없이 붙여놓는 일본어 문자론은 애당초 일본문화론적인 구성을 갖추고 있을 터이지만. 일찍이 일본사상사가인 이시다 이치로(石田一良)는 "신토(神道)의 본질과 각 시대마다 종교·사상의 영향 관계는 '옷 갈아 입히기 인형'에서 인형과 옷의 관계와 닮았다"[28] 라고 '옷을 갈아입은 신토인형설(神道着せ替え人形説)'을 전개했다. 이름짓기의 재미라는 장점밖에 없는 이 속설적인 신토론은, 그러나 그 이름짓기를 통해 일본문화론, 일본정신론적 담론의 특성을 훌륭하게 전하고 있다. '옷을 갈아입은 신토인형설'은 '신토의 본질' 혹은 '신토의 원형'은 항상 시대마다 새로운 외래 사상이라는 의상을 걸치고 자신을 드러내고, 그 시대의 사상이란 옷은 각각 불교, 유교, 유불 절충, 나아가 기독교이기도 하며, 일본의 고유성은 외래적인 사상이란 옷을 걸치고서 시대마다 자신을 드러냈다는 것이다. '한자 의상론'도 역시 고유 일본어(固有日本語)·화어(和語)의 존립을 전제로 하면서 외래의 표기문자·한자를 빌려 입은 옷으로 간주하고 있다. 다만 외래의 사상이란 의상을 걸치고 나타난 일본적 본질을 해석학적인 사상사의 방법으로 독해하는 '옷을 갈아입은 신토인형설'과는 달리 '한

28) 石田一良「神道の思想」(『神道思想集』「解説」, 日本の思想 14, 筑摩書房, 1970).

자 의상론'을 말하는 자는 빌려입은 옷 같은 부적절하며 불필요한 의상(한자)을 벗겨버리면 본체(고유 일본어)는 저절로 거기에 존립하는 것이 당연하다고 정말 소박하게 믿고 있는 듯하다.

8. 가설 게임과 예측 게임

일본어에서 한자·한어의 장래를 예측하려는 『한자의 미래』의 저자는 이 책의 첫머리에서 굳이 역사적인 가설을 설정하고 있다. 역사에서 '만약'의 설정이 이른바 '놀이'로서의 가설임을 말하면서도 저자는 '만약'을 설정하는 것이 일본어의 역사적 고찰에서 지니는 매력을 강조하고 있다. 저자는 일본어의 역사에서 가장 매력적인 가설이란 "만약 일본인이 한자와 만나지 않았더라면 ……"이라는 가정이라고 말한다. 그런데 역사에서 '만약'이란 가정이 가지는 매력을 저자가 말하는 것은 이 저자가 전개하는 논의가 이미 역사에서 가설 설정의 유효성을 승인하려는 대상이기 때문이다. 가설 게임은 예측 게임과 논리적으로 연속 관계에 있다. '만약 일본인이 한자와 만나지 않았더라면'이라는 가설 설정은 '언제 일본인은 한자를 버릴까'라는 예측 설정을 가능하게 한다. 한자문화와 접촉한 것이 일본인에게 바람직하지 않았던 과거의 상황이었다면, 가설적으로 그와는 반대되는 상황을 과거에 설정하면서 동시에 미래의 바람직한 상황을 예측하게 되는 것이다. 『한자의 미래』를 쓴 저자는 바로 일본어의 과거에 '만약'을 설정하면서 일본어 표기문자의 미래를 예측하는 것이다.

E.H 카는 『역사란 무엇인가』[29]에서, 사람들은 노르만인의 정복과 미국 독립운동을 역사가들이 "이 사건이 실제로 일어날 수밖에 없었던 것처럼" 설명하는 데 대해서 이의를 제기하거나 하지는 않는데, 러시아 혁명에 대한 자신의 서술에 대해서 비평가들은 "일어난 사건을 암암리에 일어날 수밖에 없었던

29) E. H. カー 『歴史とは何か』(清水幾太郎 訳, 岩波新書, 1962).

것으로 그리고, 일어났을지도 모르는 다른 모든 사실 검토를 소홀히 한다"라는 식으로 공격을 가하기도 한다고 말한다. 어째서 러시아 혁명에 대한 역사가의 기술에 대해 이런 이의를 제기하는가. 이렇게 이의를 제기하는 이유에 대한 카의 설명이 재미있다. "볼셰비키의 승리가 낳은 결과 때문에 손해를 본 사람들, 혹은 이 결과가 다시 낳게 될 장래의 귀결을 두려워하는 사람들, 이러한 많은 사람들의 입장에서는 볼셰비키의 승리에 대한 자기들의 항의를 기록에 담아두고 싶다고 생각하므로, 그런 연고로 이 사람들이 역사를 읽는 경우, 일어났을지도 모르는 더 유쾌한 사건에 대해서 멋대로 상상을 펼치거나, 무엇이 일어났는가 또는 왜 그들의 유쾌한 꿈이 실현되지 않았는가를 설명하는 스스로의 작업을 담담히 계속하는 역사가에게 화를 내게 되는 것입니다." 역사에서 어쩔 수 없고 돌이킬 수 없는 귀결에 대한 역사가의 설명에 화를 내는 무리들이란 그 귀결로 인해 달갑지 않은 일을 당했거나, 그렇지 않으면 맛보았을 쾌적한 생활을 꿈꾸는 사람들이라는 것이다. 러시아 혁명을 비롯한 현대사가 말하기 까다로운 것은 "모든 선택이 아직 가능했던 시기를 사람들이 기억하고 있기" 때문이라고 카는 말하고 있다.

카의 논법에 따르자면, 일본인이 한자 이외의 표기문자를 선택할 수 있다는 가능성을 꿈꾸며 『한자의 미래』를 쓴 저자는 일본어 표기문자로서 한자 수용이라는 상황의 역사적인 귀결, 즉 일본어의 혼란과 비합리성이라는 상황이 불만스러우며, 그 귀결에 오로지 화를 내고 있는 사람이라고 말할 수 있지 않을까. 분명히 일본어의 합리적인 재구성을 꿈꾸는 일본어학자의 심리에서 보자면 그럴 것이다. 그렇지만 심리적 요인과는 별도로 일본어학자에게 이러한 역사의 '만약'이라는 가정을 꿈꾸게 하는 논리적 요인은 무엇일까. 그들이 이러한 '만약'을 꿈꾸는 것은 동시에 장래에 한자를 벗어 던질 가능성을 예측하는 것이기도 하다. 이 가설·예측 게임을 성립시키는 것, 그것은 저 '한자 의상론'을 이루는 논리 구성, 즉 '외래/토착(고유)'이라고 하는 이항대립으로 이루어진 일본문화론과 같은 논리 구성일 터이다. 외래성이란 딱지를 한자·한어에게 붙이면서 다른 한편으로 고유 일본어라는 추상 개념을 설정하는 이러한 논리 구성은 일본어학자에게 분명 역사에서 말하는 바로 '만약'을 꿈꾸게 만드는 원흉이었다.

9. 한자·쓰기언어의 성립

한자 없이 일본어는 현실적으로 존립하지 못한다. 일본어의 성립을 자료적으로 거슬러 올라가 찾을 때에 우리들이 만나는 것은 한자·한문을 표기문자·표기기법으로 삼은 쓰기언어·일본어다. 한자·한문 에크리튀르로 이루어진 언어로서 일본어는 비로소 현실에 존재하게 된 것이다. 그것은 오랜 기간에 걸친 고대 일본 식자 계층의 노력 결과였을 것이다. 이미 언급한 바와 같이 한자는 분명히 다른 언어에도 적용 가능한 표기문자로서 고대 일본에 수용되었다. 이 한자와 한자문화의 수용을 일본인에게는 불행이라고 회상하거나 혹은 자기문화의 침해라고 우려하는 사람들은 한자를 단지 자기 언어의 표기기호 내지는 표기기법의 수용으로만 간주하려고 할 것이다. 나중에 언급하겠으나 모토오리 노리나가의 『고사기전』이라는 『고사기』 훈독 작업은 한자·한어를 모조리 고유 언어의 표기문자(임시 글자 · 빌린 글자)라고 간주함으로써 비로소 가능했던 것이다. 다만 한자를 완전히 표기기호로 수용했다고만 간주하는 것은 언어론적인 추상이라고 할 수 있다. 한자의 수용이란 애당초 중국 문명을 형성해 온 한자문화의 수용이다. 한자문화란 언어 뿐만 아니라 특히 정치, 사회, 나아가 윤리, 종교적인 문화 체계다. 그러므로 당연히 한자를 단지 표기문자로서 추상적으로 보는 것는 강력한 이데올로기성을 동반한다. 예전에 그것은 국학적인 이데올로기였다. 지금은 그것이 언어적, 민족적 동일성의 이념에 입각한 근대언어론적 이데올로기다.

고대 일본에서 한자·한문을 이용한 일본어 표기법 성립을 둘러싼 고찰에서 종종 실례로 드는 것에 7세기 금석문으로 '호류사 금당약사불 광배명(法隆寺金堂薬師仏光背銘)'이라는 명문(銘文)이 있다. "지변대궁치천하천황(池辺大宮治天

下天皇), 대어신노사시(大御身労賜時), 세차병오년(歲次丙午年), 소어대왕천황여태자이서원사(召於大王天皇与太子而誓願賜), 아대어병태평욕좌고(我大御病太平欲坐故), 장조사약사상작사봉조(将造寺薬師像作仕奉詔) (이하 생략)."[30] 이 불상 광배(光背)에 새긴 명문은 불상의 제작년도(607년)보다 상당히 후대인 7세기 후반기의 것이라고 한다. 이 명문 기록이 연구자의 추정대로 7세기 후반의 것이라고 한다면 이 명문은 다른 금석문과 근래에 다량으로 출토되고 있는 목간 문자들과 함께 이 시기에 일본의 정치권력 주변에서 상당히 광범위하게 한자에 의한 표기언어가 성립하고 있다는 사실에 대한 하나의 유력한 사례가 된다. 7세기 후반에 걸쳐서 정식 한문체 표기와 함께 변체(変体) 한문에 의한 일본식(和風) 한자표기가, 심지어 일본어 음과 일본어 훈에 대한 한자표기 등이 혼재하면서 일본의 쓰기언어로 성립했다. 그리고 이들 자료는 이 시기 일본에 이미 다수의 한자·쓰기언어 담당자들이 존재하고 있었음을 알려주고 있다. 7세기 후반 일본의 한자·쓰기언어의 이러한 성립 사정의 한복판에 바로 『고사기』와 『일본서기』(日本書紀)가 저마다 한자 표기의 스타일을 갖춘 체계적인 텍스트로서 존립하게 된다.

7세기 후반 일본에서 광범위한 문자 표기가 성립함을 '구두전승에서 문자 기록으로'의 변화라고 파악한 일본 역사가는 "이러한 '구두 전승의 세계'에서 '문자의 세계'로 변화하는 획기적인 시기는 7세기 후반 율령제도가 급속히 정비된 시기로 볼 수 있을 것이다"[31]라고 말하고 있다. 일본의 율령 국가 기구의 정비는 중국의 정치제도와 한자 문화 체계의 수용 능력과 함께 한자 문서에 의한 사무 처리와 통신 능력을 갖춘 수많은 관리를 필요로 했다. 이러한 시기에 한

---

30) 앞의 하야시의 논문 「일본의 한자」(日本における漢字)에서 인용하였다. 하야시씨는 이 명문을 다음과 같이 일본말 어순으로 읽고 있다. "연못 곁 큰 궁에서 천하를 다스리시는 천황께서 몸이 과로하였을 때인 병오년에 대왕 천황과 태자를 모시고 다짐을 하시기를, 짐이 병을 잘 다스리기를 바라고 있는 까닭에 절을 짓고 약사불을 받치고자 조칙을 내리노라." 또한 이 명문의 각인은 그 새겨진 방식에서 불상을 만든 시기보다 훨씬 뒤인 7세기 후반이라 말하고 있다(今泉隆雄 「銘文と碑文」 『ことばと漢字』 日本の古代 14, 中公文庫, 1996).

31) 佐藤信 「習書と洛書」 (앞의 『ことばと文字』 수록).

자·쓰기언어가 성립한 배경에는 율령국가를 지탱하는 폭넓은 식자 계층의 성립이 있다. 단적으로 말하면 일본에서 한자·쓰기언어의 성립은 일본의 율령국가 성립과 동시에 일어난 것이다. 일본의 국가적인 성립이 일본의 쓰기언어 성립을 촉진한 것이다. 국가 성립이 일본 사회의 비약이듯, 쓰기언어는 일본의 언어생활이 크게 비약하면서 성립했다. 일본의 쓰기언어와 함께 일본 국가가, 그리고 국가 안의 언어·일본어가 성립했다고도 할 수 있다. 『고사기』의 성립은 『일본서기』의 성립과 함께 일본의 쓰기언어 성립 속에서 바라보아야만 한다.[32)]

『고사기』다운 세계는 그야말로 한자·한문 에크리튀르로부터 이루어진 텍스트의 세계다. 바꿔 말하면 한자·쓰기언어적인 세계로서 처음으로 우리들 앞에 모습을 드러낸 세계다. 그렇지만 한자를 단지 일본어의 표기문자로서만 보려는 것은, 『고사기』를 단지 고유 일본어(야마토코토바)의 표기를 위한 고안의 성과로서 파악할 뿐, 『고사기』가 이렇게 한자·쓰기언어적인 세계로서 처음으로 성립한다는 점을 결국 회피하는 태도다. 한자를 일본어의 표기적인 문자기호로서만 추상화하는 것은 자국 언어와 함께 그 문화의 성립에 불가피하게 관계하는 타자, 바로 불가피한 타자로서의 한자를 자기 권역 밖으로 배출해 이질적인 타자로 규정하는 것이다. 자기 존립에 불가피한 타자를 이질적인 타자로서 자기 바깥으로 배출하는 것은 동시에 자기 안쪽에 환상의 고유성을 만들어내는 행위이기도 하다. 이것이 이미 언급한 바와 같이 모토오리 노리나가가 집필한 『고사기전』의 『고사기』 훈독 작업을 성립하게 만든 두 가지 중대한 작업의 가설적 전제였다. 노리나가에게 한자의 표기기호(임시 글자·빌린 글자)로서의 추상화와 그 이질성으로 인한 자기 외부로의 배출은 고유 일본어(구두언어·야마토코토바)의 원초적 존립에 대한 주장, 그리고 한자 텍스트에서 그 고유일본어를 읽어낼 가능성에 대한 주장과 서로 완전하게 관련

32) 『고사기』와 『일본서기』가 각자의 스타일에 의한 한자·쓰기언어 텍스트로서 동시에 성립한 것의 의미는 다시 묻지 않으면 안 된다. 일본에서 쓰기언어가 성립된 획기적인 성격을 생각할 때에 두 책을 따로 떼어놓고 보아서는 안 된다.

을 맺고 있는 것이었다.

이미 『고사기』 텍스트는 우리의 관심사에서 새삼 되묻지 않으면 안 되는 언어론적인 담론 문제들로 바로 우리 눈앞에 놓여 있다.

제2장
『고사기』
- 이 한자로 쓰여진 텍스트

그 읽기는 중국서적 읽기여서 마음에 걸리고 너무나 두려우니, 고원한 황조(皇祖)의 신들의 시대, 고아한 말(雅言)에는 있지 않았을 것이라.

모토오리 노리나가, 「신각고사기지단문」(新刻古事記之端文)[1)]

「고훈고사기」(古訓古事記)란 실은 다름 아닌 신훈고사기(新訓古事記)다. 그리고 그 본질상 이후의 것은 모두 그 아류다.

가메이 다카시, 「고사기는 읽을 수 있는가」

1. 『고사기』는 읽을 수 있는가

'『고사기』는 읽을 수 있는가'라는 말은 가메이 다카시(1912~1995)가 국어 ·

1) 『정정고훈고사기(訂正古訓古事記)』의 서(序)로서 1799년 봄에 쓴 글이다. 『本居宣長全集』 第8巻, 筑摩書房. 이하 이 전집에서의 인용은 『宣長全』이라고 줄여 표기하고 그 뒤에 숫자로 권수를 기록한다.

국문학계에 던진 본질적인 문제제기다.[2] 『고사기』는 모토오리 노리나가의 『고사기전』[3] 이래 읽을 수 있는 것이었거나 읽어야만 하는 것이었다. 가메이는 이 읽을 수 있는 것으로서의 『고사기』 텍스트의 소여성(所与性)에 대해 과감히 그것은 읽을 수 있는 것인가 하는 본질적인, 방법적이라고도 할 수 있을 만한 회의를 던진 것이다. 본질적이라고 내가 말하는 것은 가메이의 물음은 주어진 텍스트를 전제로 해서 그것을 읽을 수 있는가 읽을 수 없는가 하는 기술적인 차원에서의 독해를 묻고 있는 것이 아니라는 점이다. 가메이는 『고사기』라고 하는 한자로 기록된 텍스트 그 자체가 어떻게 성립했는지에서부터 이 텍스트가 과연 읽을 수 있는지, 혹은 읽을 수 있다면 이 텍스트의 성립을 어떻게 보아야 할 것인지 묻고 있다. 가메이가 던지는 질문은 우선 『고사기』의 텍스트, 그 성립 자체에 대해 묻고 있는 것이다. 가메이에 의해 비로소 『고사기』는 한자로 쓰여진 텍스트라는 것, 그리고 그것이 가진 심중한 의미가 그것을 읽는 것과의 관계라는 본질적인 질문을 던지게 된 것이다. 그 이후 『고사기』를 읽는 것에 대한 물음은 한자기록텍스트로서의 존재에 대한 물음과 뗄 수 없게 된다.

> 본래 한자는 이른바 표의문자다. 따라서 그것을 표음적으로 사용하면, 그것은 말하자면 한자로서는 변칙적인 사용방식이다. 그렇게 느끼는 것이 한자에 대한 올바른 감각이다. 말하자면 **한자가 요구하는 이 뿌리깊은 감각은 가령 한자문화라고 하는 말을 받아들인다면, 한자문화에 따르는 숙명이다.**[4]

---

2) 가메이 다카시에 의한 문제제기 「古事記はよめるか — 散文の部分における字訓およびいはゆる訓読の問題」(『古事記大成』 3 「言語文字編」 平凡社, 1957). 가메이의 논문에서 인용한 것은 『日本語のすがたとこころ 二』(『亀井孝論文集』 4, 吉川弘文館, 1985)에 따른다.

3) '읽는다(よむ)'라는 말은 음독한다(ヨム)는 것이며, 훈독한다(訓む)는 것이며, 또한 독해한다(読む)는 것이기도 하다. 『고사기』 텍스트는 이 삼중적 의미에서 '읽기'의 대상이었다. 『고사기』를 읽을 수 있는가 하는 가메이의 물음은 이 각각의 '읽기'의 위상이 『고사기』 텍스트와 관련하여 질문을 던지는 것을 의미하고 있다. '읽는다'라고 하는 가나문자 표기는 이 삼중적 의미에서의 읽는 행위와 관련된 것으로서 사용하고 있다.

4) 인용문의 방점은 인용자.

이는 『고사기』의 편집작업을 맡은 오노 야스마로(太安万侶, ?~723)가 스스로 사용하는 표의문자 · 한자를 통해 당연히 품고 있었고, 혹은 감수(感受)하지 않으면 안 되었던 한자라고 하는 문자가 가진 규제력을 추체험하여 자기의 감각으로 느끼면서 가메이가 쓴 문장이다. '한자가 요구하는 이 뿌리깊은 감각'이라고 한 가메이의 말은 노리나가 등 『고사기』 훈독자들이 억압한 한자의 규제력을 그 쓰기(書記) 텍스트와 함께 우리로 하여금 의식하게 한 것이다. 그 까닭에 '『고사기』는 읽을 수 있는가'라고 하는 가메이의 물음은 야스마로에게 있어 다른 선택의 여지가 없는 글쓰기 작업, 즉 표의문자적 규제력이 강한 한자를 이용한 글쓰기라고 하는 상황이 가진 의미를, 그 작업현장의 감각으로 추체험하면서 확인하려고 하는 물음이다. 가메이에 의해 설정된 이 물음의 장면에서 『고사기』 서문의 "상고(上古)시대, 말과 뜻이 모두 소박하여 글을 쓰고 문장을 엮는 것이 글자로는 어렵습니다. 일본어 읽기에 맞추어 쓴다면 말이 마음에 와 닿지 않습니다. ……"[5]라고 하는 야스마로의 문장을 집요할 정도로 추적하였고, 그 철저한 해독 · 분석이 이루어지고 있는 것이다. 그 집요할 정도로 철저한 해독작업은 텍스트 비판가의 뛰어난 명확한 분석과 함께 근대의 숙련된 텍스트 해독자의 깊이 있는 읽기를 동반하고 있다. 가메이의 논문 「고사기는 읽을 수 있는가」가 전문분야인 국어학 · 언어학적인 영역을 넘는 문제제기로서의 힘을 가질 수 있는 이유일 것이다.

다만 여기서 내가 가메이를 "근대의 숙련된 해독자 운운"이라고 평가한 것은 단지 상투적인 칭찬을 늘어놓은 것만은 아니다. 그것은 가메이가 오노 야스마로라고 하는 편찬자 내지 기록자의 한자로 글쓰는 작업 현장에서의 의식 · 감각을 추체험을 통해 파고들면서 거기에 내포되어 있는 문제를 꺼내는, 그야말로 근대적인 텍스트 해독자의 모습에 대해서다. 가메이가 해낸 이 깊이 읽기에서의 문제는 한자를 이용한 표기화 작업에서 야스마로가 직면한 딜레마(내지는 **고민**)에서 오는 것으로 설정된다. 저 『고사기』 서문의 문장은 "고사기의 편자 오노 야스마로가 실제로 고사기 편술 즈음에 직면한 딜레마를 호

---

5) 「上古之時, 言意並朴, 敷文構句, 於字即難, 已因訓述者, 詞不逮心……」

소한 것"이라고 여기는 것이다. 이 딜레마 내지 **고민**이란 한자에 의한 이질 언어(일본어) 표기작업에 직면한 데서 생겨난 것이고, 그것은 가메이가 그 논문 첫머리에서 기록하고 있듯 다름 아닌 한자로 자기 언어를 표기한다는 문제에 직면한 고대 일본인의 **고민**이다.

> 고대 일본인은 한자를 통해 문자라는 것을 처음으로 접하였다. 한자는 대륙에서 태어난 것이며 본래 한민족의 언어를 위한 문자다. …… 다른 문화를 배경으로 하는 언어와 그 문자의 기능에 대하여 당연하게 일어나는 깊은 의문, 그만큼 주관적으로는 풀 길 없는 고민, 그것과 맞붙기 위해 먼 옛날부터 커다란 정력을 다하지 않으면 안 되었던 것이다. …… 그 자체로 극복하기 어려운 것으로서, 생 예상대로 객관적으로 가로놓여 있기 때문일 수밖에 없다. 즉 **정말로 한자로 일본어를 쓸 수 있는 것인지 어떤지가** —.

가메이가 논문 「『고사기』는 읽을 수 있는가」의 첫머리에 쓰고 있는 이 고대 일본인의 **고민**이란 일본어와는 이질언어인 중국의 표기문자인 한자를 일본어 표기문자로 삼지 않을 수 없었다는 데서 오는 일본인의 언어생활상의 고난으로 근대의 언어학자 · 국어학자에게 표상되는 **고민**일 수밖에 없다.[6] 그것은 오노 야스마로에게 가탁한 가메이의 **고민**이다. 가메이는 여기서 오노 야스마로라고 하는 작업주체를 마음을 다해 추체험하는 텍스트 독해의 입장에서 근대적인 뿐 아니라, 오노 야스마로의 딜레마로서의 언어론적인 문제설정에 관해서도 근대적이다. 확실히 가메이는 "고대인에게서 친근하게 느껴졌던 것은 **어떻게 하면** 한자로 일본어를 쓸 수 있는가 하는 기술적인 문제였겠지만" 이라고 하면서 야스마로가 직면한 문제에 대한 근대적인 깊이읽기에 대해 유보적인 자세를 보여주고 있다. 그러나 "정말로 한자로 일본어를 쓸 수 있을지

6) 근대 일본의 언어학자 · 일본어학자 대부분은, 일본어가 이질언어인 중국어의 표기문자 · 한자를 자기 언어의 표기문자로 삼을 수밖에 없었던 상황을 일본어의 장래에 고난을 가져온 이종언어 간의 불행한 접촉으로서 표상한다. 이 책 제1장 "'한어'란 무엇인가'를 참조.

어떨지"라고 하는, 가메이가 오노 야스마로의 **고민**이라고 최종적으로 구성한 문제는 〈한자로 기록하는 언어로서의 일본어의 창출〉이라는 **고민**이라기보다는 〈일본어를 어떻게 이질적 언어문자·한자로 표기할 것인가〉라는 **고민**이다. 이 언어론적인 문제설정으로서의 **고민**에는 이질적 언어체계로서의 중국어와 일본어의 존립이 이미 전제되어 있다. 그러나 중국어와 일본어를 그 통사법(統辭法)상, 음운상의 특질에서 체계적으로 이질적 언어로서 인식한 위에 그 이질어어·중국어의 표기문자·한자를 자기 언어·일본어의 표기문자로 삼는 것이 얼마나 곤란한지를 놓고 이루어지는 문제구성이란, 근대의 언어학자·국어학자에 의한 언어론적인 문제구성이다.[7] 오노 야스마로의 **고민**이 아닌, 근대의 언어학자·국어학자의 **고민**으로서 문제가 구성된다는 점에서 '고사기는 읽을 수 있는가'하는 물음에 대한 해답을 놓고 국어학자들이 어떠한 담론들을 구성하게 되는가는 나중에 논해야 할 것이다. 여기서는 무엇보다도 먼저 한자를 이용한 야스마로의 글쓰기텍스트 작성작업에 기울인 가메이의 신중한 시선에 유의하고자 한다.

자신이 사용하는 표의문자·한자와, 그 한자의 배후에 있는 문화의 무게를 자각하는 오노 야스마로를 발견하는 가메이는 이미 『고사기』 텍스트를 구송언어로 환원할 수 있는 것으로는 보지 않는다. 가메이는 야스마로에게서 어떤 단념과 결단을 보는 것이다. 가메이는 "한자문화의 지배를 받는 환경은 '완전히 소리로만 연결하는'방식을 결코 원칙으로서는 취하려 하지 않는 것이다"라고 쓰고 있다. 표의문자·한자의 강한 규제력을 아는 야스마로에게 '소리로만 연결하는' 방식에 대한 원칙적인 단념과 '훈(訓)'으로 가려고 하는 결단이 생겨났음을 가메이는 저 『고사기』 서문의 문장에서 읽는다. 야스마로의 이러한 결단으로 이루어진 『고사기』 텍스트를 '읽는다'고 하면 그것은 어떻게 읽는 것일까? 지금 가메이가 신중하게 결론내리고 있는 말을 여기에 인용해 두고자 한다.

7) 이 언어론적인 문제는 일·중 두 언어를 언어계통을 달리 하는 언어로서 파악하는 근대의 비교언어학적 인식과 깊이 관련해서 구성되었다. 이 책 제1장 참조.

도대체, '훈(訓)으로 기록'한 산문 부분을 운문처럼 표현의 세세한 부분에 이르기까지 일정하게 이 **읽기방식**으로만 **읽어야** 한다는 것을 야스마로는 요구하고 있었을까? 그것을 요구하지 않았기 때문에 바로 노래(歌謠) 부분만을 그러한 방식으로 기록하여 남겼을 것이다. 그러나 그렇다면 『고사기』는 읽을 수 없을까? 아니—. 그것은 완전한 방식으로는 **읽지** 못한다. 그러나 훈(訓)으로 쓰였기 때문에 **읽을 수** 있다. 즉 읽지 못해도 **읽을 수 있는** 방식이 의의가 있다 — *pertinent* — 고, 적어도 야스마로는 판단하고 있었음에 틀림없다.

이 신중한 결론으로부터 우리는 무엇을 읽어낼 수 있는지, 또한 국어학자들은 무엇을 읽어내었는지는 나중 문제이다. 단지 우리는 이 신중한 결론이 대결하고 있는 것이 분명히, 그리고 아무런 의심 없이 『고사기』를 읽을 수 있다고 믿고 그 확신에 따라서 읽어온 입장임을 확인하면 충분하다.

2. 텍스트 이해의 쌍곡선

현대 국어학자들은 『고사기』 본문의 한자표기에 의한 문체의 특색을 '변체한문체'라고 한다.[8] 변체한문체라고 하는 문체적 특질로 표기된 이 한자로 기록된 텍스트가 지니고 있는 것을 어쨌든 현대 국어학자들은 이미 『고사기』 독해의 전제로 인정하고 있다. 그런데 이 변체한문체라고 하는 『고사기』 텍스트의 쓰기 성격에 대한 인식에서 그 텍스트의 훈독 자체가 말하자면, 필연적으로 도

8) 현대의 고전학자 · 국어학자는 『고사기』 산문의 표기가 이른바 '변체한문체'로 이루어진 것을 이미 텍스트 훈독의 자명한 전제로 인식하고 있다. 국어학자 야마구치 요시노리(山口佳紀)는 '변체한문'에 대해서 이렇게 말하고 있다. "변체한문은 한문을 훈독하는 습관이 성립하고 본래 외국어문인 한문이 일본어문일 수도 있는 식의 상태가 만들어진 뒤, 여기에 일본어문으로서 필요한 개변을 가한 문장이다. 따라서 변체한문에 의해 표기된 언어는 한문 훈독어가 중심이라고 생각해도 좋다. 즉 『고사기』가 변체한문으로 기록되어 있다는 것은, 이것을 훈독한다면 기본적으로는 한문 훈독조로 훈을 달아야 함을 의미하는 것이다."(『古事記の表記と訓読』 有精堂, 1995)

출된다고 연구자는 생각하고 있다. 이미 일찍부터 그것을 말하고 있었던 『고사기』·『일본서기』를 연구하는 고전학자 니시미야 가즈타미(西宮一民, 1924~2007)는 독해해야 할 대상으로서의 『고사기』 쓰기텍스트를 사이에 두고 그 텍스트 성립 이전 이후와 관련해서 이루어져야 하는 두 가지 연구 태도를 말하고 있다.[9)]

> 연구자로서는 먼저 그 작품을 만들어낸 사람 쪽에 서서 그것이 어떠한 의도를 가지고, 어떻게 서술하려고 했는가를 탐구하지 않으면 안 된다. 다음으로 그 작품을 향수하는 사람 쪽에 서서 그것을 어떻게 읽고 이해해야 할 것인가를 고찰하지 않으면 안 된다. 나로서는 전자를 〈술작론(述作論)적 연구〉, 후자를 〈수용론(受容論)적 연구〉라고 이름붙이고자 한다.

작품을 이해하고자 할 때 해당 작품 성립 이전, 이후와 관련하여 저술자 쪽에 선 〈술작론적 연구〉와 향수자 쪽에서의 〈수용론적 연구〉 두 가지가 필요하다는 것이다. 더구나 이 두 가지 연구 태도는 연구자의 작품 이해에 상보적이다. 작자가 작품을 어떻게 만들어냈는가 하는 〈술작론적〉인 작품 이해 시각이 향수자가 그 작품을 어떻게 읽어야만 하는가 하는 〈수용론적〉 작품이해 입장을 도출하고 규정하고 있는 것이다. 니시미야는 여기서 작품을 사이에 둔 두 가지 연구라고 하고 있지만, 그러나 이는 문학적이라고 할 만한 작품이해의 한 가지 방식을 말하는 데 불과하다. 작자에 의한 작품의 창출과정이라고 하는, 텍스트의 배후에 상정되는 저술과정에 대한 연구자의 깊은 이해가 향수자에게서 그 작품의 의미이해를 이끌어내며, 이해 자체를 규정하고 있는 것이다. 이러한 이해에서는 고찰 대상인 텍스트를 사이에 두고 서있는 작자(저술가)와 독자(향수자)라고 하는 두 가지 주체를 전제로 하고 있다. 작자라고 하는 저술주체를 전제로 한 고찰대상 텍스트란 어디까지나 '작품'이 되지 않으면 안 된다. 여기에 있는 것은 그야말로 문학 작품을 이해하는 근대적인 입장이

9) 西宮一民 『日本上代の文章と表記』(風間書房, 1970)의 「序説」.

다. 지금 『고사기』 독해를 과제로 하는 고전학자 · 국어학자에게서 문학을 이해하는 근대적 입장이 이렇게 전제가 되고, 나아가 그 입장이 『고사기』 텍스트 독해와 관련하여 재인식되고 있는 것을 우리는 명기해두고자 한다. 『고사기』 텍스트를 어떻게 독해하는가 하는 문제를 이 근대적 문학이해의 구도 안에서 풀고 있는 것이다.

『고사기』 텍스트에 관한 〈술작론적〉 이해란 작자 오노 야스마로가 어떠한 의도 아래 변체한문체로 텍스트를 표기하게 되었는가에 대한 이해와 관련되어 있다. 따라서 『고사기』 텍스트에 대한 이 〈술작론적〉인 이해는 변체한문체로 이루어진 『고사기』의 텍스트를 어떻게 읽는 것이 올바른가 하는 〈수용론적〉 이해 자체를 도출하게 된다.

> 『고사기』의 술작자가 사뭇 정밀한 배려 아래 고유일본글(和文)로 읽을 수 있도록 써 두었다고 판단할 수 있으므로 그 〈훈독〉은 표기된 대로 읽지 않으면 안 된다는 기본적인 방법을 발견할 수 있는 것이다. …… 『고사기』는 앞서 서술한 것처럼 변체한문체로 쓰여 있어 한문의 거꾸로읽기(倒讀法)를 활용하면 그 나름대로 고유일본글로 읽을 수 있도록 쓰여 있다. 다만 그렇게 읽은 결과가 일본 본래의 문장으로서 자연스러운 것인가 아닌가 하는 문제가 남는다. 그렇더라도 노리나가처럼 그 거꾸로읽기를 무시하고 자연스러운 고유 일본어로 **의역**해버린다면 그것은 이미 『고사기』 술작자가 변체한문체를 채택한 의의를 그 부분에서는 잃어버리게 되는 것이라고 생각된다.

『고사기』 술작자가 명백한 의도를 가지고 변체한문체로 표기한 이상, 『고사기』 수용자는 그 의도에 따라서 변체한문체를 훈독하는 것이 올바른 텍스트독해라고 니시미야는 말하는 것이다. 지금 대칭축을 기준으로 해서 겹치는 쌍곡선을 생각해보자. 이 이해의 도식에서는 『고사기』 텍스트를 사이에 두고서 술작자가 한쪽에 그려놓은 저술 의도 곡선과 향수자가 다른 쪽에 그린 수용적 이해 곡선은 텍스트를 기준으로 하여 겹치는, 혹은 겹치지 않으면 안 되는 것이다. 말하자면 술작자가 텍스트 저술에서 의도하였다고 간주되는 것은 수용자가 그 텍스트 이해를 통하여 정확하게 읽어내기를 기대하고 있는 것이기도 하다. 이는 텍스트 이해를 두고 그린 쌍곡선이다. 이러한 쌍곡선을 그려내는 한, 니시미야가 노리나가의 과잉 '의역'을 타박하더라도 현대 학자가 그리는 『고사기』 텍스트 이해라는 구도와 노리나가가 『고사기전』을 통해 그려낸 이해라는 구도가 서로 다른 것이 아니다. 노리나가가 『고사기』 텍스트의 주석을 통하여 읽어내고 또 훈독해낸 것은 『고사기』 텍스트의 성립 저편에 노리나가가 우러러본 성스러운 천황(帝)의 명령과, 그것을 성실하게 체득한 텍스트 제작자의 작업 기획이었다.

3. 먼저 한자로 표기한 텍스트가 있었다

노리나가의 눈앞에 있었던 것은 틀림없이 하나의 한자로 표기한 텍스트였다. 이미 앞의 글 「'한어'란 무엇인가」[10]에서도 언급했듯, "전대의 고사(古事)를 알려주는 기록은 어느 천황의 치세부터 시작된 것일까"[11]라고 가장 오랜 기록을 구하는 노리나가의 시선 안에서 발견한 것은 쓰기 텍스트로서의 '기록', 즉 한자표기 텍스트였지, 그 이외의 것은 아니었다. 노리나가는 구송된 고유언어 **야마토코토바**의 이념과 이 언어의 존립에 대해 신앙에 가까운 생각을 갖고 있었지만, '고사(故事)를 알려주는 기록'이 한자표기로 이루어진 기록이라는 것, 그 이외의 기록은 있을 수 없음은 사실로서 받아들이지 않을 수 없는 것이다. 그것은 문헌주의적이며 자료주의적인 실증주의자이기도 했던 노리나가가 그의 주석 작업의 전제로서 냉정하게 받아들인 사실이었다.

"이자나기 · 이자나미가 직접 입으로 전하"[12]는 "하늘에 올리는 노리토(祝

---

10) 본서 제1장 참조.

11) 『古事記伝』 一之巻 「古記典等総論」(『宣長全』 九).

12) 『靈能真柱』에서 아쓰타네는 "하늘에 올리는 노리토인 성대한 노리토를 태초로부터 시작된 이자나기 · 이자나미신의 입에서 전해"진 고사라고 해서, 구송으로서의 노리토의 우월성을 주장한다.

詞)인 성대한 노리토(大言召事)"라고 칭하는 '노리토'의, 그 구송에 의한 성스러운 전승에서 높은 가치를 찾아낸 히라타 아쓰타네(平田篤胤, 1776~1843)는 이 구송 언어를 그대로 기록할 수 있는 음표적 문자로서의 '신대문자(神世文字)'의 존립을 가정하고, 그 복원을 시도하기도 했다.[13] 하지만 노리나가는 주어져 있는 한자로 표기된 고기(古記) 텍스트를 넘어 음표적 문자를 구상하는 아쓰타네 만큼의 이념적인 추구자는 아니었다. "모든 글은 한문으로 기록되었다"[14]는 것은 노리나가가 『고사기』 주석의 출발점에서 인식하지 않을 수 없는 역사적 사실이었다. 『고사기전』 서론의 1장 '문체'는 이 말과 함께 일본에서 한문체 표기언어의 성립을 둘러싼 상황을 이렇게 서술하고 있는 것이다.

> 먼저 우리나라에 본래 문자가 없어서 【지금 신대문자 따위는 후세 사람의 위작이니, 말할 것도 없다】 상대(上代)의 어떠한 옛 일이라도 곧바로 사람의 입으로 말해서 전해지고, 귀로 들어 전해져오던 것을, 조금 뒤에 외국에서 서적이라고 하는 것이 건너와서 【서쪽 땅 문자가 처음 건너왔음은 운운】 그것을 이곳의 말로 배워 읽고 그 뜻과 이치(義理)도 알게 되어 【『일본서기』에 오진(應神)천황 15(284)년, 태자가 백제의 아직기와 왕인에게 경전을 배워 잘 깨우치신 일을 볼 수 있다】 그 문자를 사용하고 그 서적의 말을 빌려 이곳의 일도 기록하게 되었다.[15]

문자가 없던 사회였던 이 나라 땅에 중국의 문자가 전해져 수용 · 습득하였고, 드디어는 "그 문자를 사용하고 그 서적의 말을 빌려 이곳의 일도 기록하는 것"을 어떻게 하게 되었는지 여기서 말하고 있다. 이는 일본에서 한문체

---

13) 아쓰타네의 신대문자론에 대해서는 아쓰타네의 『고사징』(古事徵)에 수록된 「신대문자론(新世文字論)」에 상세하다(平田篤胤 『古事徵開題記』 岩波文庫, 1936). 나는 현대의 국어 · 고전학자와 마찬가지로 이 아쓰타네의 '신대문자'론의 황당무계함을 웃자는 의미에서 근거없는 말이라고는 간주하지 않는다. 이는 구송하는 고유 언어에 대한 신앙에서는 당연히 도출되는 추리이고, 여기에 나타나는 것은 일종의 음표문자주의다.

14) 『古事記伝』 一之巻 「文体の事」(『宣長全』 九). 인용에서는 오쿠리가나(送りがな)를 많이 붙이고 있다.

15) 같은 책, 「文体の事」.

표기언어의 성립을 둘러싸고 현대 국어학자 · 고전학자가 인식하고 있는 상황과 조금도 다르지 않다. 노리나가의 눈앞에는 한문체 표기언어, 더구나 두 종류의 한자 · 한문표기 텍스트, 즉 『고사기』와 『일본서기』가 먼저 있었던 것이다. 노리나가는 이 『고사기』 · 『일본서기』라고 하는 두 종류의 한자 · 한문 텍스트 사이의 차이를 강조하면서 『고사기』란 한자표기 텍스트를 선택한 것이다.

4. 『고사기』 텍스트의 성스러움

어째서 그다지 시차를 두지 않고 천황의 명으로 두 종류의 기록이 존립하게 되었을까. 더구나 표기의 성격을 달리 하는 두 종류의 텍스트, 즉 『고사기』(712년)와 『일본서기』(720년)가. 그것은 우선 최초로 성립된 『고사기』가 기록으로서 부족하였기 때문은 아니었을까? 노리나가는 이 물음에 이렇게 답한다.

> 이 『고사기』가 있는데 다시 『일본서기』를 찬하게 하신 것은 그 당시 조정에서 중국 학문을 매우 좋아하는 시절이었기에 이 『고사기』가 곧이곧대로 아무런 꾸밈이 없어, 저 중국의 국사와 함께 비교하면 볼 것 없이 경박하다고 이야기되니 이를 부족하다 여겨시고, 더욱 널리 일어난 일을 고찰하여 더하고 연기(年紀)를 세우고, 혹은 한문체로 글을 꾸미고 더함으로써 한문 문장을 만들어서, 저와 흡사한 국사로 만들어내기 위해 찬하게 하셨다.[16] (『고사기전』 총론)

『고사기』에 더해서 다시 『일본서기』를 찬술하게 한 이유로서 노리나가는 일본의 정사로서의 『일본서기』의 성립에서 나타나는, 조정(朝廷)에서의 '중국 학문 · 중국 문장'의 정통성의 형성을 꼽는다. 『일본서기』가 조정을 비롯한 일

16) 『記伝』 一之巻 「総論」.

본의 공적 세계에서 중국식(漢風) 제도 · 문화와 그 중국 이데올로기(漢意)의 정통화를 상징하는 국가 초창기의 산물이라고 한다면, 이에 대해 『고사기』는 어떻게 그 존립 의의를 주장할 수 있을까. "곧이곧대로 아무런 꾸밈이 없어, 저 중국의 국사와 함께 비교하면 볼 것 없이 경박하다고 이야기된다"는 『고사기』가 『일본서기』에 대한 고유의 가치를, 혹은 오히려 가치의 우위를 주장하려고 한다면 그것은 어떻게 가능할까? 노리나가는 오노 야스마로의 서문에 따르면서 『고사기』 찬술의 이유를 이렇게 서술하고 있다.

> 그런데 이 『고사기』는 글의 한문적 수사 없이 오로지 고어(古語)를 주로 삼아 옛날의 실제 있는 그대로의 모습을 잃지 않으려 애쓴 것은 서문에서 볼 수 있으니 운운. …… 저 『일본서기』의 찬술은 윤색을 더하여 중국의 국사와 비슷하게 만드는 것을 취지로 하였고, 이 『고사기』는 옛날의 실제 모습을 전하기 위해서다. 그 뜻을 서문에서 볼 수 있다. 이렇게 나라(平城) 시대에 이르러 그 천황의 뜻을 이어받아 오노 아손 야스마로(太朝臣)에게 분부하여 저 히에다노 아레(稗田阿禮)가 외워 익힌 고사 등을 찬록하게 하셨다. …… 이렇게 이 『고사기』는 『일본서기』가 만들어진 뒤에도 또한 폐기되지 않은 것은 …… 옛날의 실제 모습을 기록한 때문이다. 그렇게 되니 『일본서기』를 찬한 것은 이 『고사기』에 오류가 있기 때문이 아니라 본래 그 취지가 다른 것이다.17)

여기서는 『고사기』 찬록의 이유, 『고사기』 · 『일본서기』 병존의 이유를 '옛날의 실제 모습'이라고 이야한다. '옛날의 실제 모습'이란 고대의 정신(心意) · 모습(事象)을 오류 없이 올바로 전승한다라고 하는 의미로서의 진실이다. 노리나가는 『고사기』라고 하는 고기록 텍스트가 가진 성스러움의 기초는 이 '진실'에 있다고 한다. 이렇게 중국식 국사라는 형태로 '정사'로서의 정통성을 짊어진 『일본서기』에 대해, '진실'이라고 하는 성스러움을 가진 텍스트 『고사기』가 대치된다. 더욱이 고대의 정신 · 모습은 말을 통해 전해지기 때문에 올바른 전승이란 올바른 말로 전해진다. 즉 고대의 정신 · 모습은 고대의 말을 통해서만

---

17) 같은 책.

올바르게 전해진다고 여기는 것이다.

> 그런데 사상(意)과 일(事)과 언어(言)는 모두 서로 대응하는 것으로서 상대(上代)에서는 사상도 일도 언어도 상대에 맞고, 후대(後代)에서는 사상도 일도 언어도 후대에 맞으며, 중국은 사상도 일도 언어도 중국에 맞는데, 『일본서기』는 후대의 사상을 가지고 상대의 일을 기록하고 중국의 언어를 가지고 황국의 뜻을 기록하게 되었기 때문에 서로 맞지 않는 것이 많으나, **이 『고사기』는 조금도 약삭빠름을 더하지 않고 예로부터 말로 전해지는 대로 기록하여 그 사상도 일도 언어도 서로 어울리니 모두 상대의 진실한 모습이다. 이는 오로지 옛 언어(말)를 주로 하기 때문이다. 모든 사상도 일도, 말로써 전해지는 것이니 글(書)은 그야말로 기록해놓은 말이 중심인 것이다.** …… 이 『고사기』는 옛말(古言)이 그대로 있기 때문에 상대(上代) 말의 무늬도 정말로 미려한 것이다.[18)]

『고사기』 텍스트의 성스러움은 고대의 진실을 투명하게 전하는 말 그대로(고어 그대로) 기록된 텍스트에 있다고 여기는 것이다. 『고사기』 텍스트의 성립과정은 바로 이 진실을 텍스트로 실현하는 과정이라고 노리나가는 이해하게 된다. 그런데 '옛날의 실제 모습'을 전하는 말(고어)이란 『고사기』의 한자표기텍스트 저편에, 이 텍스트 성립에 앞선 시간적인 저편에 이미 사전에 존립하는 것으로서 드러나 있다. 이 텍스트 저편에 드러나 있는 말이란 "나라에 본래 문자가 없어서 상대(上代)의 어떠한 옛 일이라도 곧바로 사람의 입으로 말해서 전해지고, 귀로 들어 전해져오던(「文体の事」)" 그 구송언어이다. 이 구송언어야말로 '옛날의 실제 모습'을 전하는 말이며, 나라의 고유언어 **야마토코토바**일 수밖에 없다. 이렇게 『일본서기』에 대해서 주장하는 『고사기』의 진실이란 '고어 그대로'라고 하는 언어의 진실, 즉 『고사기』 텍스트로 실현해놓은 나라의 고유언어의 진실일 수밖에 없게 된다.

이 구송언어가 『고사기』 텍스트의 언어표기를 통하여 실현되었다고 노리나

18) 같은 책. 방점은 인용자. '총론'에서 노리나가의 이 말은 『고사기』 텍스트의 우월성을 기초짓는 동시에 『고사기』 주석을 위한 방법적 입장을 전하고 있어서 중요하다.

가가 믿은 것은 오노 야스마로가 쓴 『고사기』 서문에 "당시 성은 히에다(稗田)이고 이름은 아레(阿礼)이며, 나이는 이때가 28세인 도네리(舎人: 천황과 황자를 가까이 모시면서 시중을 드는 사람-옮긴이)가 있는데, 사람됨이 총명하여 눈길이 지나면 입으로 외고, 귀로 들으면 마음에 새긴다. 그런즉 아레에게 칙어(勅語)를 내려 천황의 계승 및 선대의 옛 말을 외워 익히게 했다"[19]는 말 때문이다. 노리나가는 여기에 『고사기』 찬록의 전제적 소재로서의 각종 기록이 히에다노 아레가 외워익히기를 통해 구송언어화된 과정이 있음을 읽은 것이다. 이 서문의 문장을 해석하여 노리나가는 이렇게 말한다.

> '외워익힌다'란 서적을 벗어나 그렇게 소리 내 읽어 그 말을 술술 외우게 함을 이른다. 본래 곧바로 글로 찬록하지 않고서 먼저 사람의 입으로 옮겨서 술술 외워 익히게 하는 것은 말을 중하게 여겼기 때문이다.[20]

노리나가가 여기서 해석하고 있는 것은 "아레에게 칙어(勅語)를 내려 …… 외워 익히게 하였다"고 하는 덴무 천황(天武帝)의 '칙어'의 의미다. 노리나가는 여기서 아레에게 명령하여 고어 그대로 외워 익히게 하는 덴무 천황의 고어존중 의사를 읽어낸다. 더욱이 노리나가는 이 '칙어'와 야스마로가 '서문'에서 나중에 말하는 "아레가 외운 칙어의 옛 말을 찬록하여 운운"하는 '칙어'에 의해 덴무 천황이 "[직접] 입으로 이 옛 말을 읊으시어 그것을 아레에게 들려주어 읊으신 말씀 그대로를 술술 외우게 하였다"고, 천황 스스로가 기록을 구송하는 과정이 있었음을 추리한다.[21] 덴무 천황이 직접 구송함으로써 더욱 신성화된 고유언어는 이 덴무천황의 뜻을 체현한 오노 야스마로가 "한문적 수사도 아니하고 오로지 고어(古語)를 주로 삼아 옛날의 실제 있는 그대로의 모습을

---

19) 「時有舎人, 姓稗田, 名阿礼, 年時廿八, 為人聰明, 度目誦口, 払耳勒心, 即勅語阿礼, 令誦習帝皇日継, 及先代旧辞」

20) 『記伝』 二之巻 「古事記上巻并序」(『宣長全』 九).

21) 오노 야스마로의 서문에서 '칙어(勅語)'에 대한 노리나가의 해석에 대해서 나는 이미 『本居宣長』(岩波現代文庫, 2001), 『「宣長問題」とは何か』(ちくま学芸文庫, 2000)에서 상세히 논했다.

잃지 않으려"('총론') 표기를 애써 궁리하여 텍스트상에서 실현되었다. 이렇게 해서 '고어 그대로'인 성스러운 텍스트가 성립한다.

> 이 『고사기』는 본래 저 기요미하라궁의 당금천황께서 황공하옵게도 친히 찬정하셔서 소리내어 읊어주신 고어로 하셨으므로 세상에 둘도 없이 참으로 귀한 글(典)이겠습니다. (『古事記』 上巻幷序)

5. 한자로 표기한 텍스트의 투명화

'고어 그대로'인 성스러운 텍스트는 '고어 그대로' 읽지 않으면 안 된다. 노리나가가 『고사기』 텍스트의 저편에 이미 존립함을 확신하는 구송된 고유언어 **야마토코토바**는 이 텍스트 이쪽의 확신자가 바르게 읽어내지 않으면 안 된다. 하지만 예컨대 고어를 전하는 것을 주안으로 삼는다 하여도 그 텍스트는 한자·한문으로 표기한 텍스트다. 한문체 텍스트의 성립을 둘러싸고 노리나가는 이렇게 말하고 있다.

> 이 『고사기』를 찬정(撰定)하게 한 무렵에도 노래·노리토(祝詞)·센묘(宣命) 등 외에는 아직 가나글(仮名文)이라고 하는 서법은 없어서 일반적으로 세간에서 하는 대로 한문으로 표기되었다. 그런데 한문으로 기록하는 데 있어 그 무렵 한문학이 성행해서 그런 식의 문장도 교묘히 섞어 쓰는 세상이 되자 이것도 『일본서기』 등과 같이 그 글을 장식하여 글쓰게 하면 거칠기에 한문은 단지 서투르더라도 오로지 옛 말을 전하는 것을 취지로 하였기 때문에 한문 쪽에는 마음 쓰지 않도록 했다. (「文体の事」)

『고사기』가 『일본서기』처럼 격식을 갖춘 한문이 아니라 오히려 서툰 한문으로 쓰여진 것은 그것이 "옛 말을 전하는 것을 취지"로 하였기 때문이라고 노리나가는 말하는 것이다. 고어존중을 취지로 한 서툰 한문이란 훗날에 국어학자가 말하는 '변체한문체'다. 그러면 한자로 표기한, 변체한문체 문장으로 이루어진 이 텍스트에서 덴무(天武)천황도 읊으신 저 성스러운 구송언어를 어떻게 읽어낼 것인가? 다만 노리나가도 한자 에크리튀르로 이루어진 이 텍스트가 용이한 읽어내기를 방해한다고 인식하고 있다. 그러나 그것이 읽어내기 작업을 좌절하게 만드는 장애라고는 결코 간주하고 있지 않다. 성스러운 의도를 명심하여 『고사기』 텍스트가 성립하고 있는 이상, 그 성스러운 의도에 따라서 구송된 아름다운 언어는 그곳에서부터 읽어야만 하며, 또한 읽어낼 수 있는 것이다.

만일 구송된 아름다운 **야마토코토바**를 한자 · 한문표기 텍스트를 통하여 읽어낼 수 있게 된다면 그 훈독법을 통하여 그 텍스트는 어느 만큼이라도 투명성을 가지고 인식되지 않으면 안 된다. 즉 사용된 표기문자로서의 한자를 완전한 표기수단으로서 간주하지 않으면 안 된다. 중국 문자로서 한자가 갖는 의미는 그 음과 함께 표백되고, **야마토코토바**로서 읽지 않으면 안 된다.

노리나가는 『고사기』 본문 첫머리에 한자로 표기되어 있는 문장 "천지초발지시(天地初発之時), 어고천원성신명(於高天原成神名), 운운"을 '아메쓰치노하지메노토키, 타카마노하라니나리마세루카미노미나와(あめつちのはじめのとき, たかまのはらになりきせるかみのみなは)'[22]라고 읽어낸다. 『고사기전』에서 그 '천지'라는 말에 붙인 몇 쪽에 걸친 주석의 첫머리에서 노리나가는 "天地란 아메쓰치(阿米都知)의 한자로서 天은 아메(阿米)다"[23]라고 한다. "天地란 アメツチ(아메쓰치)라는 말을 표기하고 있는 한자이며, 天이란 アメ(아메)다"란 말의 의미는 표기문자 '天'이란 구송언어 'アメ(아메)'를 표기하는 기호이고, 이 한자 '天'으로 'アメ(아메)'의 의미를 추정해서는 안 된다고 말한다. 노리나가가 이 주석문 안에서 다시 덧붙여 쓴 상세한 각주에서 "무릇 황국의 고어는 단지 그 사물 그 일이 있는 그대로 편하게 말하고 처음 이름붙이기 시작한 것으로서,

---

22) 이 말은 "하늘땅이 시작되었을 때, 다카마노하라에 등장한 신의 이름은"이란 뜻이다. (옮긴이)

23) 『記伝』 三之巻 「神代一之巻」(『宣長全』 九). '天地'의 훈주(訓注)로서 전집판에 2쪽이 넘는 장문이 붙어 있다.

더욱 깊은 이치 등을 생각하여 말하는 것이 아니니 그러한 취지를 가지고 풀지 않으면 안 되는 데, 역대에 걸쳐, 식자가 그 상대(上代) 언어의 근본되는 취지를 잘 생각하지 않고 오로지 중국 정신(漢意)과 비교하여 풀기 때문에 모두 적당하지 않다"고 하듯, '아메(アメ)'는 '아메(アメ)'로서 생각해야 하는 것이지 천명(天命) · 천도(天道) · 천리(天理) · 천제(天帝) 등의 '천(天)'으로 그 뜻을 미루어 짐작해서는 안 된다는 것이다. 그렇다면 '天은 アメ(아메)이다'란, '天'이란 글자를 '아메'라고 읽어야 할 뿐 아니라 한자 '天'이란 '아메(アメ)'의 표기문자일 수밖에 없고, '天'이란 글자로 '아메'의 뜻을 파악하면 안 된다는 것을 의미하고 있는 것이다. 그러면 '아메(アメ)'란 무엇일까? 노리나가는 말하였다.

> 이렇게 아메(アメ)라고 하는 이름의 뜻은 아직 생각해낼 수 없다.

이것은 언어유희적인 **재담**을 말하고 있는 것일까? 예전에 나는 노리나가의 이 말에서 자의적인 명의추정에 대한 주석학자의 금욕적 자세를 읽었다.[24)]하지만 그것은 노리나가의 주석학에 몰입한 읽기였을 것이다. 오히려 노리나가의 이 말은 **표의문자 · 한자라고 하는 의미체계에서 '천'이란 글자로부터 그 의미체계적 배경을 표백하고 단지 표기기호화한 데서 생겨난 의미의 공백을 단지 정직하게 말하고 있는 데 불과하다**. '중국 정신' 비판이라고 하는 국학의 사상방법, 즉 자기 내부의 이념적 의미체계를 이질적인 타자로서 배제하면서 고유의 자기를 추구하고 있는 사상방법은 늘 자기에게서 의미의 공백을 드러내게 된다. 이런 의미의 공백 위에, 혹은 의미의 공백을 반전시키면서 어떻게 자기를 주장하고 있는가는 이미 노리나가에게 국학적 이데올로기의 핵심을 이루는 문제다.[25)]

---

24) 노리나가에 대한 나의 초기 이해는 그의 주석학에 대한 강한 공감에 입각하고 있었다. 『宣長と篤胤の世界』(中央公論社, 1977. 『平田篤胤の世界』라고 증보하여 재간. ぺりかん社, 2001).

25) 『古事記伝』이라고 하는 주석학적 작업 자체가 이 '의미'의 공백을 '신대(神代)의 사적'이라고 하는 '사실'의 확인을 통해 묻어버리는 작업이었다고 나는 간주하고 있다. 나의

"아메라고 하는 이름의 뜻은 아직 생각할 수 없다"라고 하는 말은 '天'이란 글자에서 한자적 의미를 배제함으로써 생긴 의미의 공백을 고백하는 것이다. 그런데 표의문자 · 한자에서 그 고유한 의미를 배제한다는 것은 한자를 단지 표기기호로서 보고자 하는 것이고, 그것은 한자를 임시 글자(빌린 글자)로서 보는 한자관을 구성하는 것일 터이다. 한자를 완전한 임시 글자(仮名)로 만드는 용법은 『고사기』에서 가요(歌謡)를 표기할 때 사용하고 있는 한자의 표음문자화, 이른바 만요가나(万葉仮名)의 용법이다. 한자를 빌린 글자로 하는 것은 그뿐만이 아니다. '천(天)' '지(地)' '신(神)' '국(国)' 등의 한자가 각각 '아메(アメ)' '쓰치(ツチ)' '카미(カミ)' '쿠니(クニ)' 등 **야마토코토바**(이른바 훈)에 적합한 한자(표훈한자 · 훈한자)로 간주되었고, 그리고 이들 한자가 '아메' '쓰치' '카미' '쿠니' 등의 훈에 종속된 표기문자로 간주되는 한, 그들 한자도 기본적으로 임시로 빌린 글자일 것이다. 『고사기』 텍스트를 구성하는 한자에 대한 노리나가의 견해는 기본적으로 이 한자=빌린 글자라는 관점이다. 문자란 "나중에 대응시켜 쓴 빌린 것"인 셈이다.

> 더욱이 **그 문자가 나중에 빌린 것이라면 깊이 생각한들 무슨 쓸모가 있으랴.** 오직 몇 번이라도 고어를 고찰하여 밝혀 옛날의 정서를 잘 알아야만 학문의 요체를 갖출 수 있다 하겠다. (「訓法の事」)

6. '고어의 모습' 창출

『고사기』란 덴무천황의 뜻을 체현한 성스러운 텍스트였다. 덴무천황의 뜻이란 "오로지 고어(古語)를 주가 되는 것으로 하여 옛날의 진정한 모습을 잃지"않게 하라고 하는, 구송 전승의 고어를 존중하는 정신이다. 천황의 이 고어 존중 정신은 고기록의 구송언어에 대한 천황의 직접적인 재현행위로서였

저서 『本居宣長』(제2장 『나오비노미타마』(直毘霊)와 「황국(皇国)」상의 형성) 참조.

다고 노리나가는 상정한다. 그 천황이 구송한 고어를 외워익힌 히에다노 아레와, 천황의 뜻을 명심하여 고어에 충실한 표기를 실현한 오노 야스마로에 의해 『고사기』는 그야말로 '고어 그대로'의 텍스트로서 노리나가의 눈앞에 있게 된다. 고대라는 시간으로 달려간 노리나가의 시선이 찾아낸 현존하는 가장 오랜 기록, 즉 한자쓰기로 이루어진 옛 기록 『고사기』는 그 텍스트 저편에 구송된 고어 **야마토코토바**의 존립, 그리고 그 고어 텍스트상에서의 실현을 노리나가로 하여금 확신하게 한 옛 기록 『고사기』였던 것이다.

이 진실이라고 하는 가치를 짊어진 성스러운 텍스트 『고사기』의 성립과정을 둘러싼 이해는 그대로 이 텍스트의 독해 자체를 규정하고 있다. 이미 살펴본 것처럼 『고사기』 텍스트를 구성하는 한자를 기본적으로 임시로 빌린 글자로 간주하는 노리나가는 '빌린 글자(仮字文)'로 이루어진 센묘(宣命) · 노리토(祝詞) · 노래(歌)라는 약간의 단서를 가지고, 『고사기』의 변체한문으로 이루어진 텍스트에서 그 텍스트 저편에 당연히 존립하고 있을 구송 고어를 읽어내려고 하는 것이다.

> 고서는 모두 한문으로 쓰여서 완전히 고어 그대로인 것이 없다면 지금 어떻게 읽는지, 그 방법이 거의 없는 것이나 마찬가지다. 다만 고기(古記) 중에 왕왕 고어 그대로 기록된 곳이 있고, 혹은 『속일본기』(續紀) 등에 실린 센묘의 말(詞), 또는 『엔기식』(延喜式) 8권의 각종 노리토 등, 이것들이 전해지는 모양이 무엇이든 대략 이곳의 말 그대로라면, 우선 이들을 잘 읽고 익히면 고어의 모습을 알 수 있다. 그리고 또 이 『고사기』와 『일본서기』에 실린 노래, 또는 『만요슈』(萬葉集)를 잘 읊을 수 있어야 한다. (「訓法の事」)

물론 실마리로 삼을 수 있는 그 텍스트가 완전히 '고어 그대로'일 리는 없다. '나중에 덧붙인 말'이 있거나 '한문투'도 섞여 있다. "그렇다면 이들 안에 있어도 조금이나마 한문투를 띠고 있는 것이 섞여 있으면, 골라 버리고 취해야 한다"고 노리나가는 엄격한 변별 과정을 말한다. 그러나 '빌린 글자'로 간주되고 또한 '이곳의 말 그대로'라고 인식된 센묘 · 노리토 · 노래의 말과 그 텍스트에 의해, 나아가 그들 텍스트로부터 '한문투'를 엄격히 변별하고 배제하는 과정을 통해 '고어의 모습'을 외워익히려는 이 작업은 어떠한 의미를 가진 작업일까? 이는 노리나가가 말한 것처럼 『고사기』의 한자 · 한문 텍스트 저편에 존립하는 고어를 읽어내기 위한 실마리로서 중요한, 그렇지만 어디까지나 보조적인 작업일까? 오히려 이 작업은 이미 '빌린 글자'로 간주되었고, 또한 '이곳의 말 그대로'라고 인정된 센묘 · 노리토 등의 텍스트를 가지고 그들의 구송적인 읊기의 자취를 밟아나가면서 모범적인 '고어의 모습'을 창출하는 작업이 아니었을까? 그리고 『고사기』도 또한 이 모범적인 '고어의 모습'에 따라서 훈독하듯 말이다.

『고사기』 훈독 방법론을 서술하는 노리나가의 문장(『古事記伝』 一之巻 「訓法の事」)을 보면 고서에 의한 고어 읽어내기가 거의 창작에 가까운 성격을 가졌음을 알 수 있다. 고대의 훈법(訓法)을 회고하면서 노리나가가 해석적으로 하는 말임에 틀림없다. 이미 일찍이 잃어버린 한자의 고훈(古訓)을 회복하는 일의 어려움과 어쩔 수 없는 신훈(新訓)의 창출을 말하는 노리나가의 말을 조금 길게 인용하고자 한다. 여기서 노리나가는 고훈(古訓)을 상실한 이유를 번다한 표어(表語)문자 · 한자 사용 탓으로 여겨 이렇게 말한다.

> 그런데 또 고서 가운데 아무리 생각해도 진실로 고어로 읽어야 하는 것이 있다. 그것은 본래 고어가 전하는 바를 나중에 한자로 옮기게 되면 본래의 고어로 되돌리기에 어려움이 생기는 것은 당연한 이치다. **한문으로 전해진 뒤에 이전의 고어는 끊어져 전해지지 않은 바도 있을 것이고**, 또한 황국의 상대(上代)에는 모든 사물이나 일에도 그다지 세세히 구분해서 이름을 붙이지 않아도 모든 말이 적지 않으며 일이 충분했다. 중국 등은 일반적으로 언어표현이 번잡한 풍습이 있어 무슨 일이든 너무나 세세히 이름을 붙여 쓰지만, 이곳에서는 단지 대략적인 말로 전승되는 것을 문자로 옮길 때 각각의 이름에 맞추어 써야만 했을 것이다. 그러한 부류는 **원래의 고어는 없어졌더라도 모두 소리글자(字音)이니 읽지 못하게 된 것은 그 상황에 따라서 새로이 훈을 만들 수 있다.** (「訓法の事」)

노리나가다운 장황할 정도로 극명한 해석이다. 그러나 이렇게나 말이 번다한 한자 문화에 대한 비판을 섞은 해석이 담긴 글을 통해 도리어 사람들은 고어 전승의 단층 속에 한자표기가 있음을, 혹은 오히려 한자표기가 단층을 뚫고 있음을, 그리고 이 한자로 표기된 텍스트로부터 새로운 읽기(訓)가 시작됨을 알게 되는 것이다.

7. 이는 '신훈(新訓) · 고사기'이다

노리나가는 『고사기전』 완성(1798) 이후 종래의 『고사기』 판본에서 보이는 본문의 오류와 한문식(漢籍風) 훈독의 오류를 바로잡고, '황조 신대(皇祖之神の御代)의 고아한 말(雅言)'로 되돌리는 '고훈'에 의한 올바른 『고사기』 텍스트를 세상에 제공할 목적으로, 『고사기』 본문에 가타카나(片仮名)로 방훈(傍訓)을 붙인 텍스트를 만든다. 그것이 노리나가 사후인 1803년에 간행된 『정정고훈고사기』(訂正古訓古事記)이다. "『고사기』 텍스트로서 획기적인 것이며, 오늘날에 이르기까지 그 이후 간행된 『고사기』의 저본으로서 채용되는 경우가 많아 후세 연구에 심대한 영향을 미치고 있다"[26)]고 전집 해설자는 말한다. 노리나가의 이 '고훈고사기'가 결국 '신훈고사기'에 불과하다고 한 것은 이 장 제1절에서 논한 가메이 다카시다. 「고사기는 읽을 수 있는가」의 말미에 "『고사기』가 후세의 학자에 의해 전체에 걸쳐서 가나로 풀이될 것이라고 할 만한, 야스마로로서는 상상도 하지 못하는 바였음은 말할 것도 없다"고 한 뒤에 가메이는 이렇게 말하는 것이다.

> 말하자면 여전히 한자에서 **가나(かな)**를 벗겨내지 못한 단계에 속한다. 즉 이 수준임을 인식하고 있어야만 하는 노리나가에게 그것을 무시하게 한 것이 무엇이든 간에, 내가 감히 말하자면 '고훈고사기'란 실은 다름 아닌 **신훈고사기**이다.

26) 『宣長全』 八, 大久保正 解題.

그리고 그 본질상 이후의 것은 모두 그 아류다.

‘고훈고사기’는 다름 아닌 ‘신훈고사기’라고 하며, ‘이후의 것은 모두 그 아류다’라고 하는 가메이의 말은 엄중하다. ‘고훈’으로 복원한다고 하는 노리나가의 훈독 작업을 필경은 ‘신훈’ 작업이라고 하고, 그 흐름을 잇는 이후의 훈독 작업은 모두 ‘그 아류’라고 하는 가메이의 비판은 그런 훈독 작업이 『고사기』가 한자표기 텍스트로서 성립한다는 사실을 억지로 ‘무시’하고 이루어진 작업이라는 것과 관련된다. 이미 살펴보았듯 노리나가의 훈독은 『고사기』 텍스트의 성립에 전제된 구송된 고어를 텍스트가 성립되고서도 한참 나중에 그것을 복원적으로 훈독해내는 방법을 통해서 가능했다. 『고사기』 텍스트를 구성하는 ‘서투른 한문’ 혹은 ‘변체한문’이란 노리나가에게서는 구송된 고어에 충실할 것이라고 하는 표기에서 오는 어쩔 수 없는 문체상의 치우침과 왜곡이었다. 더욱이 표기상 한자를 기본적으로 ‘임시로 빌린 글자’로 간주하는 견해이기에 『고사기』의 한자표기 텍스트는 노리나가의 의식에서 투명화된다. 노리나가의 훈독이란 실제로는 ‘고어의 모습’의 창출(신훈)이긴 해도, 구송된 고어 읽어내기(고훈)로서 자각하는 작업인 것이다.

노리나가 등이 상정하는 구송된 고유언어 **야마토코토바**에 있어서 한자는 이미 서술한 것처럼 이중의 타자성(他者性)을 띠고 있다.[27] 먼저 표기기호로서, 다음으로 타언어(他言語) 중국어의 표기문자로서. 표기문자 · 한자는 고유언어 **야마토코토바**에게 이중의 타자인 것이다. 이 이중의 타자성을 띤 한자를 통해 글로 쓴 언어 텍스트는 그 때문에 이중으로 타자화되어 성립한다. 그것은 또한 한자에 의해 표기된 언어 텍스트는 구송언어의 고유성에 대한 이중적 의미에서의 상실 위에 성립함을 의미할 것이다. 다만 내가 여기에서 ‘고유언어 **야마토코토바**’라고 하고, ‘구송언어의 고유성’이라고 하기도 하지만, 그 ‘고유성’이란 한자문자의 ‘타자성’과 관련하여, 사후에 구성된 개념이며, 개념틀이다. 따라서 여기서 나의 논의는 사후적으로 성립하는 개념과 그 틀에 의한 소

27) 이 책 제1장 참조.

급적인 문제구성이라고 할 수 있다. 이 사후적인 개념틀에 바탕을 둔 나의 문제구성은 그 개념틀을 통해 파악하게 되는 상황이 도달할 수밖에 없는 귀결을 명확하게 할 것이다. 즉 〈한자로 표기한 언어 텍스트는 구송언어 고유성의 이중적 의미에서의 상실 위에 성립한다〉라는 사실이다.

'고사기는 읽을 수 있는가'라고 묻는 가메이는 분명히 이 '이중적 의미에서의 상실'을 알고 있었다. 『고사기』의 성립이 "구비 전승되어온 것을 비로소 정리하여 책이란 체제로 만든 것이다"라는 견해에 가메이는 동의하지 않는다고 잘라 말한다. 나아가 이미 제1절에서도 언급한 것처럼 가메이는 표의문자 · 한자 텍스트가 그것을 접하는 자의 읽는 방식을 규제하고 있는 힘이 얼마나 강한지를 지적한다. '이중적 의미에서의 상실'을 아는 가메이에게 『고사기』 텍스트의 성립이란 '읽기'의 투명성을 수반하지 못한, 불투명한 쓰기 텍스트의 성립인 것이다. 여기서 가메이의 저 결론이 도출된다. "야스마로는 운문처럼 표현의 세세한 부분에 이르기까지 일정하게 이 **읽기방식**으로만 **읽어야** 한다고 요구하고 있었을까? …… 그것(『고사기』)은 완전한 방식으로는 **읽지** 못한다. 그러나 **훈**으로 쓰였기 때문에 **읽을 수** 있다. 즉 읽지 못해도 **읽을 수 있는** 서식에 의의가 있다 — *pertinent* — 고, 적어도 야스마로는 판단하고 있었음에 틀림없다." 여기서 '읽지 못한다'란 표기의 전제로서 상정한 것으로 보이는 구송된 고어를 재현적으로 읽어낼 수 없다는 말이다. 이미 표기된 텍스트는 그 성립에 전제된 언어의 재현적인 읽어내기를 방해하는 형태로 불투명하게 존재하는 것이다. 그러나 가메이가 '읽을 수 있다'고 하는 것은 쓰기텍스트 성립의 사전(事前)적인 언어의 재현으로서의 읽기가 아니라 쓰기 텍스트 성립에 사후적으로 허용된 읽기다. 야스마로는 읽을 수 있는 것처럼 기록한 것이다. 그러나 기록된 텍스트란 100% 완전한 읽기를 보증하는 것으로서 성립하는 것은 결코 아니다. 필경은 스스로의 표기화란 사후적인 읽기에 자신을 맡기는 것이다.

노리나가는 표기문자 · 한자의 타자성을 배제하고 한자를 '임시로 빌린 글자'로 간주함으로써 쓰기 텍스트를 투명화하고, 이렇게 해서 '고훈고사기'를 읽어냈다고 확신하였다. 하지만 쓰기텍스트에서 읽어내게 되었다는 것은 사후적인 읽어내기, 즉 '신훈'일 수밖에 없다. 그러므로 가메이는 말한다. "'고훈고사기'란 실은 다름 아닌 신훈고사기다"라고.

8. '변체한문체'라고 하는 텍스트

그렇다면 작품을 탄생시킨 작자 측에 선 〈술작론적 연구〉란 입장과 작품을 향수하는 측에 선 〈수용론적 연구〉란 입장을 말하는 니시미야 가즈타미는 『고사기』의 술작자인 오노 야스마로의 입장을 어떻게 이해하는 것일까? 기준선을 사이에 두고서 겹치는 쌍곡선을 그리는 이 두 가지 연구 입장에서, 『고사기』 술작자인 오노 야스마로의 술작 기도(企圖)에 대한 이해는 『고사기』 수용자 니시미야의 독해방식 자체를 규정하게 된다. 술작자로부터 수용자로 이어지는 선은 니시미야에 의해 단적으로 다음과 같이 인용된다.

> 결과적으로 술작자가 한문의 〈훈독〉이라고 하는 것을 예상하여 썼다고 간주한다면 수용자도 그 선을 따라서 〈훈독〉하는 방법이 당연하겠다. ……『고사기』의 술작자가 상당히 정밀한 배려 아래 고유일본글(和文)로서 읽을 수 있도록 써두었다고 판단할 수 있으므로, 그 〈훈독〉은 써놓은 대로 읽지 않으면 안 된다는 기본적인 방법을 발견할 수 있다. …… 『고사기』는 앞에서 서술한 것처럼 변체한문체로 쓴 것이어서 한문의 거꾸로읽기를 활용한다면 그 나름대로 고유 일본어로 읽을 수 있도록 써놓았다.[28)]

여기서 술작자 오노 야스마로의 『고사기』 술작의 입장을 명확하게 파악하고 있다. 즉 고유 일본어로서 읽을 수 있는 한문체로 썼다는 입장이다. 고유 일본어로 읽을 수 있는 한문체 표기란 한문 훈독 습관 속에서 성립되었다고

---

28) 앞의 西宮一民 『日本上代の文章と表記』(序說).

생각되는 한문적 조사법(措辭法)에 바탕을 둔 고유 일본어 표기법, 이른바 변체한문에 의한 표기법이다. 국어학자 야마구치 요시노리(山口佳紀)는 이 변체한문을 설명하여 "『고사기』는 변체한문으로 표기되어 있다. 변체한문이란 정식 한문을 훈독한다는 습관을 이용하여 기본적으로는 한문의 조사법(措辭法)에 바탕을 두면서, 그것을 일본어를 표기하는 문장에 어울리도록 개변한 것이다. 따라서 그 성격상, 변체한문으로 표기된 언어는 강한 한문 훈독조 언어가 될 수밖에 없다"[29)]고 한다. 그러나 변체한문이라고는 해도, 그것은 한문인가? 한문이 쓰기식 중국어라고 한다면, 변체한문은 중국어가 아니다. 그것은 "어디까지나 일본어 문장이다"[30)]라고 야마구치는 말한다. 그렇다면 『고사기』의 문장을 변체한문으로 보는 것은 그 문장은 "어디까지나 일본어문으로 읽기를 기대하고 쓴 문장이다"는 것이다.

『고사기』의 술작자, 혹은 찬록자인 오노 야스마로가 변체한문체를 가지고 표기한 것은 이미 그 상황 속에 '고유 일본어 문장(和文) · 일본어 문장(日本語文)'으로서 읽어주리란 기대가 들어 있다고 연구자들은 풀이하는 것이다. 그렇다면 연구자들은 이 술작자의 의도, 혹은 기대에 응하여 『고사기』 텍스트에서 '고유 일본어 문장 · 일본어 문장'을 읽어내야만 한다. 야마구치는 이 술작자 안으로 한 걸음 더 깊이 들어가는 추체험에 입각하여 "변체한문이 일본어의 표현양식인 이상, 상식적으로 생각해서 야스마로는 어느 특정한 일본어를 떠올리면서 『고사기』 문장을 지었을 것이다"[31)]라고 추정한다. 여기서 연구자에게 부여되는 훈독 과제는 '**야스마로가 특정한 일본어를 떠올리면서 쓰고 있었다고 한다면** 말할 것도 없이 **그것을 재현하는 것이 훈독의 목표다**'라는 것이다.

『고사기』가 변체한문체라는 표기양식을 가지고 기록된 텍스트라고 보는 것은 그 텍스트에 실현되어 있는 것이 한문문자와 일종의 한문적 조사법(措

29) 앞의 『古事記の表記と訓読』(第三章 音仮名の論, 第一節 表現と訓読).
30) 山口佳紀 「記・紀の表記と訓読」(『古事記日本書紀必攜』 別冊国文学49, 学灯社).
31) 앞의 『古事記の表記と訓読』(第三章 · 第一節 表現と訓読). 방점은 인용자.

辞法)에 의한 표기언어임을 『고사기』 훈독의 불가피한 전제로서 인식하는 것이라고 생각된다. 그러나 『고사기』 훈독을 마음에 둔 학자들에게 변체한문체라고 하는 표기양식은 술작자의 의도와 독해자의 과제를 긴밀하게 엮는 실마리로서 인식되는 것이다. 변체한문체로 이루어진 표기언어 텍스트는 그들에게 어쩔 수 없이 **사후적으로 읽어내기**라는 불투명성을 의미하는 것은 아니다. 오히려 **'고유 일본어 문장 · 일본어 문장'**의 **사전(事前)적** 존재를 뚫어 보면서 그 읽어내기를 가능하게 하는, 말하자면 반투명한 유리판인 듯하다.

9. '훈독체' 언어의 사후성

"술작자가 결과적으로 한문의 〈훈독〉을 예상하여 썼다고 간주한다면 수용자도 그 선을 따라서 〈훈독〉하는 것이 당연한 방법이다"고 니시미야는 말하고 있었다. 여기서 훈독조 언어로 읽어내는 것을 예상하여 쓴 문체가 '변체한문체'다. 훈독하기를 기대하며 채택된 변체한문체라고 하는 이 표기양식을 니시미야는 다시 부연하여 "〈한문체〉의 철저한 이용에 의한 — 거꾸로 읽기와 어조사(助字)를 활용하는 — 효과적인 고유 일본 문장으로 읽기를 의도한 것"이라고 한다. 그러면 술작자의 의도 안에 기대고 있는 훈독체 언어란 이 변체한문체 표기 텍스트를 통해서 어떻게 읽어낼까?

'훈독'이란 한문이라고 하는 쓰기텍스트의 해석적 독해로서의 관용적인 읽기(훈독) 방식이며, 훈독조 언어란 한문이 고유 일본어투로 강하게 변용된 읽기에서 성립하는 언어이다. 훈독 작업이란 한문표기텍스트를 전제로 한 사후적인 작업이며, 따라서 훈독조 언어란 이 한문표기텍스트를 전제로 한 훈독 작업을 통하여 사후적으로 성립하는 언어다. 요컨대 **훈독조 언어란 본질적으로 쓰기텍스트에서 사후에 읽어내는 언어인 것이다**. 변체한문체란 훈독을 기대하며 채택한 표기양식이라고 니시미야는 말한다. 그렇지만 그 변체한문체로 표기한 것이 한자로 쓰여진 텍스트인 만큼 그것은 사후적인 읽기로만 한정해서 약속사항을 지시할 수 있다 하더라도, 그것은 본질적으로 사후적인 읽기에 자신을 맡길 수밖에 없다. 그러하기에 그야말로 『고사기』 텍스트 수용자의 훈독 노력은 『고사기』의 한자표기텍스트를 주어진 전제로 하면서, 그 용어 · 용사법(用詞法) 분석과 다른 모든 쓰기텍스트의 사후적 훈독 성과를 방증삼아 자신의 훈독 정확도를 높일 수밖에 없는 것이다. 『고사기』 훈독은 기본적으로 한문 훈독조여야 한다고 하는 야마구치 요시노리는, 훈독에서 "헤이안(平安) 시대 초기 훈점자료에서 증거"를 찾는 것이 중요함을 지적하면서 이렇게 말하고 있다.

> 『고사기』 훈독은 기본적으로는 한문훈독조 언어에 따라야 하므로, 간혹 단순히 상대(上代)에 낱말의 사용례가 있다고 하는 것만으로는 그것이 『고사기』 훈독용어로서 어울린다고 보증할 수는 없다고 본다. 오히려 문체적 공통성이라고 하는 점에서 말하자면 헤이안 시대 초기 훈점자료에서 증거를 찾는 쪽이 우선되어야 한다고까지 생각된다.

이는 『고사기』 텍스트에서 훈독조 언어로 읽어내기의 사후성을 명확히 이야기하는 것이 아닐까? 나아가 이 훈독의 사후성과 관련하여 니시미야가 노리나가의 『고사기』 훈독을 지나치게 고유 일본 문장으로 만든 '의역'이라고 그 결점을 지적하면서도 『고사기전』이 훈독상에서 여전히 '위대한 이정표'로서의 의의를 가졌다는 표현을 여기에 인용하는 것은 의미가 있을 것이다.

> 우리는 『고사기』 〈훈독〉에 모토오리 노리나가의 『고사기전』이 위대한 이정표임을 알고 있다. 노리나가의 이 훈독 대부분은 뜻밖에도 헤이안 시대 전기의 한문 훈독법과 일치하는 것은 노리나가의 교양 있는 한문 훈독력에 더하여 『고사기』 자체의 용례에서 귀납해낸 훈독법 덕분이었다. 따라서 『고사기전』은 오늘날 여전히 후인이 능가할 수 없는 〈훈독〉이지만, 다시 말해 『고사기』 문장을 직접 마주해보면 노리나가의 훈독에는 헤이안 전기 중반 가나문학의 유려한 문

체의 영향이 드러난다고 생각된다.

후인이 능가할 수 없는 노리나가의 『고사기』 훈독 성과를 이야기하는 이니시미야의 말은 노리나가의 이른바 '고훈'으로서 읽어낸 언어가 "대부분은 뜻밖에도 헤이안 시대전기의 한문 훈독법과 일치한다"고 하듯, 7~8세기 쓰기 텍스트를 전제로 하여 사후적으로 읽어내고 있는 언어이며, 그것은 헤이안 시대 전기에 걸쳐 형성되고 있는 훈독법에 따른 언어와 일치한다고 말하는 것이다. '고훈'이란 가메이가 말하는 대로 '신훈'인 것이다. 그리고 변체한문체로서의 쓰기 텍스트를 전제로 하여 훈독하는 현대 학자들의 작업도, 헤이안 시대 전기에 걸쳐 사후적으로 형성되고 있었던 훈독조 언어를 '증거'로 삼으면서 읽어내고 있어, 이 또한 '신훈'적 훈독작업일 수밖에 없다. '신훈'이란 한자로 표기한 텍스트를 전제로 하여 일찍이 이루어진 훈독화 과정을 여기서 또다시 반복하면서 새롭게 훈독조 언어를 재형성한 것이다.

10. 고유 일본어 문장(和文)의 성립

변체한문체로 불리는 『고사기』의 한자표기 텍스트로부터 읽어낸 언어란, 한자표기 텍스트를 전제로 하고 그 독해 언어로서 사후적으로 창출되는 언어다. 즉 '훈독체'라고 일컫는 일본어다. 그 일본어는 사후적인 텍스트 독해자가 상정하듯, 〈야스마로가 사전(事前)에 떠올리고 있던 일본어〉가 아니다. 어디까지나 그것은 한자 · 한문표기 텍스트의 독해를 통해 사후적으로 형성된 표기언어 · 고유 일본어 문장(和文)이다. 이미 거듭 말하고 있지만, 훈독이란 한자 · 한문표기 텍스트의 사후적인 독해 작업이다. 그것은 훈독을 통하여 한문체를 고유 일본어 문체로 해석하고 변용하는 것이다. 변체한문체가 훈독을 전제로 이미 변용된 한문체였어도 그 훈독 언어의 사후성을 벗어날 수는 없다. 『고사기』의 변체한문체 텍스트는 훈독을 통하여 고유 일본어 문체로 쓰여진 텍스트를 구성하게 된다. 이 한자표기 텍스트의 사후적인 훈독화라고 하는 독해작업을 통하여 훈독체 언어로서 일본어문이 성립한다. 한문체에서 고유 일본어 문체로의 해석적 변용이라는 훈독화작업을 통하여 비로소 통사법적 체계성을 가진 언어, 즉 고유 일본어 문장이 성립하는 것이다. 『고사기』로부터 읽어낸 고유 일본어를 노리나가는 유려한 헤이안 시대의 고아한 글(雅文)로 구성하고 있는데[32] 그 자체가 쓰기 텍스트에 대한 일본어문의 사후적인 형성을 이야기하고 있다.

여기서 나는 고유 일본어 문장이라는 언어를 한문체에서 고유 일본어 문체로의 해석적 변용이라는 훈독화 작업을 통하여 성립하는 언어를 가리킨다고 말하고 있다. 그 언어는 말하자면 '직역'적인 훈독체에서부터 '의역'적인 고유 일본어 문체까지도 포괄한다.[33] 그것은 한자로 표기한 텍스트를 매개로 성립하는 언어이며, 어디까지나 표기언어다. 일본어문(고유 일본어)이란 표기언어·일본어다. 따라서 표기언어·일본어란 한자·한문으로 이루어진 쓰기 텍스트의 훈독이라는 독해 작업을 매개로 비로소 성립하는 언어다. 예를 들면, "천지초발지시어고천원성신명천지어중주신차고어산소일신차신산소일신차삼주신자병독신성좌이은신야(天地初発之時於高天原成神名天之御中主神次高御産巣日神次神産巣日神此三柱神者並独神成坐而隠身也)"라고 하는 『고사기』 첫머리 첫 구절을 "天地(あめつち)のはじめのとき，高天原(たかまのはら)に成りませる神の名(みな)は，天地御中主神．次に高御産巣日神．次に神産巣日神．此の三柱(みはしら)の神は，並(みな)独(ひとり)神(がみ)なりまして身(みみ)を隠したまひき"[34]라고 읽거나, 아니면 그 훈

---

32) 니시미야는 노리나가의 『고사기』 훈독이 '의역'에 불과하고 그 훈독문이 '헤이안시대 전기 중반의 가나문자의 유려한 문체'라고 지적하였다. 그리고 노리나가 자신도 '고어'란 '우아한 말(雅言)'임을 거듭해서 말한다.

33) 니시미야는 『고사기』 훈독에서 노리나가의 '의역'과 달리 이른바 '직역'적인 훈독을 지향한다.

34) 노리나가 『고사기전』의 읽기다. 첫머리의 '天地初発之時'를 '이 세상의 시작(此の世の初め)'를 막연히 말하는 말로 노리나가는 '천지가 시작할 때(天地のはじめのとき)'라고 읽을 것을 주장한다. 노리나가는 천지의 시원이 아닌 신화적 기원의 이야기를 읽어내려고 한다.

을 비판하면서 "天地あめつち初はじめて発あらはれし時に, 高天たかあまの原に成れる神の名は, 天の御中主の神. 次に高御産巣日たかみむすひの神. 次に神産巣日かみむすひの神. 此の三柱の神は 並ともに独神ひとりがみと成り坐して, 身を隠しき"35)라고 읽으려 하는 것, 이 해석상의 폭을 가진 다양한 훈독문은 『고사기』의 변체한문체라고 하는 한자로 텍스트의 해석을 통하여 사후적으로 성립하는 것이다.

한자 표기한 텍스트의 훈독화란 훈독체 언어(일본어 문장 · 고유 일본 문장)의 사후(事後)적으로 창출하는 작업임에도 불구하고 그것은 사전(事前)적 언어로서의 일본어의 읽어내기 작업이라고 인식된다. 노리나가에게 그 사전 언어란 구송전승의 고어 **야마토코토바**였다. '고훈'이란 한자 표기한 텍스트에서 이 구송전승의 고어 **야마토코토바** 읽어내기이며, 그는 그것을 읽어냈다고 믿었던 것이다. 그는 한자 표기한 텍스트에서 그 불투명성을 배제해냄으로써 이 가상의 고어 **야마토코토바** 읽어내기가 가능했고 또 그렇게 믿었다. 『고사기』 텍스트를 구성하는 표기문자로서의 한자는 완전한 표기기호로서, 말하자면 〈임시로 빌린 글자〉로 간주되었다. 또한 그 텍스트를 구성하고 있는 '서툰 한문'이란 그 텍스트에서 아름다운 고어 **야마토코토바**를 읽어내기를 기대하며 궁리해낸 표기였다. 이렇게 해서 『고사기』 텍스트는 투명해졌고, 그 텍스트에서 아름다운 고어 **야마토코토바**를 읽어내게 된다.

'한자 · 문자'라고 하는 이중의 타자성으로 성립하는 한자표기 텍스트에서 사전(事前)의 고어라고 하는 고유 언어를 구출하기 위해서는 한자표기 텍스트의 투명화, 즉 표기문자 · 한자와 표기문 · 한문의 타자성을 배제할 필요가 있었다. 이 때문에 '고훈고사기'를 읽어낸 『고사기전』가 중국 정신(漢意)비판이라고 하는, 철저히 타자를 배척하는 이데올로기르 투영한 『나오비노미타마』(直毘霊)라는 글을 서문으로 하고 있는 것이다. '고훈고사기' 읽어내기란 타자

---

35) '天地初発之時'를 둘러싼 노리나가의 '천지 미생의 시작(天地未生の初め)'이라고 하는 이해를 비판하고 그것이 천지의 시원을 말하는 것이라고 여기며 종래의 여러 주장을 비판적으로 검토하여 새로운 읽기를 제출한 『古事記注解』(2, 神野志隆光 · 山口佳紀, 笠間書院, 1993)의 훈독이 있다.

성의 배제를 주장하는 〈고유성 이데올로기〉, 즉 국학 이데올로기로서 비로소 성립하는 작업이다. 한자표기텍스트란 몇 겹의 다의성을 가지고 성립한다. 여기서 일의적(一義的) 언어를, 그리고 일의적 사상을 읽어내는 것 자체가 동일성이라고 하는 이념적인 선도 없이는 불가능하다. 노리나가에게 그것은 '야마토의 나라'라고 하는 이념이었다.

제3장
타자수용과 내부의 형성
- 한문 훈독의 이데올로기

실로 국민으로 하여금 국어를 반성·자각하게 만드는 구체적인 사실은 아마도 한자, 한문을 접할 때에 일어나게 될 것이라 여겨진다.

야마다 요시오, 『국어학사』

훈독이 이루어졌다는 것은 적어도 일본어에 있어서 다행스러운 일이었다.

사토 기요지, 『일본어의 정신』

1. '훈독'이란 무엇인가

다자이 슌다이(太宰春台, 1680~1747)는 근세 문운(文運)의 융성을 불러온 오규 소라이(荻生徂徠, 1666~1728)가 거느린 겐엔학파(蘐園派) 유학자를 대표하는 사람 중 하나이다. 그 슌다이가 스승 소라이와 함께 혹은 스승의 말을 뒤좇듯 일본인의 전통적인 한문 텍스트 독법(훈독)을 비판하고 있다. 그 독법은 유가(儒家) 성현의 학문에 뜻을 둔 유생에게 보탬이 되지 않는 것이라고.

> 예로부터 내려오는 독법은 한어(漢語)를 옮겨 일본어(倭語)로 하는 것을 귀히 여기니 …… 일본식읽기(倭訓)로 읽는 한 일본식 읽기를 사용하는 것이 된다. 고로 중국의 글이 이 나라의 가나조시(国字草子)처럼 되어, 들은 대로 적기 때문에 쉽고 재미있지만 오직 속인의 귀를 즐겁게 할 뿐, 중국을 공부하는 자가 하기엔 보탬이 되지 않는다. …… 유생의 글 읽기는 중국의 문장을 배워서 성인의 도를 밝히기 위해서이지 일본시가(倭歌)·일본문장(倭文)에 도움이 되는 것이 아니니 일본식읽기를 생략하고 송독(誦讀)에 의지하여 기억하기 쉬운 바를 취해야 한다.[1]

예로부터 전해진 한문독법에 대한 슌다이의 이 비판은 특이한 독법을 통한 한문 텍스트의 수용, 즉 일본인이 다른 언어인 한문 텍스트를 일본어에 의한 해석적인 독법으로 수용하는 문제에 초점을 맞추고 있다. 슌다이가 여기서 비유적으로 '중국의 글'이 '가나조시'(에도 시대 초기에 일본어 기니 또는 한자에 가나를 혼용해 쓴 소설, 수필 등의 일본책 - 옮긴이)처럼 된다고 한 것은 한문 훈독이라고 하는 독법을 매개로 한 한적(漢籍) 수용이 궁극적으로 이 나라에서 만들어내고 있는 것이 무엇이고, 어떠한 상황인가를 보여주는 것이다. 한문 훈독이란 불교·유교 경전을 중심으로 하는 한적 수용과정에서 이루어지고 있던 한문해석으로서 일본어식으로 읽기, 즉, 읽기(和訓)의 방법으로 발달하고 양식화되고 있던 독법이다. 국어학자 요시자와 요시노리(吉沢義則, 1876~1954)가 성립기의 훈독을 "헤이안 시대의 한문 훈독은 곧 오늘날의 해석이며, 강의다. 우리들은 오늘날 영어를 공부할 때 먼저 소리 내어 읽었다. 그 다음 해석했다. 헤이안 시대에 한자는 마치 이와 같은 순서로 이루어졌을 것이다. 먼저 한자를 소리 내어 읽었다. 그리고 해석하였다. 해석이란 말할 것도 없이 한문을 일본어로 고치는 것이다. 이렇게 해서 일본어로 바뀐 것이

1) 太宰春台『和読要領』中(須原屋版本, 1728). 인용.

훈독이었고, 그것을 한자 곁에 써놓은 것이 훈점이었다. 훈독은 해석이고, 훈점은 모종의 양식에 따라 한자 곁에 써넣은 해석이었다"[2]고 알기 쉽게 설명하고 있다. 요시자와의 이 해설에서 성립 당초에 한문 훈독은 소리내어 읽기와 병용되고 있었다는 지적은 주의할 필요가 있다. 이것은 중화 한자문명권의 주변 지역에서 한문 텍스트의 수용 방식, 즉 소리내어 읽기 · 훈독을 함께 하는 수용 방식이 한적(漢籍)과 함께 한반도에서 들여온 것임을 시사하고 있다.[3] 그러나 한문 독법 수용 당초의 소리내어 읽기 · 훈독 병용방식이 곧바로 폐기되고, 한문 읽기가 훈독으로 일원화되어서, 에도(江戸) 시대 한문 훈독법의 성립에 이른다. 그 성립에 이르는 과정을 간략히 서술하면, 중세를 통하여 박사(博士)가문에 전해지고 있던 도조텐(堂上点)이란 전통적 훈독법이 선림(禅林)에서 주자신주(朱子新注) 독법을 고안함으로써 개량되었다. 무로마치(室町) 시대에는 기존의 의역체적인 한문 훈독(和訓)보다는 사서신주(四書新注)의 독법으로 한문문장(漢文章)에 의거한 직역체적인 훈독법을 사용하게 된다. 그 훈독법을 계승하여 에도 시대에 도순텐(道春点, 하야시 라잔식 훈점 - 옮긴이)이 성립하였고, 하야시 가문(林家)의 사회적 지위와 함께 이 도순텐이 에도 시대 한문훈독의 기초가 되기에 이른다. 나아가 도순텐에 여전히 남아 있는 한문 훈독투(和訓風)를 고친 안사이텐(闇斎点, 야마자키 안사이식 훈점 - 옮긴이)이 성립하고, 또한 에도 시대 후기에는 고토텐(後藤点, 고토 시덴식 훈점 - 옮긴이)이 이루어져, 근대 일본인이 이전 시대의 유산으로서 계승하고 있는 한문 훈독법이 성립하게 된 것이다. 에도 시대 중기의 소라이와 슌다이가 비판적으로 대치하고 있던 당대의 독법 역시 이 한문훈독법이다.[4]

---

2) 吉沢義則「仮名交り文の起源」(『国語説鈴』 수록, 立命館出版部, 1931).

3) 야마다 요시오를 비롯하여 국어학자는 일본에서 한문 훈독법의 독자성을 말하면서 그 한반도 기원을 부정하지 않는다(山田孝雄『漢文の訓読により伝へられたる語法』宝文館, 1935). 국어학자 사토 기요지(佐藤喜代治)도 이렇게 말하고 있다. "훈독법이라고 하는 것은 혹은 한반도에서 이미 이루어진 방법을 모방하여 시행된 것인지도 모르지만, 한반도에서 현토라고 하는 것을 일본의 훈독법과 비교해보면 일본 쪽이 한층 철저하다고 생각된다."(『日本語の精神』畝傍書房, 1944)

4) 훈독법의 변화에 대해서 여기서는 간략히 서술하는 데 그친다. 무로마치 시대에 주자

한문의 훈독이란 한문을 기본적으로 일본어로서 이해 가능하도록 고유 일본어 문장(和文) 문맥으로 고쳐읽는 것이다. 즉 중국어(漢語)를 일본어(和語)로 바꿔 읽고, 문장에 오쿠리가나(送り仮名) · 후리가나(振り仮名) · 오코토점(ヲコト点)과 가에리가나(返り仮名) 등 이른바 훈점을 붙여 한문 문맥을 고유 일본어 문맥으로 옮기는 독법이다. 이미 언급한 것처럼 이 독법 성립 초기의 훈독은 음독이라고 하는 한문 직독법과 함께 쓰이고 있었다. 그리고 훈독이란 한문 직독을 보조하고, 이해를 위한 편법적인 독법이었다. 한문 이해를 위한 편법인 훈독이란 한문을 고유 일본글(和文) 문맥으로 옮기게 하는 해석적인 읽기, 번역하여 읽기(訳読)임은 두 가지 독법을 병용할 때에는 충분히 의식되고 있었을 것이다. 얼마 안 가 훈독은 홀로 나아간다. 즉 음독에서 떨어져 나오거나 아니면 불경 독송을 할 때만 음독하고, 훈독은 단지 한문 훈독(和訓)으로의 길로 나아가고 있었다. 그것은 훈독에 의한 한문의 고유 일본 문장(和文化)으로 나가는 길이라고 할 수 있을 것이다. 앞에서 인용한 설명에 이어서 요시자와가 "표점붙여읽기(点読)를 그대로 한자에 가나 섞인 문장(仮名交じり文)으로 쓰면 완전히 당시 구어문(口語文)이 되는 셈이다"라고 하듯, 초기의 의역체적 훈독은 훈점(訓点)에 따라서 다시 쓰면 그대로 당시의 구어문이 되었던 것이다. 나는 한자에 가나 섞인 문장이라는 일본어문의 성립은 이 한문 텍스트의 한문 훈독화(和訓化)와 불가분의 관계라고 생각하고 있다.[5] 한문 훈독(和訓)에서부터 고유 일본어가 만들어진 것이다. 이것이야말로 맨 앞에서 인용한 『화독요령』(和読要領)에서 슌다이가 말한 것과 같은, 한문 훈독(和訓)

신주에 의한 경서의 독법으로서 만들어내면서부터 직역체적인 훈독법(「桂庵和尚家法和訓」)이 에도 시대에 하야시 가문(林家)으로 계승되었고, 도슌텐(道春点)을 이루게 된다(足利衍述 『鎌倉室町時代之儒教』 日本古典全集刊行会, 1932). 한문훈독사에 대해서는 위의 足利衍述 『鎌倉室町時代之儒教』, 山田孝雄 『漢文の訓読によりて伝へられたる語法』, 村上雅孝 『近世初期漢字文化の世界』(明治書院, 1998) 참조.

5) 내가 이 책 제2장에서 이야기하였듯 『고사기』라고 하는 한자 · 한문 텍스트의 존재가 그 훈독화를 통하여 가나 섞인 문장(仮名交じり文)이라고 하는 고유 일본어를 성립시킨 것이지, 그 반대는 아니다. "훈독 작업이란 한문쓰기텍스트를 전제로 한 사후적인 작업이며, 따라서 훈독조 언어란 이 한문표기 텍스트를 전제로 한 훈독작업을 통하여 사후적으로 성립하는 언어이다."(『이 책 제2장 원문 65쪽 참조)

을 통하여 '중국의 글(書)'이 '가나조시(国字草子)'처럼 되어버리는 상황인 것이다. 한문 훈독에 의한 고유 일본어의 성립이라는 이러한 상황은 몇 번이나 거듭된 탐색이 필요한 언어와 문화를 둘러싼 문제층을 포함하고 있다. 이 장이 '한문 훈독'을 다루고 있는 것도 이 문제층에 대한 돌파구를 찾기 위한 하나의 시도이다.

2. 훈독이란 번역이다

이미 말한 것처럼 한문 훈독이란 한문을 고유 일본글(和文) 문맥으로 옮겨 이루어지는 해석적인 독법이다. 훈독이라고 하지만 다름 아닌 번역하여 읽기다. 좀 더 부연하자면 훈독이란 일본어와는 다른 언어인 중국어 표기(écriture)로서의 한문을 일본어로 읽는 법, 즉 번역하여 읽기 · 번역식 독법이다. 그런데 한문 훈독이 결국은 일어번역(和訳)임은 슌다이의 스승 오규 소라이가 일찍이 지적한 바다. 다만 훈독자는 그것이 일어번역임을 의식하지 못한다고 소라이는 덧붙이고 있다. "이 나라 학자는 방언으로 글을 읽으며, 한문 훈독이라고 부른다. 이것을 훈고(訓詁)라는 뜻으로 쓰나 기실은 번역이다. 그러나 사람들이 그 번역한 바를 알지 못한다."[6] 한문 훈독이란 한문 훈고라고 착각함으로써 타 언어 에크리튀르(écriture) · 한문 번역하여 읽기(訳読)라 자각이 없이 이루어진 번역이라고 소라이는 말하는 것이다. 따라서 훈독이란 번역하여 읽기임을 지적하는 소라이와 제자들은 "이 나라에는 이 나라 자신의 언어가 있고 중국에는 중국 자신의 언어가 있다"라는 다른 언어 인식을 전제로 [훈독이란] 타(他) 언어 이해와 관련된 문제라는 사정에 대한 명확한 인식을 가지고 있다. 이 인식에서부터 새롭게 번역문(訳文) 본래의 모습을 생각하게 되어 『역문전제』(訳文筌蹄)를 썼으며, 결국 소라이에 의해 타 언어인 중국어 고어에 대한

6) 荻生徂徠『訳文筌蹄』(도가와 요시오(戸川芳郎)씨의 훈독 문장에 의한다. 『荻生徂徠全集』 第二巻, みすず書房, 1974).

이해 방법으로서 고학 혹은 고문사학(古文辞学)이 성립하게 된다.

우리는 지금 소라이와 함께 한문 훈독이란 타 언어인 중국어문·한문을 일본어로 번역하는 독법임을 확인하고자 한다. 이것이 번역이라면 번역작업이 매개하는 이쪽과 저쪽 두 언어 사이의 관계를 묻게 될 것이다. 서로 다른 이질적 언어 간에 교통을 이루는 매개가 아니라 문화수용으로서의 번역을 생각할 경우, 그 번역이 매개하는 두 가지 언어문화 사이에 힘의 평형적인 관계는 일반적으로 존재하지 않는다. 유럽 세계에서 크리스트교 선교사들이 [자신보다] 열등한 지위에 있는 언어문화권에서의 포교를 위한 관심에서 이루어지는 그 언어에 대한 이해가 생기기 전까지[7] 번역이란 우위적 언어문화체계 주변의 언어권에서 우위 문화를 섭취·수용하려는 목적에서 이루어지는 언어적 작업이었을 것이다. 일본인이 훈독하지 않으면 안 되는 한문 텍스트, 이 외래의 한문서적(漢籍)은 말하자면 주어진 우월한 텍스트, 혹은 우월적인 문화 그 자체로서 일본인에게 존재하였다. 중국어를 다른 언어로서 인식한 소라이에게도 두 언어가 평형적인 관계로 존립할 리가 없다. 앞서 소라이의 발언에서 보듯, 저쪽에 존재하는 '중국의 언어' 즉 **중심 언어**를 향한 이해의 길을 모색하고, 고투하는 이쪽이 가진 언어란 '방언' 즉 **변경의 언어**밖에 없었다.

그런데 한문 훈독이라는 번역의 특이성은 타 언어 에크리튀르인 한문을 자기 언어의 통사법으로 옮기면서 읽는다고 하는 해석적인 독법을 통해 저쪽 언어의 의미를 이쪽으로 전이시키려는 데 있다. 이 독법이 일본에서 가능한 것은 한자라고 하는 표기기호를 중국과 함께 사용한다기보다는 이 우월적인 언어기호를 주변국 일본이 주어진 문화적 전제로서 받아들였다는 데 바탕을 두고 있다. 한문 훈독이라고 하는 해석적인 의미의 전이, 즉 번역 본연의 모습을 규정하고 있는 것은 한자한문이라고 하는 중국어 에크리튀르가 일본에게는 압도적으로 우월한 문화적인 소여(所与)로서 이미 존재하고 있다는 것이었다. 일본에게 중국문화 혹은 중국언어란 우월성을 가진 역사적 소여다. 일본

7) 이 열등한 지위의 언어체계에 대한 관심은 근대 유럽에서 문명론적인 선교사들, 즉 식민주의자들의 문명적 사명감을 가진 이해에 대한 관심으로 전이되었고, 계승되었다.

언어문화 성립을 둘러싼 사후성, 즉 중국의 언어문화를 주어진 전제로 삼은 사후성은 민족적인 자존이나 비하의 감정과는 아무런 관계없이 주변 문화의 성립에 수반된 불가피한 상황이었다. 한문 훈독이란 이 우월적인 소여로서의 한문 에크리튀르의 문화수용적인 독법을 통하여 이루어진 자기 언어로의 의미 전이, 즉 번역이었다.

3. 한문 훈독의 이데올로기

야마다 요시오는 일본의 한어한문 수용에서 일어날 수 있는 상황은 다음 세 가지가 있었을 것이라고 추정하고 있다. "국어가 한어, 한문에 완전히 정복당할 것인가, 혹은 또 그 한어, 한문을 국어가 완전히 정복할 것인가, 아니면 어떤 점은 한문 그대로 하고, 어떤 점은 국어로 취급하여 두 가지가 타협의 길을 열 것인가 하는 세 가지 외에는 존재할 수 없을 것이다."[8] 여기서 한자한문 수용을 둘러싼 문제를 야마다가 정복당하는가, 당하지 않는가 라는 국가 간의 지배 · 종속관계로 보고 있는 데 주의하게 된다. 국어가 어디까지나 국가언어였던 야마다는 타 언어 수용을 다른 국가에 의한 지배, 다른 국적을 소유한 자의 침입이라는 메타포로 말한다.[9] 야마다는 이 경우에 남에게 정복당하는가, 반격하여 남을 정복하는가, 혹은 자타의 타협인가 하는 세 가지 선택지밖에 없다고 하면서도, 이미 이 정복의 메타포를 가지고 이야기한다는 것 자체가 한자문화의 소여적 우월성을 전제하고 있다. 이 세 가지 선택지를 들면서 야마다는, 일본 역사는 결국 세 번째인 타협의 길을 선택하게 되었다고 한다. "오늘날 한문 훈독의 방법은 일종의 타협법으로서, 그 문장을 한문 모습 그대로 보존하며 그것을 읽을 때는 국어의 어법에 따르게 된다." 야마다는

8) 山田孝雄『国語学史』(宝文館, 1943).

9) 야마다는 국어에서 외래어 · 한어(漢語)의 존재를 일본 외부에서 들어온 침입자로 간주하고, 그 외래어의 일본어화를 귀화로 간주하듯 한어 문제를 국적의 메타포로 파악하고 있다. 이 점에 대해서는 이 책 제1장 참조.

한문 훈독을 자국어의 자립성을 잃지 않고 다른 나라의 말과 글(語文)을 수용하는 타협 방식이라고 하는 것이다. 그렇지만 타협이라고는 해도 '한문 그대로 보존하'며 읽어야 한다는 것은 타 언어 에크리튀르인 한자한문이 중국 주변 지역에서 그것에 대체할 수 없는 압도적인 우월성을 가지고 존재하고 있음을 보여주고 있는 것은 아닐까?

한문 훈독이란 수용자에게 우월적인 소여인 한자한문의 존립을 전제로 하는 번역하여 읽기, 즉 한자한문을 읽는다(訓む)는 형태로 이루어진 일본어로 번역하여 읽기(訳読)이다. 한문을 읽는다는 형태로 이루어지는 번역이란 훈독자에게 몇 겹의 착오를 일으키게 된다. 이미 존재하는 표기언어(한문한어)를 수용하여 훈독하는 형태로 이루어진 번역이란 사전(事前)의 표기언어(한문)의 지배적 영향 아래 사후적 번역글(和文)을 재편성하여 만들어내는 것이다. 훈독작업이란 번역글(訳文)로서의 새로운 표기언어(和文)를 만들어내는 것이다.[10] 한문에서 그 훈독문인 고유 일본어 문장(和文)이 생겨나고, 한어에서 그 훈독어인 고유 일본어(和語)가 생겨나는 것이다. 그리고 훈독이 번역임은 그 훈독작업을 통하여 한문에서 고유 일본어 문장으로 의미 전이가 이루어진다는 것이다. 따라서 한문 훈독으로 생겨난 것은 새로이 고유 일본글문맥(和文脈)으로 전이된 의미를 봉입한 고유 일본어 문장이다. 한문 훈독이란 우월한 표기언어(한문)을 전제로 하고, 그로부터 의미의 전이를 통해 새로운 표기언어(고유 일본글를 구성하는 작업이다. 그렇지만 훈독자는 자신의 훈독작업이 우월한 타(他)언어 텍스트로부터 수용적으로 새로운 **자기** 언어 텍스트를 만들어내는 것임을 의식하지 못한다. 훈독자는 스스로 하는 훈독을 단지 한문을 고유 일본어 문장투(和文風)로 읽는 것으로만 의식한다. 이 무자각적 번역독법은 마치 평형을 이룬 두 언어 사이에 이루어진 번역인 것처럼 착각을 하게 하여, 즉 저쪽 다른 언어에 이쪽 자기 언어의 동의어(synonym)를 대응시

10) 이미 주 5)에서 말한 것처럼 훈독이라고 하는 작업은 본질적으로 사전적 표기 텍스트인 한문을 전제로 한 사후적인 작업이다. 따라서 훈독문은 한문 텍스트를 전제로 하여 사후적으로 성립한다.

키고 있는 것처럼 읽는 것이다. 저쪽 한문 문맥에 대응하는 고유 일본어 문장의 문맥(和文脈)이 마치 평형적으로 존재하는 것처럼. 한문 훈독이란 타언어·한문에 수용적으로 대응하면서 고유의 자기 언어·고유 일본어 문장을 찾아내는 것이다. 그것은 한문 훈독의 이데올로기라고 할 수 있다.

그런데 한문 훈독자가 저쪽 한문을 읽고 있다고 완전히 믿지만, 실은 한문을 고유 일본어 문장으로 옮기면서 오히려 완전히 고유 일본어 문장을 읽어버린다는 상황을 처음으로 깨달은 이는 슌다이의 스승인 오규 소라이였다. 그 소라이가 내놓은 담론이 갖는 특유의 사상적인 위치(stance)를 우선 살펴보자.

4. 고학(古學)의 아이러니

소라이는 스스로 자부하는 저작 '두변(二弁)'의 하나인 『변명』(弁名)의 '성(誠)'과 관련한 장에서 "악(悪) 또한 성(誠)이다"[11]라고 한다. 그것은 성(誠)주의적인 심성적 진실을 주장하는 자의 얼굴을 거꾸로 향하게 하는 듯한 느낌을 가지고 있다. 소라이의 이 발언은 『중용』의 "성은 하늘의 도다(誠者天之道也)"라는 장구를 전제로 한 것이다. 본고에서 다루게 되는 이 『중용』의 '성'을 둘러싼 제20장 17절[12]의 문장을 우선 인용해 보자.

> 성은 하늘의 도다. 성을 실천하는 것은 사람의 도다. 성은 힘쓰지 아니하면서도 도에 맞으며, 생각하지 아니하면서도 터득하며, 조용하고 차분히 도(道)와 합치하니, [이러한 사람이] 성인이라. 성을 실천한다는 것은 선을 택하여 굳건히 그것을 지킨다는 것이다.[13]

11) 『弁名』에서의 인용은 『荻生徂徠』(西田太一郎 校注, 日本思想大系 36, 岩波書店)의 읽기(訓み)에 따랐다.

12) 朱子 『중용장구』의 장 구분에 따른다.

13) 시마다 겐지(島田虔次)에 의한 주자 입장에 선 『중용』의 일본식 한자읽기(読み下だし)에 따르고 있다. 『大学·中庸』 下(中国古典選 7, 朝日文庫). 그리고 원문은 "誠者天之道也. 誠之者人之道也. 誠者, 不勉而中, 不思而得, 從容中道, 聖人也. 誠之者, 択善而固執之者也."

자사(子思)는 여기서 천도의 자연스러움에 유비되는 성인의 덕으로서의 성이란 억지로 힘쓰는 일 없이, 또한 억지로 사유하는 것도 없이 저절로 진실한 도에 합치되는, 정말로 "태어나면서부터 알고 쉽게 행함(生知安行)"으로서 성인의 본연의 모습을 말하는 것이라고 한다. '생지안행'이란 도덕적 심의(心意)·행위가 본성의 자연스러움으로 화한 듯한 성인의 덕의 경지를 형용하는 말이다. 성인에서 본성적인 자연스러움으로 화한 덕성, 즉 '성'을 둘러싼 『중용』의 이 서술을 받아서 소라이는 저 아이러니컬한 말을 기록한 것이다.

> 중용의 이른바 '생지안행'이란 것을 어찌 단지 성인만이 할 수 있겠는가. 필부필부도 모두 생지안행하는 바가 있다. 굶주림에 먹고 목마름에 마시는 것과 같은 행위는 모두 생각하지 않아도 얻고 힘쓰지 않아도 능하다. 이 또한 생지안행이다. 때문에 악(惡)에 익어(習) 본성(性)이 된 이에게는 악(惡) 또한 성(誠)이라.

본성의 자연스러움으로 화하는 듯한 심의·행위, 즉 '생지안행'을 가지고 '성'을 말한다면 어찌하여 성인만이 해낼 수 있는가, 일반 사람들의 먹고 마시는 행위도 자연스러운 본성에서 발한 것이므로 다름 아닌 '생지안행'이 아닌가? 나아가 악을 자연스러운 본성으로 하려는 악인에게는 악행 또한 자연스럽게 나오게 될 것이다. 그렇다면 '악 또한 성'이 되지 않는가 하고 소라이는 말하는 것이다. 소라이의 이 발언은 이중의 아이러니를 느끼게 한다. 성인의 덕인 '성'이 악인의 덕일 수도 있으므로, '생지안행'이라고 하는 말로 형용되며 구성되었던 성인의 모습은 야유적으로 해체될 것이다. 그와 함께 소라이의 이 발언은 '성'을 '심성(心性)의 마코토(**まこと, 진실함**)', 즉 '진심'으로 풀면서, 심성의 진실함을 다하려 한다는 오로지 내면적인 도덕적 담론을 전개해간 것에 대한 반어적인 **빈정거림**이란 비판의 울림을 담고 있다.

소라이의 주저인 『변도』(弁道)와 『변명』(弁名)으로 집약된 그의 사상적 담론은 인간의 심성을 둘러싼 내면적인 언어로 구성해온 유가의 전통적 교설에 대한 비판적 담론의 전개로 간주할 수 있다.[14] '악 또한 성'이란 소라이의 그러한 비판적 입장을 반어적으로 표출한 것이다. 이와 유사한 비판적 언사를 우리는 소라이의 저서에서 몇 가지나 찾을 수 있다. 지금 『소라이선생답문서』(徂徠先生答問書)에 있는 사례 하나를 들어 보자. 『답문서』에 수록되어 있는 서간 중 하나에서 소라이는 주군에 대한 헌신적 충성에 대해 이렇게 말하고 있다. "몸은 주군에게 바쳐져 없는 것이라고 생각되기 때문에 이는 오늘날 당연한 말이지만 …… 몸을 내 몸이라 할 수 없는 것은 처첩의 도리로다."[15] 고용살이(奉公)할 때 자신의 마음을 드러냄 없이 단지 주군에게 자신의 몸을 맡기는 식의 신하의 복종이란 '처첩의 도리(妾婦の道)'일 수밖에 없다고 소라이는 말하는 것이다. 소라이의 이 말 또한 대대로 가신 신분을 이어가는 이의 심성으로서 무사 사회에 형성되어온 충성심, 몰아의 헌신을 충성이라고 여기는 무사의 에토스(ethos)를 야유하듯 그것은 '처첩의 도리'라는 것이다.

동시에 일본적 심성을 구성하는 데 핵심이 되는 '성(誠, まこと)'과 '충성'이라고 한 심성 개념에 대해 소라이가 발하는 반어적인 혹은 야유적인 언사에 내가 주목하는 것은, 이들 반어적 언사가 다름 아닌 소라이로부터, 즉 일본·중국 사이에 언어가 서로 다르다는 간극을 인식한 소라이에게서 나오고 있기 때문이다. 언어가 서로 다르다는 간극에 대한 이러한 인식에서 소라이는 고학 내지는 고문사학으로 중국의 고대 경전 『육경』에 이르는 언어적 이해의 길을 추구하였다. 이를 근거로 삼은 '성'에 대한 심성적 언어를 향한 소라이의 반어적 발언은 **고학의 아이러니**라고 할 수 있을 것이다. 일본적이고 심성적 언어를 말하는 소라이의 발언은 자각하지 않고 한문 훈독을 통해 저쪽 한문의 의미를 이쪽으로 집어넣어 고유 일본어 글을 무자각적으로 만들어내면서, **다른** 언어의 글인 한문을 마치 고유한 **자기** 언어의 글(和文)로 번역하여 읽는 것처럼 생각하고 있는 사람들에게 향했다.

---

14) 내면적 언어에 입각한 유가사상에 대한 소라이의 비판적 위치를 둘러싼 문제는 나의 논문 「先王の道は礼楽のみ」(『江戸思想史講義』 수록, 岩波書店, 1998)를 참조하기 바란다.
15) 『徂徠先生答問書』 中(『荻生徂徠全集』 1, みすず書房, 1973).

5. 밖을 통해 안을 만드는 능력

국어학자 사토 기요지(佐藤喜代治, 1912~2003)가 1944년이라고 하는 역사적 각인을 짊어진 저서 『일본어의 정신』(日本語の精神)[16]에서 한문 훈독의 영향 아래 발달하는 일본어에 대해 흥미로운 점을 말하고 있다. 다만 이 책이 짊어진 역사적 각인은 이 저자가 대표적으로 일본어에 대한 인식을 확정지었다기보다는 오히려 그것을 드러내게 했다고 볼 수 있다. 사토는 그 책에서 한문한어라고 하는 타 언어 에크리튀르를 일본에 수용하는 과정을 회고하면서 "일본인은 지금까지 고유의 말로 사색과 학문을 하지 않고 외래의 것으로 그것을 해온 것이다"라고 말했다. 국학의 이데올로기적 계보를 잇는 것으로 간주되는 국어학자 사토가 일본의 문화수용에 대해 내놓은 이 발언은 사람을 놀라게 했을 것이다. 일본인은 일본 고유의 말로 한 번도 사색한 적이 없다고 사토는 말하고 있다. 국학이란 고유문화의 탁월성을 스스로 언급하는 것과 관련된 사상적 입장이라고 한다면, 일본 고유 언어를 둘러싼 사토의 이러한 인식에서 일본 고유문화의 탁월성은 도대체 어떻게 찾을 수 있다는 것일까? 사토는 앞의 말에 이어서 "이것은 일본인 자신에게 지적 표현을 감당할 언어를 발달시키는 능력이 없었다는 말이 아니다. 만약 이 능력을 결여하고 있다면 외래의 것을 받아들여 자신의 것으로 만들어 내지도 못할 것이다"라고 한다. 외래문화의 수용능력, 그리고 외래문화를 자기 문화로 하는 데서, 말하자면 밖을 통해 안을 만들어내고 있었던 일본인의 능력에서 사토는 자기 문화의 탁월성을 찾아냈다.

외래의 것을 받아들임으로써 비로소 내면적으로 성장했다고 볼 수도 있지만

---

16) 앞에서 언급한 佐藤喜代治 『日本語の精神』(畝傍書房, 1944). 사토는 책머리에 "말이 마음의 표현이기에 국어는 국민정신의 표현이다"라고 시대성이 찍힌 말을 서술하는 동시에, 일본어에 대해 "현실의 일본어는 고유의 순수한 존재가 아닐 뿐더러 더욱이 그 뒤에 역사적 변천과 외래어의 감화를 받고 있었으므로, 그것을 통해서 보아야만 일본어의 진정한 모습이 드러날 것이다"라는 시점을 우리들에게 검토하라고 촉구하고 있다.

실은 내면적인 성장, 적어도 성장력이 있어야 외부의 것을 받아들일 수 있는 것이다. 좀 더 정확히 말하자면 외부의 것을 받아들인다는 형태로 내적 발전이 이루어진 것이다.

밖을 통해 안을 만들어낼 수 있는 능력에서 사토는 자문화의 우수성을 찾고 있다. 그러나 이것은 위의 서술 그 자체가 보여주듯, "외래의 것을 받아들임으로써 비로소 내면적으로 성장했"음을, 즉 밖에 의한 안의 성립이라고 하는 것을 자문화주의적인 시점에서, 혹은 내셔널(national)한 컨텍스트(context)를 가지고 파악한 데 불과하다. 그러나 이런 말투는 사토 기요지에게 특유한 것일 리가 없다. 1930년부터 40년대에 걸쳐 일본의 파시즘 흥륭기에 성립한 일본정신사·일본정신론적 담론은 많건 적건 일본의 외래문화·사상 수용의 역사에 대해 사토와 마찬가지로 말했다. 대표적인, 혹은 극단적인 표현으로 보이는 사례를 들어 보자. 그것은 오카와 슈메이(大川周明, 1886~1957)가 『일본 이천육백년사』(日本二千六百年史)에서 말하는 민족정신의 이야기다.

개인의 혼, 그리고 민족의 정신 또한 결코 태어나면서부터 풍부·장엄·위대할 수 없다. 그것은 널리 공부하고 깊이 사색하고 돈독히 실천하며 그 혼에 들어오는 모든 것을 품어, 나아갈 바를 그에 부여함으로써 한 걸음 한 걸음 위대해진다. 그런 이유로 니체는 위대함이란 '방향을 부여하는 것이다'라고 설파하였다. 방향을 부여하는 것, 나아갈 바를 알려주는 것이 바로 위대한 혼의 힘이다. 이 힘을 갖추려는 혼은 모든 것을 수용하여 자신의 정신을 풍요롭게 하고, 또한 바르게 함으로써 모든 것에 진실한 의의와 가치를 부여한다.[17]

밖을 통한 안의 성립을 밖을 내부화하는 뛰어난 자기 능력이라고 파악하는, 이 일본정신론적으로 이야기를 푸는 방식은 일본어에 대해서도 마찬가지로 이루어지고 있다. 밖에서 온 한문한어를 한문 훈독(和訓)을 매개로 수용하고, 이렇게 외래 언어를 일본어로 내부화함으로써 일본어는 풍요로워지고, 일본어

17) 大川周明 『日本二千六百年史』(第一書房, 1939).

에 의한 사유가 가능해지며, 일본 자체가 발전하고 있다고 사토는 설명했다. "한어(漢語)는 그 어휘 · 어법 · 음운에서 일본의 말이 되고, 일본의 말이 됨으로써 일본의 언어를 풍부하게 하며, 동시에 사상을 풍부하게 한다. 이러한 과정에서 일본 스스로가 발전한 것이다"라고. 그리고 한문 훈독에 대해서도 "한문 훈독의 영향이 고유의 어법을 침식하지 않을 뿐 아니라 도리어 그 본질에 근거하여 그 표현을 풍요롭게 하고 그 서술을 확실하게 하니 그야말로 발달이라는 말에 어울릴 것이다"라고 사토는 말하는 것이다.

이는 다른 언어 · 다른 문화와의 교섭이란 상황을 자문화의 논리로, 혹은 자문화의 내부성의 논리로 파악한 말이다. 한문 훈독이란 타 언어의 글(漢文)을 자기 언어로 옮겨, 타 언어의 글을 자기 언어의 글(和文)로 만드는 독법이다. 다만 훈독자에게는, 그래서 사토 기요지에게도, 자신의 훈독작업이 타 언어를 자기 언어에 집어넣어 자기 언어를 풍부하게 하는 것만을 의식하지, 타 언어의 훈독이라고 하는 번역 작업이 자기 언어 그 자체를, 혹은 자기언어의 내부조차도 만들어내고 있다는 인식을 끝내 갖지 못한다. 남에 의해 자신이, 밖을 통해 안이 만들어지는 것을 그들은 단지 자기를 내부화하는 고유의 능력으로서만 인식하는 것이다.

6. '성'과 '마코토'

한자 어휘의 풍요로움에 대한 일본어 어휘의 빈약함이라고 하는 상황은 한문 훈독이라고 하는 번역읽기 작업이 문화적 비중이 완전히 불균형적인 다른 언어 사이에서 이루어지는 문화수용 내지 전이 작업이 되지 않을 수 없는 것을 이야기하고 있다. 다만 고유 문화에 강한 자부심을 가지고 자기 언어주의에 선 국학자들은 그 상황을 뒤집어 파악하고, 번거로운 중국풍 언어에 대한 성가실 정도로 장황한 비판을 전개하고 있다. 노리나가는 "중국은 글자가 매우 많아서 번거롭고 세밀하여 지루하니 도리어 불편하다"[18]고 한자 어휘가 많음을 비판했다. 또한 동일한 말을 다양한 상황에서 어미 변화시켜 다양하게 활용하는 '황국의 말'을 노리나가는 '살아있는 말(生言)'로 평가하고, '죽은 말(死言)'이라는 타국 언어에 대치시키기도 했다. 국어학자 사토 기요지 또한 일본어에서 한 낱말(一語)의 다의성과 생략 가능한 언어 사용을 놓고서 일본어의 미발달을 보기보다는 오히려 일본어 고유의 특성을 볼 수 있다면서 이렇게 말하고 있다.

> 일본어에 존재하는 단직청랑(單直晴朗)한 성격은 복잡한 내용을 힘껏 순화하여 단순한 모습으로 표현하려는 것이다. 이것은 바꾸어 말하면 외형이 형태 그대로 내용과 유리되어 내용이 형태를 위하여 번잡해지는 바 없이 곧바로 그 진실에 이르는 것으로, 그것이 곳 '마코토(まこと)'이다.

여기서는 일본어의 특성이 그 언어로 나타내는 일본인의 '마코토(真事 · 真言)' 존중이라고 하는 정신적 특성에서 말해지고 있다. 언어의 번잡함을 싫어하고 '곧바로 그 참됨'으로 향하는 일본인의 순수한 심성이 일본어에 나타난다는 것이다. 하지만 일본인에게 '마코토'가 그 이상의 의미를 가지고 이야기되는 것은 한어라고 하는 외래개념어를 일본어에 도입하는 장면에서다.

어느 개념어, 예를 들면 '인(仁)'이라고 하는 개념어가 존재하였다고 치자. 그러나 그 개념(心)이 말(詞)로서만 존재하고 사람들의 생활상의 사실(事)로서 존재하지 않는다면, 그것은 '거짓'이다. '인' 개념이 말로서도, 또한 생활상의 사실로서도 존재하는 경우, 그것은 '마코토'라고 할 수 있다고 사토는 말하는 것이다.[19] '인의예지효제충신(仁義禮智孝悌忠信)' 등의 유교적인 덕목은 유교의 본국인 중국에서조차 말 뿐인 '거짓'이었다고 노리나가 등 국학자들은 한어

---

18) 本居宣長『漢字三音考』(『本居宣長全集』第五巻, 筑摩書房, 1970).

19) "마음이 일에서나 말에서도 나타나 있는 경우가 있다. 또한 말에만 나타나고 일에는 드러나지 않는 경우가 있다. 일에도 말에도 나타나 상응할 때 그것은 '마코토'이며, 말에만 나타나고 일에 나타나지 않을 때는 '헛소리'다."
(『日本語の精神』第一章「固有日本語の特質」)

를 배척하여 말한다. 그러나 사토는 그렇게 단순하게 외래의 개념어를 배척할 리가 없다. 그럼에도 불구하고 그는 그들 외래 개념어가 일본어 안에 존립하는 것 자체에 의심하는 시선을 보내고 있다. 확실히 그들 한어 개념어의 도입은 일본인의 관념을 풍부하게 하고, 복잡한 사상의 표출을 가능하게 하였다고 할 수 있을 것이다. 그러나 그들 한어 개념어가 음독된 것으로서 일본어 안에 존립하는 만큼, 그것들 역시 말(詞)만 있는 것이라 할 수 있지 않을까? 예를 들면, '진(仁)' 또한 음독된 한어이다. 그것은 일본인에게 말일 뿐이지 생활상의 사실(事)은 아닌, 즉 '마코토'가 아니지 않을까?

그렇다면 한어로서의 개념어가 '마코토'란 어떠한 상황을 말하는 것일까? 우선 그 한어 개념어가 훈독하는 것이다. 훈독하다는 것은 그 개념어의 의미에 대응하는 이쪽의 고유한 상황(事)을 언어적으로나 관념적으로 자각하는 것을 의미하고 있다. 한어 개념어는 이 자각화를 통하여 확실한, 말하자면 사실에 뒷받침하는 개념으로서 일본어 안에 성립한다. 한어는 훈독에 의해 고유의 사실(事)을 이쪽에서 찾아내면서 그 사실을 매개로 하여 일본어의 내부로 들어가는 것이다. 어느 개념어가 '마코토(진실함 · 참된 말)'가 된다는 것은 그러한 상황을 가리키고 있다. 사토는 한어 개념어가 '마코토'가 된 대표적인 사례를 '성(誠)'이라고 말한다. 이는 중의적인 수사법(掛詞)을 흉내 낸 서툰 익살이 아니다.

> 일본인이 유교의 많은 덕목 중에서 특히 '誠'을 골라 그것에 '마코토(まこと)'라고 하는 번역어를 대응시킨 바, 오늘날에는 다른 덕목을 모두 음독하고 있음과 비교해 보면, 일본인이 '誠'에 대해 특수한 관념을 품고 있음을 알 수 있다. 이렇게 새롭게 얻은 것이 본래의 어떠한 것도 잃는 바 없이 일본의 말을 늘리고 사상을 발전시켰던 것이다.

훈독어 '誠=마코토'는 이렇게 일본에서 내부화라는 드라마를 이중으로 연출한다. 우선 고유 일본어(和語) '마코토'는 일본어로서 내부화된 한어 '誠'

의 수용체으로서 언어의 내부화라는 드라마를 각색한다. 그리고 한어 '誠'은 일본어에서 대응어 '마코토'를 찾아내어 훈독어 '성(誠)=마코토'가 됨으로써 일본인 고유의 내적 심성인 '성 · 마코토'의 성립이란 드라마를 만들어내고 있는 것이다.

7. 다케우치와 '성(誠) 담론'

문헌비판이란 방법으로 유가(儒家)경전 등의 연구법을 확립하고 『논어 연구』라는 대표적인 연구 성과를 남긴 다케우치 요시오(武內義雄, 1886~1966)에게 『일본의 유교』라는 제목의 해설적인 글이 있다. 한 연구자에게 엄밀한 문헌주의적 경전 연구와 상당히 투박한 논리로 이루어진 해설식 글이 병존하는 현상은 현재까지도 일본에서 한학을 기반으로 하는 중국연구자에게 일반적으로 나타나는 경향이며, 다케우치의 경우도 그러한 사례 중 하나에 불과하다. 연구자에게는 이 두 가지의 병존이 단지 다른 수요층에 대한 대응으로 인식되겠지만, 그러나 학문적 권위를 가지고 이루어진 해설 풍의 문장 구성은 사회적으로는 커다란 의미를 갖게 된다. 학문적 권위를 배경으로 한 해설식 문장은 일반적인 동향이라는 형태가 부여되고 권위 있는 담론으로 재구성되어 또다시 일반적 관심의 대상으로 되던져지는 것이다. 그것은 때로 사회적 담론의 방향을 잡아주는 결정적인 작용을 하기도 한다. 다케우치의 스승이며 그에게 문헌 비판 방법을 전수한 나이토 고난(内藤湖南)의 『중국론』(支那論)[20] 등은 그 대표적인 사례다. 다케우치의 이 해설 풍의 글 『일본의 유교』

20) 나이토 고난은 1914년에 『중국론』을 간행하였고, 그로부터 10년 뒤인 1924년에 『신중국론(新支那論)』을 간행하였다. 고난의 이 두 저작은 1938년에 하나로 합치고 「근대 지나의 문화생활」(近代支那の文化生活)을 덧붙여 『중국론』으로 소겐샤(創元社)에서 간행되었다. 그 전년에 루거우차오(盧溝橋)사건과 함께 중일전쟁이 시작되었다. 소겐샤 판 『중국론』은 시국론으로서 적절하다고 일반에게 받아들여져 발행 후 10일 동안 10쇄를 거듭하였다고 한다. 나이토 고난과 『중국론』에 대해서는 나의 「近代知と中国認識」(『近代知のアルケオロジー』 岩波書店, 1996)을 참조하기 바란다.

도 1942년이라고 하는 시대 속에서 일본의 윤리 · 정신적 아이덴티티 구성에 중요한 시사점을 제공하며 일본 윤리사상사 담론의 성립을 촉진하게 된다.

다케우치의 『일본의 유교』는 1942년에 잡지 『이상』(理想)에 처음 발표되었고 이듬해인 1943년에 이와나미서점(岩波書店)에서 『주역과 중용 연구』에 부록으로 출판되었다. 『일본의 유교』라고 하는 이 글이 『주역과 중용 연구』에 수록된 것은 이유가 없지 않다. 다케우치는 근세의 『중용』 연구, 특히 『중용』에서 '성' 개념 파악을 축으로 하여 이 『일본의 유교』를 쓰고 있는 것이다. 1942년이라고 하는 시대가 다케우치에게 『중용』의 '성'을 일본 고대의 청명심(清明心)이란 도덕 등과 연관시키면서 글을 쓰게 한 것이다.

> 이렇게 중국의 근세 유교도 상당히 넓고 깊게 일본으로 받아들여지는 동안 충신(忠信)주의와 성(誠)주의가 강조되며 일본 독자적인 유교가 성립되었다. 이는 아마도 유교에서 일본 고유의 도덕과 일치하는 부분이 강조 · 천명된 것으로 해석된다. 센묘(宣命)에 맑고 밝고 곧은 마음이라고 하고 『신황정통기』(神皇正統記)에 정직의 덕(德)이라고 한 것은 필경 '마코토(まこと)'의 다른 이름이다. 그리고 이 '마코토(まこと)'는 본래 거짓 없는 마음인데, 그것이 충신(忠信)에서 성으로 투영됨에 이르러서 거짓이 없는 것 · 속임이 없는 것은 단순히 인간의 도가 아니라 천도를 따르는 것이 된다. 천도를 따르는 것은 자연을 따르는 것이며, 또한 돌려 말하면 오직 신의 뜻 대로라는 것이다. 따라서 『중용』이 "성(誠)은 하늘의 도(天道)이며, 천도를 따르는 것이 사람의 도(人道)다"라고 가르친 것은 일본의 고유사상과 궤를 같이 하는 것이라 할 수 있다. 긴 역사를 따라서 우여곡절이 있기는 하지만 결국 『중용』을 중심으로 유교를 설명함으로써 유교는 그대로 일본의 도가 된 것이다.[21]

---

21) 武内義雄『日本の儒教』(『易と中庸の研究』附録, 岩波書店, 1943). 나는 이미 일찍이 다케우치의 『일본의 유교』에 대해서, 특히 근세 유학에서 『중용』 해석을 둘러싸고 다케우치가 잘못 이해한 것에 대해 쓴 바 있다. 子安宣邦 「'誠'と近世的知の位相」(『現代思想』 臨時増刊 『日本人の心の歴史』 青土社, 1982年 9月). 나의 이 논문은 『일본인의 마음의 역사』(日本人の心の歴史)라고 하는 특집 주제에 대한 반어적인 태도(stance)로 쓴 것이다. 이 글도 일찍이 이 논문에서 제시한 문제를 새로운 논지 속에서 재구성하려고 하는 것이다.

여기서 길게 인용한 것은 『일본의 유교』 결론부의 이 글에 다케우치가 구성하는 담론의 특질이 전부 다 들어있기 때문이다. 이 글이 중요한 것은 일본 윤리사상사란 '성'의 사상사인 것처럼 일본의 윤리적, 정신적 아이덴티티를 구성한다고 이야기하는 '성(誠) 담론'이 대담한 곡해(曲解)에 입각한 허위의 담론일 수밖에 없다는 것을 가르쳐주고 있어서다. 여기서 우리의 논지로서 놓쳐서는 안 되는 것은 특히 다케우치의 이 글이 근세 일본의 유학사(儒学史)적 이해, 더구나 곡해로 간주되는 이해를 논지전개의 축으로 삼으면서 "유교는 그대로 일본의 도가 되었다"고 결론내리고 있듯이, 다케우치가 외래 유교의 일본화, 내부화의 논리를 전개하고 있는 점이다. 그 일본화, 내부화의 열쇠가 되는 것은 '성' 개념이다. 우리는 이 데마고기로 간주되는 '성 담론'을 구성하고 있는 논리를 신중하게 해부하면서 나아가도록 하자.

8. 유교의 일본화 (1)

다케우치는 근세에 이르러 "충신(忠信) 이데올로기와 성(誠) 이데올로기가 강조되"면서 중국 유교는 "일본의 독자적 유교가 되었다"고 유교의 일본화론을 전개한다. 다케우치가 말하는 '충신주의'란 이토 진사이(伊藤仁斎, 1627~1705)의 『논어』 이해에서 도출된 것이며, '성(誠)주의'란 나카이 리켄(中井履軒) 등 회덕당(懐徳堂) 유학자의 『중용』에 대한 관점을 둘러싸고 이야기된 것이다. 진사이로부터 '충신주의'를, 리켄 등에서부터 '성주의'를 끌어내어 다케우치는 어떻게 유교의 일본화와 내부화를 말하려는 것일까? 유교의 일본화라고 하는 담론은 다케우치에게 어떻게 가능한 것일까, 어떠한 형태로 성립하는 것일까?

우선 다케우치의 일본화론이 전제로 삼는 진사이의 '충신' 개념을 살펴보자. 진사이는 『논어고의』에서 공자의 '주충신(主忠信)'이야말로 '공자 학문(孔門学問)의 정법(定法)'이라고 하며 다음과 같이 주장하고 있다.

"충과 신을 주로 한다"는 말은 공문(孔門)에서 학문하는 기본 법도다. 충과 신을 위주로 하지 않으면 겉은 그럴듯해 보이지만 안은 실상 거짓이고, 말로는 긍정하면서 마음으로는 반대로 부정하여서 함께 인(仁)을 실행하기 어려운 일이 있기도 하고, 겉모습은 어진 사람인척 하면서 실제 행동은 반대되는 경우도 있게 된다. 후세의 유학자들은 그저 '공경하는 태도를 지키는 것'(持敬)만 알았지 '주충신'(主忠信)을 요체로 보지 않았으니, 대체 어찌된 일인가.[22]

이 말과 마찬가지로 『논어고의』에서 진사이가 말하는 "천지의 도는 사람들 사이에 존재한다고 하겠다. 사람의 도는 효제충신보다 절실한 것이 없다. 그러므로 효제충신으로 인간의 도를 다할 수 있는 것이다"[23]는 말도 덧붙여 둘 필요가 있을 것이다. 우리는 이러한 말을 통해 '충신'이 진사이의 『논어』 이해의 핵심이 되는 것임을 안다. 나아가 진사이는 '충신'을 도덕의 근저 개념으로서 중시하는 이유를 『동자문』(童子問)에서 이렇게 주장하고 있다.

효제는 순박한 덕(順德)이고 충신은 참된 마음(實心)이지. 사람이 충신하지 않으면 명색이 효라 해도 실제는 효가 아니며 명색은 충이라 해도 실제는 충이 아니지. 예의 삼백, 위의 삼천이 있어 절차와 꾸밈, 규정과 수량이 찬연히 빛나

22) 伊藤仁斎『論語古義』学而第一, '君子不重則不威'章, 論注. 진사이 생전에 최종원고본인 하야시본(林本)에 따랐다. 또한 나의 이토 진사이 이해에 대해서는 『伊藤仁斎—人倫的世界の思想』(東京大学出版会, 1982) 참조. (번역문은 최경열 옮김, 『논어고의』, 그린비, 2016, 38~39쪽에 의함 - 옮긴이)

23) 『論語古義』 학이제일(学而第一), '증자왈오일삼성(曾子曰吾日三省)'장 논주(論注)의 말이다. 마찬가지로 하야시본에 따랐다. 이 말은 다음과 같은 논의를 근거로 삼았다. "옛날에는 도덕이 융성했고 의론은 평이했다. 그러므로 자기를 수양하고 남을 다스리는데 오로지 효제충신(孝弟忠信)만을 말했지 고원(高遠)하고 미묘한 설명은 존재한 적이 없었다. 성인이 세상을 떠난 뒤 도덕이 쇠퇴하기 시작했고 도덕이 쇠퇴하면서 의론이 고원해지기 시작했다. 도덕이 더욱 쇠퇴하게 되자 의론이 더욱 높아지면서 도덕과 거리가 더욱 벌어졌다. 사람들은 고상해진 의론을 기뻐할 줄만 알았지 실제로는 도덕과 거리가 더욱 멀어진 것은 몰랐다. 불교와 도가의 설, 후대 유가의 학문이 바로 이렇다." 이 말은 이토 진사이 생전 최종 원고본인 하야시본에서 찾을 수 있으며, 간행본에는 이토 도가이(伊藤東涯) 등에 의해 고쳐진 것이다. (번역문은 최경열 옮김, 『논어고의』, 그린비, 2016, 31~32쪽에 의함 - 옮긴이)

볼만하다 하더라도 모두 빈 문채(文彩)요, 말단의 절차일 뿐, 요컨대 볼만한 것이 없지. …… 그러므로 "성실하지 못하면 사물이 없게 된다"고 하는 것이니 충신이 인을 행하는 바탕이 되는 것은 또한 당연하지 않느냐.[24]

확실히 '충신'은 진사이의 『논어』 이해의 핵심이다. 더욱이 진사이는 사람의 타인에 대한 도덕행위를 진실된 것이라고 여겨 '충신'에서 도덕의 근본적인 의미를 찾아내고 있다. 진사이가 후세 유학자의 사변적인 해석에 맞서서 '충신'이라고 하는 타인에 대한 관계를 진실의 기초 위에 구축하려는 도덕적 실천을 중심으로 『논어』에서 공자의 가르침을 독해하려는 한, 진사이의 그러한 입장에 대해서 '충신(忠信)주의'를 말하는 것은 틀리지 않다. '충신주의'란 '우주 제일의 책'으로서 『논어』를 재발견하는 진사이 학문의 근본적 의의와 관련된 것이다. 그러나 다케우치는 진사이로부터 이 '충신주의'를 도출함으로써 무엇을 말하려는 것일까? 다케우치는 자신의 문헌 비판 방법이 크게 빚지고 있는 진사이 고의학에 의한 유가 경전 비판의 궤적을 따르면서 진사이가 『논어』를 제일로 삼은 입장을 개괄한다. 그리고 진사이는 『논어』에서 공자의 가르침의 핵심은 "충신 두 글자면 된다"고 하였다고 말하고, 다케우치는 '충신'의 의의를 다음과 같이 말하는 것이다.

충(忠)이란 중(中)이란 글자와 심(心)이란 글자를 합쳐서 만든 문자로, 자신의 내심(內心, 마음 속)에서 한 번도 스스로를 속이지 않는 것이며, 신(信)이란 인(人)이란 글자와 언(言)이란 글자를 합한 글자로, 타인에 대해 약속한 것을 어기지 않는다는 뜻이다. 이 두 가지는 일본말에서는 모두 '마코토'라고 훈독하는 글자로, 후세 문헌에 성(誠)이라는 글자로 총괄되어 있으므로 충신을 주로 하는 것은 성을 본지(旨)로 하는 것이다.

'충'이나 '신' 모두 일본말로 '마코토'라고 읽는 글자이며, 후세의 '성(誠)' 자

24) 伊藤仁斎『童子問』上. 생전 최종원고본인 하야시본에 따랐다. (번역문은 최경열 옮김, 『동자문』, 그린비, 2013, 98쪽에 의함 - 옮긴이)

로 총괄되는 글자이므로 '충신을 주로 하는 것은 성을 본지로 하는 것이다'라고 다케우치는 말하는 것이다. 다케우치의 이 글에 따라서 사람들은 주의를 기울이지 않고서 읽고, 그 문장이 이끄는 결론을 그대로 받아들여버렸다. 하지만 이 문장에는 숨겨진 트릭이 있다. 다케우치가 서 있는 문헌주의적인 입장에서 '충신'이란 『논어』에서 공자가 사용하는 개념이며, '성'이란 『중용』에 이르러 비로소 중요한 의미를 부여받아 등장하는 개념이다. '충신'과 '성'은 다른 시대의 다른 사상 문맥에서 성립하는 개념이다. 이 두 개념을 어떻게 관련지어 이해하는가는 후세 유학자의 과제이고, 주자에게는 도덕 개념에 대한 논의의 한 주제다.[25] 그런데 다케우치는 달리 성립한 이 두 개념을 어떻게 결합시켜 위와 같은 결론을 도출하였을까? 우선 '충신'이란 '마코토'라고 읽는 개념이라고 한다. 그리고 '성'도 '마코토'다. 따라서 여기서 '충신을 주로 하는 것은 성을 본지(旨)로 하는 것이다'라는 결론을 도출하고 있는 것이다. 그런데 다케우치는 '성'은 '마코토'라고 하는 훈독으로 풀이한 명제를 마치 선험적인 사실처럼, 명시하지 않은 채 전제로 놓고 있다. '성'이 '마코토'라는 것은 유가 개념인 '성'이 일본의 도덕적 심성 '마코토'와 동일하다는 것을 의미하고 있다. 다케우치의 위 글에서 마치 선험적인 사실인 것처럼 명시하지 않고 전제로 놓은 것은 바로 이것이다. 저쪽의 '성'과 등치된 '마코토'가 이쪽에 이미 존재하고 있는 것처럼. '충신'도 '성'도 '마코토'다. '마코토'는 일본 고유의 도덕적 심성이다. 여기에서 『논어』를 가지고 '충신주의'를 말하는 진사이는 "일본 국민도덕의 정신"을 『논어』에서 발견한 사람이라고 이야기되는 것이다. 국민도덕론적인 데마고기라고 할 만한 다케우치의 담론은 이렇게 해서 성립하고 있다.

> 진사이는 사서(四書) 가운데서 『대학』·『중용』 둘을 배척하고 『논어』·『맹자』를 근본으로 삼아 충신주의를 주창한 것이며, 중국 유교로부터 벗어나 일본

25) 진사이도 답습하고 있는 '주충신(主忠信)'에 대한 정자(程子)의 이해 "사람의 도는 오직 충신에 있다. 성(誠)이 아니라면 물(物)이 없다"도 두 개념의 관계에 입각한 이해다. '성'과 '충신'을 둘러싼 주자의 논의에 대해서는 『朱子語類』 卷第六 「性理三 · 仁義禮智等名義」 참조.

의 독자적인 유교를 수립한 것이다. …… 진사이의 학문은 엄밀한 경전 비판에 바탕을 두고 유교의 일가를 수립하였는데, 그것은 중국 후세의 해석으로부터 벗어나 공자에게로 다시 돌아가려고 하는 노력에서 나온 것이지만, 그 결과 일본의 국민도덕 정신을『논어』속에서 찾아내게 되었다.[26]

다케우치의 이 국민도덕론적인 허위 담론이 성립하게 된 것은 이미 언급한 것처럼 한어 '성'을 당연한 것처럼 일본어 '마코토'라고 읽어서 유가의 개념인 '성'을 일본의 도덕적 심성 '마코토'와 동일화시키고 있었던 한문 훈독적 이데올로기 때문이다. 한어 '성'을 일본어 '마코토'로 훈독하여 말(詞)의 레벨에서 등치시킬 수 있는 것은 '성'과 사실(事) 레벨에서 대응하는 '마코토'가 이미 이쪽에 존재하기 때문이라고 여긴 것이다. 이렇게 해서 성립한 훈독어 '성=마코토'는 전통적인 심성을 자기 식으로 되살리고 있다. 다케우치는 위의 말에 이어서 이렇게 말하고 있다. "일본 국민도덕의 근본 정신이 무엇인가는 쉽게 논할 수 없지만, 그것은 센묘(宣命) 등에서 말하는 맑고 밝고 곧은 진실한 마음이라고 한다. 그리고 진사이의 충신주의는 즉 이 진실한 마음에 따라 행하는 것일 수밖에 없다. 따라서 진사이의 유교는『논어』속에서 일본 국민도덕의 기본 정신을 찾아내어 일본 국민도덕과 공자의 가르침이 같은 기조 위에 선 도덕설임을 입증한 것이다."

유교문화의 수용이라고 하는 상황에 의거하여 말하자면 유가의 개념인 '성'이 일본의 '마코토'를 찾아내고, '성'에 따라서 새로운 도덕적 심성인 '성(마코토)'이 형성된다고 생각할 수 있겠다. 하지만 훈독적인 이데올로기는 한어 '성'의 이음동의어(synonym)로서 고유 일본어 '마코토'가 이미 존재하는 것처럼 해서 둘을 등치시키고 있다. '성'과 '마코토'가 같다고 하면 "일본 국민도덕과 공자의 가르침이 같은 기조 위에 서"게 된다. 이렇게 해서 진사이는『논어』에서 일본 국민도덕의 근본정신을 발견한 것으로 여겨지는 것이다.

26) 武内義雄『日本の儒教』.

9. 유교의 일본화 (2)

나카이 리켄(中井履軒, 1732~1817)은 근세인 18세기에 오사카의 학문소(学問所)인 회덕당(懐徳堂)의 전성기를 뒷받침한 나카이 치쿠잔(中井竹山, 1730~1804)의 동생이다. 회덕당 경학이라 불리는 유가 경전에 대한 학문적 작업은 이 리켄이 담당하였다. 『논어봉원』(論語逢原), 『중용봉원』(中庸逢原) 등으로 정리된 리켄의 경서 주석 작업에는 중요한 특색이 하나 있다. 그것은 경전 원문의 말(言辭)과 후대에 주자 등이 경서에 덧붙인 해석적인 말에 집중한 이른바 메타(meta)주석학적 관점이다. 경전의 원문에 해석을 덧붙인 주자 등 후대의 주석적 말을 비판적으로 벗겨내면서 리켄은 경전 원문을 구성하는 말의 원래 담론이라고 할 수 있는 말의 모습을 찾아내려고 했다. 경전의 원문을 향한 이 시선은 도미나가 나카모토(富永仲基, 1715~1746)를 비롯하여 회덕당과 그 주변에서 형성된 비판적 언어론이라고 할 만한 학문적 입장에서 이루어지고 있었다.[27] '성'이란 글자의 사용을 둘러싼 『중용봉원』의 리켄의 발언 또한 여기서 가져왔다.

> 옛날에는 성(誠)이란 글자의 쓰임이 매우 가벼웠기 때문에 이로써 도리를 논한 적이 없었다. 『논어』에서부터 『시경』·『서경』·『역경』에 이르기까지 증거로 삼을 수 있다. 자사(子思)가 『중용』을 저술하기에 이르러 드디어 매우 중히 여겨 그 이상 정미(精微)한 바가 없었다. 이는 자사가 홀로 자득한 경지에 이른 것이요 옛 사람을 따르지 않았으니 결코 공자 문하에서 전수된 말이 아니다.[28]

이는 『중용』에서 "성이란 하늘의 도다. 그것을 성으로 하는 것은 사람의 도

27) 도미나가 나카모토의 언어론적 입장과 회덕당의 『중용』 이해와 '성' 개념을 둘러싼 문제에 대해서는 宮川康子 『富永仲基と懐徳堂』(ぺりかん社, 1988) 참조. 또한 나카이 리켄에 대해서는 나의 논문 「近世儒者知識人の存在と知の位相」(『江戸思想史講義』 수록, 岩波書店, 1998)이 있다.

28) 中井履軒 『中庸逢原』(『日本名家四書註釈全書』 学庸部一, 鳳出版復刻, 1973).

다(誠者天之道也, 誠之者人之道也)” 장의 주석문에서 리켄이 한 말이다. ‘성’이란 글자는 자사가 『중용』에서 쓰기까지는 가벼운 의미를 가진 것이었다. 리켄은 『중용』에 이르러 비로소 ‘성’이 중요하고 정미(精微)한 의미를 가지기에 이르렀다고 말하는 것이다. 더욱이 리켄은 이러한 ‘성’의 개념은 자사가 ‘홀로 자득한 경지에 이른’ 것이지 공자 문하에서 계승된 개념이 아니라는 것이다. 그러면 자사가 『중용』에서 이 ‘성’이란 개념을 사용하기 이전에는 어떠했을까? 리켄은 명사 사용을 놓고 비판적으로 분석하고 있다.

> 자사 이전에 충신(忠信)이라는 두 글자는 대략 『중용』에서 성(誠)이란 글자의 뜻을 갖추었다. 『중용』 이후 충신이란 말은 가치가 줄었다. 또한 오행가(五行家)가 신(信)이란 글자를 토덕(土德)에 배치하여 결국 하나의 죽은 말이 되었다. 때문에 오늘날 사람이 충신을 경멸하고 『논어』를 읽어도 대부분 잘못 이해한다. 『장자』에서 충신으로 들고 충신으로 난다고 말하였는데 전부 『중용』의 성이란 글자이다.

자사가 ‘성’에 중요한 의미를 부여하여 사용하기 전까지는 ‘충신(忠信)’이 거의 ‘성’이란 의미를 갖춘 것으로서 사용되고 있었다고 리켄은 말한다. 그러나 『중용』의 성립 이후, ‘충신’이란 개념은 ‘성’에 비해 그 가치를 잃었고 오행가가 오행의 토(土)에 ‘신’의 덕을 배당하여, 결국은 죽은 말이 되어버렸다. 그 의미를 잃어버린 후세의 ‘충신’ 개념에 따라 『논어』를 읽기 때문에 올바르게 이해할 수 없다고 리켄은 말한다. 여기서 리켄은 장주(莊周)의 말로서 “충신으로 들고 충신으로 난다”를 인용하고 있는데, 그 말은 『열자』(列子)에 나온다. 공자가 위(衛)나라에서 노(魯)나라로 돌아가는 길에 거친 급류를 건넌 한 장부와 만난다. 그 남자에게 “방법(道術)이 참 교묘하도다. 능히 들어가고 나올 수 있는 까닭은 무엇인가?”하고 공자가 묻는다. 이에 남자는 대답하기를 “처음에 내가 들어가기를 먼저 충신으로 하고, 내가 나올 때도 다시 충신을 따랐습니다”고 하였다고 한다.[29] 『열자』에서 말하는 이 ‘충신’은 『중용』의 ‘성’과 완전히 같은 뜻이라고 리켄은 말한다.

여기서 내가 감히 리켄의 발언을 현대어로 부연한 것은 경전 원문의 '성'이란 글자를 바라보는 리켄의 관점이 어떠한 성질을 가지고 있는가를 독자에게 보이기 위함이다. 동시에 후세 해설가의 어떠한 곡해가 '유교의 일본화'라고 하는 결론을 이끌어내는 것인가를 명확히 말하려 한다. '성'이 『중용』에서 자사에 의해 중요한 의미를 부여받기 전까지 '충신'이 나중의 '성'과 같은 뜻으로 사용되고 있었으며, 그것은 『논어』는 물론이요 『열자』의 '충신' 용법으로도 알려져 있다고 리켄은 여기서 말하고 있다. 여기에 있는 것은 '성'을 단지 '마코토'로서 이해하는 훈독의 입장과는 먼 역사적 언어에 대한 비판적 입장이다. 경서는 이미 명사의 사용을 비판적으로 음미하지 않으면 안 되는 역사적 텍스트가 된 것이다. 역사적 텍스트에서 말의 사용을 바라보는 리켄의 비판적 언어론의 입장은 '성주의(誠主義)'와 같은 고유의 심성에 대한 주장과는 가장 거리가 멀다고 할 수 있겠다.

근대에서 도미나가 나카모토의 발견자인 나이토 고난에 따라서 당연히 회덕당의 비판적 언어론 방법을 공부했을 다케우치는, 그러나 리켄의 이런 말을 인용하고 나서 "이는 『논어』의 충신이 『중용』에 이르러 성으로 바뀌고 철학적 의미를 가지게 된 것을 말하는 것으로, 진사이의 충신주의가 회덕당의 성주의로 바뀌기에 이르러 실천원리에서 철학원리로 나아간 것이라고 할 수 있겠다. …… 충신주의와 성주의가 강조되어 일본 독자적인 유교가 된 것은 아마도 유교 속에서 일본 고유의 도덕과 일치하는 부분이 강조·천명된 것으로 풀이할 수 있다"고 유교의 일본화와 일본적 유교의 성립이라고 하는 결론을 이끌어냈다. 근세 유학의 성과를 이른바 고유주의적인 독사(doxa, 근거 없는 생각)에 따라 아전인수식으로 이용하여 이 결론을 끌어내는 다케우치의 『일본의 유교』가 중요한 것은 이 문장이 시사하는 바를 따라 일본윤리사상사가 형성되었다는 문제만이 아니다.[30] 오히려 이 『일본의 유교』가 일본윤리사상

29) 『列子』 説符第八 (小林勝人訳注, 岩波文庫).

30) 일본 윤리사상사의 형성자인 와쓰지 데쓰로(和辻哲郎)를 계승하여 와쓰지에게는 부족한 유학 이해를 보충하면서 패전 후에 일본윤리사상사를 재구축한 이가 사가라 도루(相良亨, 1921~2000)다. 근세 유교를 둘러싼 사가라의 일본윤리사상사의 전망에 결정

사의 새로운 구성을 촉진하였다는 것은 다케우치의 이 글이 가지고 있는 담론 구성의 중요성에서 유래하고 있다. 즉 유학을 비롯한 중국사상의 권위 있는 연구자, 제국대학 지나학[중국학]교수였던 다케우치가 이룩한 『일본의 유교』라고 하는 유교 수용을 둘러싼 담론의 구성이다.

한문이란 자기 언어에 의한 이해를 넘어선 다른 나라의 말과 글, 즉 중국어 문임을 확실히 인식하고 있었던 것은 오규 소라이였다. 그러한 소라이로부터 '악 또한 성'이라고 하는 아이러니가 나왔다는 것을 나는 말하였다. 소라이의 이 반어적 표현은 '성(마코토)'과 '진심'이라고 하는 심성적 진실로 귀착되어버리는 내면적 담론을 구성하는 쪽으로 향하고 있었다. 내가 소라이의 반어적 표현을 '고학의 아이러니'라고 부른 것은 이 반어적 발언이 한문 훈독의 이데올로기를 사정거리 안에 포착하고 있었기 때문이다. 한문 훈독 이데올로기란 타(他)언어를, 혹은 타자(他者)를 직면한다는 의식 없이 자기 언어를, 혹은 자기를 전제로 두고서 다른 나라의 말과 글을 읽어버리는 이데올로기다. 상황을 상징적으로 말하면 한어 '성'을 앞에 두고서 그에 대응하는 자기 고유의 심성 '마코토'를 찾아내고 '성'을 '마코토'로 읽어서, 훈독어 '성=마코토'와 함께 고유의 윤리적 심성 '성(마코토)'도 구성하고 있는 이데올로기다. 그렇지만 이 경우 '성'을 가지고 말하는 것은 상징적인 상황이 아니다. 실제로 일본의 윤리적인 아이덴티티 구성 작업은 '성' 개념을 핵심으로 삼아 이루어진 것 아닌가. 그럼에도 불구하고 이 구성 작업은 다름 아닌 중국학자의 암시에 기초하여, 즉 '성'에서 '마코토'와의 동일성을 읽어내고 유교의 일본화를 말하는 중국학자 다케우치의 설에 따라서 이루어진 것이다. 여기서 근대 일본 중국학이란 도대체 무엇일까 하는 그 학문적 지향과 성격에 대한 본질적인 물음도 생겨날 것이다.[31] 여기서는 한문 훈독 이데올로기로부터 비판적으로 자기를 구별하지

적인 시사를 준 것이 다케우치의 『일본의 유교』였다. 사가라는 다케우치의 근세유교의 성과를 둘러싼 고유주의적인 독사(doxa)에 바탕을 둔 아전인수식 이해를 그대로 계승하고 있다. 相良亨 『近世の儒教思想』(塙選書, 1966).

31) 근대 일본의 중국학과 중국 인식을 둘러싼 문제에 대해서는 나의 논문 「近代知と中国認識 ―「支那学」の成立をめぐって」(『近代知のアルケオロジー』 수록) 참조.

않는 중국학에서는 직면할 수 있는 타자도 다른 언어도 존재하지 않는다고 하는 것으로 그치고자 한다. 타자도 타언어도 존재하지 않는 곳에서는 반성해야 하는 자기 또한 존재하지 않는다.

제4장
번역어로서의 근대 한어
– '윤리' 개념의 성립과 그 행방

나처럼 예전부터 철학자가 되려는 사람이라면 반드시 윤리의 근본을 강구하지 않으면 안 된다.

이노우에 데쓰지로, 『윤리신설』

혹은 서양의 도덕학을 강의하는 사람이 있다 해도 …… 도덕학은 오직 학자가 자신의 기호에 따라 할 뿐이지 전국 모두에 대한 공공의 가르침이 될 수는 없다.

니시무라 시게키, 『일본도덕론』

출발점에서 우리는 단지 '윤리란 무엇인가' 하는 물음 앞에 서 있다.

와쓰지 데쓰로, 『인간학으로서의 윤리학』

1. '윤리학'의 개념 설정

'윤리'라고 하는 개념은 '윤리학'의 개념과 함께 메이지(明治) 시대 일본에서

'ethics'의 번역어로서 새로운 의미를 가지고 성립한다. '윤리' '윤리학' 개념이 새로운 번역어에 의해 생겨났다는 점에서 '윤리'라고 하는 말이 중국과 일본의 유가 사상의 전통 안에 있었는지 여부는 현재 그 번역어의 선정 이상의 관계는 없다. '철학'이란 번역어가 새로운 의미를 가지고 학술 개념으로서 성립했다는 사정은 '윤리'의 경우도 마찬가지이다. 다만 '윤리'라고 하는 말이 이미 유가 사상의 전통 안에 있었다는 것은 근대 일본에서 '윤리' 개념의 행방에 크게 관련되어 있지만, 그것은 나중 문제다.

그런데 '윤리학'과 '철학'이라는 번역어는 일본의 근대화 과정에서 한어[1]에 의해 새로이 구성되는 어휘이며, 이러한 것들은 '근대 한어'라거나 '새로운 한어'라는 이름으로도 불린다. 주로 번역어로서 이렇게 생겨난 근대 한어에 대해서 연구하는 국어학자는 새로운 한어의 성립 방식을 몇 가지 유형으로 분류하고 있다. 예를 들면 모리오카 겐지(森岡健二, 1917~2008)는 새로운 한어의 성립 사정을 '치환' '재생 · 전용' '변형' '차용' '가차(仮借)' 그리고 '조어(造語)'로 구별하여 파악하고 있다.[2] '윤리학'이라는 말을 '형이상학' 등과 함께 '재생 · 전용'으로 성립된 새로운 한어의 성립 사례로 꼽고 있다. 모리오카에 따르면 '재생 · 전용'이란 이미 고어 · 폐어가 된 과거의 말을 그대로 재생하거나 혹은 새로운 의미로 전용하거나 해서 부활시킨 경우라고 한다. '윤리' '윤리학'이란 이

1) 한어란 본래 중국어에서 유래한 일본어 어휘로 고유 일본어에 대응해서 말해졌다. 그러나 특히 메이지 이후 새로이 한자로 합성된 어휘가 증가함에 따라 한어는 일본어에서 한자음으로 읽게 되는 한자 어휘로 다시 규정되었다. 국어사전은 "옛날에 중국에서 전래되어 일본어가 된 말. 더 넓게는 한자로 조합되어 소리로 읽는 말"(『岩波国語辞典』 第三版)이라고 설명하고 있다. 한어에 대해서는 이 책 제1장을 참조하기 바란다.

2) 森岡健二 編著 『改訂近代語の成立 · 語彙編』(明治書院, 1991). '치환'이란 예컨대 기존의 불교언어('후생(後生)' '육신(肉身)' '결정(決定)' '범인(凡人)' 등)를 새로운 번역어로 바꾸는 방법. '재생 · 전용'은 본문에서 설명한다. '변형'이란 예를 들어 '경세제민(経世済民)'을 생략하여 '경제(経済)'라는 말을 만들거나 어순을 바꿔서 번역어를 만드는 방법. '차용'은 문자 그대로 『영중사전』(英華辞典)의 중국어 번역어를 차용하는 방법. 이 차용에 의한 근대 한어의 성립 사례는 매우 많다. '가차'란 담배(タバコ)를 '연초'라고 표기하고 비어(비루ビール)를 '맥주'로 표기하는 방법. '조어'란 새로이 조성된 한어. '철학' '공학' 등 학술 · 전문용어에 많다.

처럼 새로운 의미를 가지고 메이지 시대 일본에서 부활한 한어 어휘다. 그것들은 번역어로서 재생되었고 부활한 한어 어휘라서, 기본적으로는 새로이 구성된 어휘로 간주할 수 있다.

이노우에 데쓰지로(井上哲次郎, 1856~1944) 등이 편집한 『철학자휘』(哲学字彙)[3](개정증보, 1884년 판)에 수록된 많은 번역된 철학 어휘는 새로운 한어로서 부활한 모습을 단적으로 보여주고 있다. 여기에서 Ethics에는 '윤리학'이라는 번역어를 부여하였고 동시에 "『예기』의 「악기」편에 [악(楽)은] 윤리와 통한다는 말이 있다. 또 『근사록』에는 윤리를 바로 하고 은의를 돈독히 한다"[4]라는 보주(補注)를 덧붙이고 있다. 옛 유교 고전과 유가 문헌에 보이는 '윤리'란 말의 용례를 들면서 그 말의 전용으로서의 새로운 번역어 '윤리학'의 성립을 『철학자휘』에서 전하고 있는 것이다. 덧붙여 헵번(J. C. Hepburn)이 편집한 『일영어림집성』(和英語林集成)[5]은 Ethics에 '도덕학, 수신학'이란 번역어를 부여하고 있다. '윤리학'이란 말은 옛날에 사용하고 있던 유가 용어 '윤리'에 바탕을 두면서, 그러나 한편으로는 Ethics의 새로운 번역어로서 이노우에 등에 의해 의미를 새롭게 부여받아 성립한다. 그리고 새로운 번역어 '윤리학'의 성립과 함께 '윤리'라는 말도 새로운 의미를 가지고서 근대 일본에 재생하게 된다. 새로운 번역어 '윤리학'의 성립은 일본에서 근대 '윤리' 개념의 성립과 맞닿아 있다.

새로운 번역어 '윤리학'을 성립시킨 이노우에 데쓰지로[6]는 도쿄제국대학 철

3) 『哲学字彙』 초판은 1881년에 간행되었다. 그리고 증보개정하여 1884년에 도요칸(東洋館)에서 재간되었다(이노우에 데쓰지로 · 아리가 나가오有賀長雄 편저). 플레밍(弗列冥, W. Fleming)의 『철학사전』(哲学辞典, *The Vocabulary of Philosophy,mental, moral and metaphysical*)에 근세의 새로운 어휘를 더하여 번역 · 편집한 최초의 체계적인 철학용어 어휘집이다.

4) 「禮楽記, 通于倫理. 又近思録, 正倫理, 篤恩義」

5) 헵번의 『일영어림집성』(和英語林集成) 초판은 1867년에 간행되었다. 그 뒤 1872년과 1886년에 증보 개정되고 있다. 여기서 참조하고 있는 것은 후자인 증보개정판(米国 平文先生 著 『改訂增補 和英 · 英和語林集成』 丸善版)이다. 또한 초판본에는 Ethics라는 말은 포함되어 있지 않다.

6) 이노우에 데쓰지로는 도쿄제국대학 철학과를 졸업한 뒤, 1884년에 독일 유학을 명령받

학과 최초의 일본인 교수이다. 이노우에가 일본인 최초의 철학과 교수라는 것은 그가 근대 일본에서 새롭게 편성된 아카데미즘에서 일본어를 사용하는 강단 철학의 첫 화자이며 일본어로 쓴 강단 철학 텍스트의 첫 서술자가 된다는 것이기도 하다. 이렇게 해서 이노우에가 일본 최초로 강단 '윤리학' 또한 이야기하였던 것이다. 그것은 근대적 개념으로서의 '윤리학'의 설정인 동시에 근대적 개념 '윤리'의 설정이기도 했다.

2. 메이지 시대 젊은 철학자의 과제

근대 일본에서 '윤리학'에 대한 최초의 철학 텍스트를 작성하고 간행한 이는 도쿄제국대학 철학과를 갓 나온 젊은 철학자 이노우에 데쓰지로였다. 그 텍스트는 『윤리신설』(倫理新説)[7]이라는 제목으로 1883년에 간행되었다. 이 『윤리신설』의 첫머리에 메이지 일본에 '윤리학'을 새로이 설정해야 하는 과제를 짊어진 젊은 철학자가 지닌 내면의 부담을 알려주듯, 과도한 문학적 수사로 이루어진 흥미로운 구절이 하나 있다.

았고, 1890년에 귀국하여 곧바로 도쿄제국대학 교수가 된다. 이후 일본철학계의 지도자로서 군림하였다. 이노우에는 독일 관념론 철학을 일본에 이식하는 데 노력하여 이후 일본 아카데미즘 철학의 성격을 결정하였다. 이노우에는 처음에는 신설된 동양철학 강좌를 담당(1892)하여 동양사상의 근대적인 철학 · 철학사(인도철학 · 철학사, 중국철학 · 철학사)로서의 재구성을 지도하였다. 또한 일본 근세 유학을 일본 철학으로서 재구성하여 『일본주자학파의 철학』(日本朱子学派之哲学), 『일본양명학파의 철학』(日本陽明学派之哲学), 『일본고학파의 철학』(日本古学派之哲学) 3부작을 정리하였다. 또한 정부의 위촉으로 '교육칙어'의 의의를 『칙어연의』(勅語衍義, 1891)로 정리하여 수신(修身)교육의 기초를 제공하였다. 이노우에는 또한 국민도덕론을 통해 근대 일본 교육계에 지도 이념을 제공하였다(『국민도덕개론』(国民道徳概論, 1912).

7) 『윤리신설』(倫理新説)은 1883년에 도메이쇼시(同盟書肆)에서 출판되었다. 신서 사이즈로 본문이 겨우 63쪽인 소책자다. 『메이지문화전집』(明治文化全集 第二十三巻 思想篇)에 수록되어 있다. 또한 『윤리신설』의 맨 뒤에는 벤담의 『출판연설자유론』(出版演説自由論), 同 『법론』(法論)과 스펜서의 『종교진화론』(宗教進化論) 등의 출판 예고가 있어 동시대의 학술언론계 동향을 보여주고 있다.

작년 중추 무렵, 날씨가 특히 청랑하다. 나는 며칠 동안 앉은자리를 견딜 수 없다. 책을 던지고 문을 나서서 스루가다이(駿台)로 가는 길을 따라 요로즈요다리(万代橋) 어름에 이른다. 문득 지나치는 무사, 농부, 장인, 상인, 인력거꾼, 마부. 끊임없이 사방에서 모여들어 혹은 소리쳐부르고, 혹은 흙먼지를 피우고, 그 이해득실에 감정을 불태우고 벼슬길에 현혹되고 부귀와 이달(利達)을 몹시도 부러워하며 한때의 정욕에 부림을 당하여 마치 금수가 먹이를 놓고 다투듯 한다. 나 홀로 길머리에 우두커니 서서 서글피 탄식하며 말하길 오호, 삶이 늘 이러한 건가, 어찌 그리 누추하기 짝이 없는가.

서재를 나서 산책하는 이노우에의 눈에 영리를 구하고 욕정에 이끌려 광분하는 세속 대중의 모습이 비친다. "어찌 그리 누추하기 짝이 없는가"라고 그들에게 모멸을 담은 탄식을 토로하면서 이노우에는 세속을 등지고 다시 서재로 돌아간다. 그리고 "환한 창 아래 깨끗한 책상에 기대 앉아 서가에 넘쳐나는 책을 꺼내어 윤리의 근본"을 알고자 한다. 그러나 '윤리의 근본'을 서술하기 앞서 왜 이런 스테레오타입으로 시정의 정경을 묘사할까? 이는 『윤리신설』이라는 책이 가지는 기묘한 프롤로그다. 이 프롤로그는 계속 이어진다. 세속의 거리를 등지고 서재로 돌아가 서가에 즐비한 동서 제현의 책을 펼쳐든 이노우에는 저 요로즈요다리(万代橋) 옆에서 대중을 향하여 터뜨린 개탄을 또다시 터뜨리게 된다. 그러나 이번에는 서가에 즐비한 책 속에서 항쟁하는 온갖 철학 담론과 학자들을 향해서다.

동양과 서양, 논의가 제각각이다. 크고 작은 학자가 제각기 분파를 이루어 사부를 비방하고 붕우를 매도하며 …… 궤변이 벌떼 같고 둘러대는 말이 쏟아져 나온다. 이 때문에 진리가 있는 곳을 찾을 수가 없다. 내 또다시 하늘을 우러러 탄식하여 말하길 만세의 의범(儀範)을 스스로 기약하는 이라 하여도 먼저 본 사·농·공·상에 인력거꾼이나 마부와 다르지 않구나. 오호, 과연 삶이 늘 이러한 건가, 어찌 그리 누추하기 짝이 없는가.

과연 학문 발전사의 이면을 구성하는 학자들의 세계는 "인력거꾼이나 마부와 다르지 않다"고 할 정도인지도 모른다. 하지만 여기서 전혀 다른 세계를 향해 "어찌 그리 누추하기 짝이 없는가"라고 똑같이 개탄하는 것은 역시 이상하다. 길거리 사람들에게 개탄하고, 지금 서가로 돌아와서는 온갖 서적의 선인 학자들에게 이노우에는 또다시 개탄하는 것이다. 이 탄식은 그가 기댈 만한 바도 없고 물어도 답을 얻을 수 없다는 커다란 절망의 표출로 이어진다. "밖으로 나서서 사람에게 물어도 사람들은 알지 못한다. 우러러 하늘에게 부르짖어도 하늘은 대답하지 않는다. 숙여 땅에게 외쳐도 땅은 말이 없다. 망연하여 다시 할 바를 모르겠노라"고 과장된 문학적 수사로, 풀지 못하는 의문덩어리에 사로잡힌 듯 어찌 할 바 모르는 자기의 모습을 이노우에는 서술하는 것이다. 이 서술은 **생각하는 자신이 아닌 철학자인 자기**를 찾는 말로 이어지고 있다. "나처럼 예전부터 철학자가 되려는 사람이라면 반드시 윤리의 근본을 강구하지 않으면 안 된다"고. 자신은 이미 철학자가 아닌가. 그렇다면 '윤리의 근본'을 강구하는 일은 당연히 자신의 과제가 아닌가. 그것은 내적인, 아니 오히려 외적인 명령으로서 신일본의 철학자에게 주어진 과제인 것이다.

'윤리의 근본'을 강구하는 과제를 지상 명령으로 가지고 있는 철학자의 입장을 스스로 확인하기까지 이노우에는 얼마나 많은, 그리고 과장된 문학적 수사를 필요로 했을까? 도나우(Donau) 강가의 노이부르크 안 데어 도나우의 벽난로 방에 들어박혀 철학적 사색의 원리적 출발점을 놓고 고찰하는 젊은 데카르트가 기존의 지식체계(知)에 대한 회의와 부정에 이르는 프로세스에 대해 이노우에는 과장된 문학적 수사에 의한 개탄의 프롤로그로 대응한다. 그것은 메이지 시대 일본에서 '윤리의 근본'을 강구한다는 커다란 과제를 수행해야 하는 의무를 짊어진 젊은 철학자가, 자기를 초월하지 못하는 자신을 특권화하기 위해 필요한 내면의 프로세스를 보여주는 것 아닐까. '윤리의 근본'을 강구하고 메이지 일본에 새로운 '윤리학'을 확립하는 것이 제국대학 철학과에서 공부한 첫 일본인 철학자에게 부여된 과제였기 때문이다. 이 과도한 문학적 수사로 가득한 프롤로그는 이 커다란 과제를 짊어진 특권적인 젊은 철학자를 위한 프롤로그다.

3. 먼저 '윤리학 문제'가 있었다

"나처럼 예전부터 철학자가 되려는 사람이라면 반드시 윤리의 근본을 강구하지 않으면 안 된다"고 이노우에는 철학자인 자신의 과제를 확인한다. 확실히 철학자가 되려면 모름지기 '윤리의 근본'을 강구해야 할 것이다. 하지만 '윤리의 근본'을 강구하는 것은 '윤리에 대해 새로운 주장'을 하기 위한 것이 아니라고 이노우에는 말한다. "물론 윤리를 앞장서 주장하기 위해 그 근본을 추구하는 것이 아니다. 오직 도리상 과연 윤리의 근본이라고 할 수 있는 것이 있는지 여부를 조용히 찾지 않으면 안 된다"라고 말한다.

'윤리의 근본'을 강구하는 것은 '윤리를 앞장서 주장'하기 위해서가 아니고, 그 강구하라는 요청은 '도리상' 나오는 것이라고 이노우에는 말하고 있는 것이다. 윤리의 실천적인 주장이든 윤리의 사회적인 제시를 지향하든 간에, '윤리의 근본'을 규명하기 위해 그 기초다지기 작업을 그에게 요청하고 있는 것은 아니다. 이노우에에게는 이론상의 요구로서 '윤리의 근본' 규명이 우선적인 과제인 것이다. 메이지 시대 일본에서 철학자는 다소 당돌할 지라도 '윤리의 근본'을 이론상으로 규명하고 '윤리학'을 구축하는 존재로서 스스로를 먼저 자리매김하지 않으면 안 되는 것이다. 근대 일본 최초의 제국대학 출신 철학자라는 존재는 그러한 과제를 짊어진다는 것이다. 따라서 젊은 철학자 이노우에가 저 과잉된 문학적 수사로 가득한 프롤로그와 함께 세상에 던진 『윤리신설』이란 질문은, 윤리에 대한 새로운 주장이 아니다. 그것은 자기 지향을 '윤리의 근본'을 위한 이론적 규명이라고 자리매김한 젊은 철학자가 새로운 '윤리학' 창설로 나아가려는 시론이다. 『윤리신설』과 함께 새로운 '윤리학'이 메이지 시대 일본에 설정되는 것이다.

『윤리신설』은 일본 최초로 윤리학적 담론을 전개한다. 그 윤리학적 담론이 "단순히 기존의 관념론적 윤리설에 진화론적 견해를 취합해놓은 정도에 불과하고, 논리의 정합성도 크게 결여되었으므로 학설로서는 일고의 가치도 없다"[8]고 해설자가 말할 정도의 수준인지 어떤지는 여기서 따지지 않는다. 다만 일본 최초의 윤리학적 담론은 '윤리문제'에 대한 새로운 주장을 전개하는 것이 아니라 '윤리학 문제'를, 즉 윤리학의 모든 문제와 그에 관련된 윤리학적인 담론 구성을 세상에 제기하는 것이다. 이노우에 등이 우선적인 과제로 여겼던 것은 '윤리문제'가 아니라 '윤리학 문제'였다.

『윤리신설』에서 철학자로서 '윤리의 근본'을 강구해야 한다는 과제를 말하는 이노우에는 한 걸음 더 나아가 "물론 어떠한 언행은 행복을 낳고 어떠한 언행은 재앙을 낳는다고 말하는 것을 논하자는 것이 아니다. 어째서 사람은 행복을 목표로 삼아야 하는가를 자세히 따지지 않으면 안 된다"고, 인간의 궁극적 목적(선)을 둘러싼 윤리학(Ethics)적 문제 구성을 제기하고 있다. 메이지 시대의 철학자 이노우에 등에게 우선적인 '윤리학 문제'란 유럽 윤리학(Ethics)의 문제구성에 따라서 신일본의 학술적 담론을, 혹은 교육학적 담론을 재편성하는 문제였다. 이노우에 등이 새로운 '윤리학'을 설정한다는 것은 번역어 '윤리학'의 성립이며, 학술·교육적 담론의 재편성이란 과제를 담당하는 '윤리학(Ethics)'의 도입이었던 것이다. '윤리학'은 이 과제를 맡아서 '물리학(物理学)'·'정리학(政理学)'·'심리학(心理学)'·'리재학(理財学)'·'법리학(法理学)' 등과 함께 메이지 시대 일본에서 성립하는 새로운 학술제도의 명명이며[9] 학술제도의 구분이기도 했다. 메이지 시대에 유럽의 학술적 개념이거나 학과 개념의 번역을 통한 도입이란 그에 따라서 근대 일본의 학술적 담론을 편성하는 것이고, 또한 학술제도적인 구분을 하고 있다는 것이기도 했다.

4. '윤리학'적 담론의 구성

이노우에 데쓰지로보다 조금 늦게 제국대학 철학과를 졸업한 이노우에 엔

---

8) 松崎実 「倫理新説解題」(前掲 『明治文化全集』 第二十三巻).

9) 여기서 꼽은 학과명은 『철학자휘』의 '서언'에 용어분류 시 학과구분으로서 들고 있는 것이다.

료[10](井上円了, 1858~1919)는 불교철학자로 활약하는데, 그는 초기 윤리학 교과서의 제공자이기도 했다.[11] 엔료는 1887년에 『윤리통론』(倫理通論) 2권을 간행하고 1891년에는 그것을 교과서용으로 요약한 『윤리적요』(倫理摘要) 1권을 출판한다. 그런데 청년 철학자이며 불교도인 이노우에 엔료에게 윤리학 교과서 제공을 요청하는 이는 누구일까? 『윤리통론』 1장 「윤리학의 의해(義解)」에서 엔료는 '윤리학'을 이렇게 정의한다. 다만 여기서 정의한 '윤리학'이란 '에식스(ethics)'의 번역어가 '도덕학'이나 '도의학' 혹은 '수신학'이 아니라 '윤리학'이 되지 않으면 안 되는 이유를 알리는 것이기도 하다.

> 윤리학이란 서양의 말로는 '에식스(ethics)'라 하며 혹은 '모럴 필로소피' 또는 '모럴 사이언스'라고 칭하는 것이다. 최근 이 말을 번역할 때 도덕학 · 도의학 · 수신학이란 말을 사용하는 경우가 있기는 하지만, 나는 특히 윤리학이란 이름을 사용한다. 애초에 윤리학, 즉 '에식스'는 선악의 표준, 도덕의 규칙을 논정(論定)하여 사람의 행위와 거동을 명령하는 학문을 말한다. 그리고 내가 여기에 논정한다고 제목을 붙인 것은 논리상 고찰하고 밝혀 규명한다는 뜻이지, 가정과 억측으로 나아간다는 의미가 아니다.[12]

---

10) 이노우에 엔료는 히가시혼간지(東本願寺)의 유학생으로서 도쿄제국대학 철학과에 입학하여 1885년에 졸업하였다. 진종(真宗) 오타니파(大谷派)의 승려로서 메이지 · 다이쇼 시기에 근대적인 불교철학을 전개하여 불교계에 커다란 영향을 주었다. 또한 철학관(哲学館)을 창설(1887, 도요(東洋)대학 전신)하고 철학서원(哲学書院)을 설립하여 철학서를 출판했다. 또한 미타케 세쓰레이(三宅雪嶺) · 시마지 모쿠라이(島地黙雷) 등과 정교사(政教社)를 결성하고 기관지 『일본인』(日本人)을 창간했다.

11) 메이지 시대의 '윤리학' 도입은 무엇보다도 근대 일본의 교육체계, 그중에서도 사범과(師範科) 교육체계에서 기간과목으로서 도입되었다. 초기 윤리학 관계 서적은 거의가 사범학교 등에서 교과서로 사용하였다. 여기에 근대국가 형성기의 국민교육적 정책의도가 분명히 드러난다.

12) 『윤리통론』 二巻은 1887년에 후큐샤(普及舎)에서 간행되었다. 9편 155장으로 되어 있으며 체계적인 윤리학 개론인 동시에 근세 윤리학사 개설서이기도 하다. 『윤리적요』는 1891년에 데쓰가쿠쇼인(哲学書院)에서 출판된 윤리학 교과서로, 권말에 「윤리시험문제」로서 '윤리학의 정의는 무엇인가' '행복론에는 몇 가지가 있는가' 등의 문제가 엔료가 서술하는 윤리학 체계에 따라서 제시되어 있다.

엔료는 "어떠한 이유에서 인의예양(仁義禮讓)이 사람의 도"인가를 규명하지 않는 공자와 맹자의 수신학은 '가정억측'으로 나가는 것이라고 했다. 그렇다면 '에식스'의 번역어로 '윤리학'을 채용한다는 것은 '가정억측'에 바탕을 둔 수신(修身)의 교설(가르침)을 배척하면서 '선악의 표준, 도덕의 규칙을 논정'하여 행위의 절대명령을 규정한다는 윤리학적인 문제구성을 채용한다는 것은 분명하다. '윤리학'이라는 말은 근대 일본의 학술 세계, 특히 교육학(교원양성학)의 세계에서 윤리학적 문제구성에 따라서 교육 지도상의 담론을 재편성해야 하는 과제를 안고서 성립하는 것이다.

모든 사회적 시스템[13]의 조급한 근대화(서양화로 진행되는 근대화)를 지상 과제로 여긴 메이지 시대 일본에서 번역어의 성립이 저쪽 서구의 말에 적합하게 대응되는 이음동의어(synonym)를 이쪽 일본의 문화·언어체계로부터 골라내어 대응시키는 상호 이해의 성립을 의미할 리가 없다. 메이지 시대 일본에서 모든 서구 개념의 번역은 이미 맨 앞 절에서 언급한 것처럼 많은 새로운 한어를 조성함으로써, 혹은 고어의 재생적 전용으로 이루어졌다. 여기서 번역이란 새로운 말의 창출이며, 사물을 보는 새로운 방식, 사고방식의 창출이었다. 따라서 메이지 일본에서 각종 서구 개념의 번역어가 성립한다는 것은 그 개념에 수반해서 새롭게 사물을 보는 방식이 우선적으로 일본에서 성립되는 것이며, 그 방식에 따라서 편성되는 새로운 담론의 지배적인 성립이기도 했다. 새로운 번역어 '윤리학'의 성립이란 기존의 전통적인 도덕 교설에 대한 부정적인 평가 위에 이루어진 우월적인 새로운 윤리학적 담론의 구축이기도 했다. 그러하기에 바로 이노우에 엔료는 그의 윤리학 교과서에 근세·근대 유럽의 윤리학설을 재편성하여 구성·소개하였고, '윤리학의 정의란 무엇인가', '이론학과 실용학의 구별이란 무엇인가', '인간의 궁극적인 목적이란 무엇인가', '행복론에는 몇 가지가 있는가' 등 148가지에 이르는 '윤리시험문제'를 두어서 학습자에게 새로운 윤리학적 담론의 체계적인 구축을 주도면밀하게 돕고자 했다. 이

13) 근대 국민국가 형성에 있어 국민교육은 가장 중요한 과제이며, 교육 시스템의 근대화가 무엇보다도 우선되었다.

근대적이고 학술적인 담론을 재편성하는 과제를 수행할 때 엔료 자신이 불교도였는가의 여부는 물을 필요가 없다. 불교학 자체도 또한 근대적으로 재편성되면서, 동시에 엔료 자신이 이 근대 불교철학의 대표적인 주창자가 되었다.

여기서 우리는 메이지 시대 일본에서 우선 성립하지 않으면 안 되었던 것이 '윤리학', 즉 Ethics라는 말의 번역어인 '윤리학'이었음을 재확인하고자 한다. 먼저 성립하는 것은 '윤리'가 아니라 '윤리학'이었다. 메이지 일본의 젊은 철학자들이 직면하는 것은 '윤리문제'가 아니라 '윤리학 문제'가 먼저였던 것이다. 제국대학 철학과를 갓 졸업한 그들 철학자가 자각한 책무란 '윤리학'에 따라서 새로운 학술상의, 나아가서는 교육 지도상의 담론을 편성하는 과제였다. 그야말로 새로운 '윤리학'에서 새로운 '윤리문제'가 담론으로 편성되고 있는 것이다. 근대적인 '윤리학' 개념에서 근대적 '윤리' 개념이 도출되었다. 앞서 살펴본 엔료의 '윤리시험문제'는 '서론', '목적론', '표준론', '양심론', '의지론', 그리고 '행위론'이라는 윤리학적인 구성에 따라서, 예를 들면 "만일 사람이 행복을 목적으로 하지 않을 때는 어떠한 결과를 낳게 될 것인가"(목적론)라든가 "자신의 이익을 위해서 선행을 할 수 있는가"(행위론) 등과 같은 '윤리문제'가 '행복론에는 몇 가지가 있는가'(목적론)와 같은 '윤리학 문제'와 함께, 제시되고 있다. 새로운 '윤리문제'는 새로운 '윤리학'에서 구성되는 것이다. 메이지 시대 일본에서 근대어 '윤리학'이 '윤리'에 앞서서 성립한다는 상황은 그 이후 일본 아카데미즘에서 윤리학의 성격을 규정하게 되었을 것이다. 그러므로 '윤리문제'란 늘 '윤리학'에서 파생된 이차적인 문제에 불과하다. 현실 사회에서 일어나는 모든 윤리적, 도덕적인 문제를 '윤리학'이 이어받고, 그에 대한 응답을 통하여 스스로의 학문 본연의 모습을 물으려는 어떠한 일도 하지 않았으며, 해보려 한 적도 없었다.[14]

일본의 근대 개념 '윤리학'이 그 성립에서부터 안고 있는 이 추상성을 공격

14) 이번 장의 말미에서 말하고 있듯이 '환경 문제'라든가 '뇌사 문제' 같은 인간의 생존에 본질적으로 관련된 문제가 제기되면서 비로소 강단 윤리학이 현실 논의의 장으로 끌려나오게 되었다. 그러나 강단 윤리학은 본래 이러한 문제에 답할 언어도 방법도 가지고 있지 않았다.

하면서 '일본 도덕'을 국민적으로 형성해야 한다는 주장이 '윤리학' 성립과 거의 동시에 일어난 것은 대체로 당연한 추이다.

5. '일본도덕론'의 제창

메이로쿠샤(明六社)의 동인으로서 메이지 시대 초기 학술·언론의 근대적 방향을 잡는 데 힘쓴 지도자의 한 사람인 니시무라 시게키[15](西村茂樹, 1828~1902)는 1886년에 도쿄 제국대학에서 '일본도덕론' 강연을 한다. "일본 국민을 위하여, 일본 국민 각자를 위해서라는 믿음에서 혼신의 힘을 다하여 강술하는 바"라는 이 강연의 서두에서 니시무라는 메이지유신이라고 하는 근대화로의 변혁을 거친 일본에서 도덕적 공백 상황이 등장할 것을 우려하고 있다. 그것은 이전까지 일본 지도층의 도덕적 에토스를 형성해온 유교의 폐기와 함께 생겨난 공백이다. 유교를 대신하여 "신토와 유교가 섞인 가르침"을 새로이 설정하고자 한 시도도 무너지고, "일단 폐기된 유교는 다시 일어나서는" 안 되는 상황에 이른 것이 현재 상황이라고 니시무라는 말한다.

> 일단 폐기된 유교는 다시 일어나서는 안 된다. 이에 따라 일본의 중등 이상의 사람들은 도덕의 근거를 잃었고, 봉건 시대에 비해 인심의 응집력도 이완되어 백성의 도덕이 점점 퇴폐하는 조짐을 보이고 있다. …… 여기서 도덕 한 가지만은 우리나라가 세계에서 일종의 특별한 나라다. 왜냐하면 세계 어느 나라에서도 세교(世教) 혹은 세외교(世外教)로 도덕을 유지하지 않은 곳이 없으나 우리나라만이 홀로 도덕의 표준을 망실해버리고 말았다.[16]

---

15) 니시무라 시게키는 사쿠라 번(佐倉藩) 출신으로 처음엔 유학을, 다음으로는 난학(蘭学)·영학(英学)을 공부하고, 번정(藩政)에 참여했다. 유신 이후 1873년에 메이로쿠샤 창설에 참여했다. 같은 해 문부성(文部省)에 들어가 교과서 등을 편찬했다. 1876년에 수신학사(修身学社)를 창립하고 도덕교화 운동에 종사했다. 1886년 '일본도덕론' 강연에서 국민도덕의 확립을 제창하였다. 니시무라는 수신학사를 일본홍도회(日本弘道会)로 바꾸고 국민도덕 보급을 꾀하였다.

니시무라는 메이지 시대 일본의 지도층에게서 도덕적 근거 상실과 일반 사람들에게서 도덕적인 붕괴라고 하는 상황에 깊이 탄식한다. 그러면 유럽에서 새롭게 이입된 '윤리학'은 이 상황으로부터 일본을 구할 수 있을까? "혹은 예수교를 말하는 자가 있고 혹은 서양의 도덕학을 강(講)하는 자가 있기는 하지만, 예수교는 불교에서 힘을 다하여 배격하고, 도덕학은 제국대학 학생들의 기호(嗜好)에 머무니 모두 전국 공공의 가르침이 될 수가 없다." '서양의 도덕학'이라고 하고 있는 '유리학(ethics)'이 안고 있는 추상성을 "오직 배운 사람들의 기호"로 이루어진 때문이라는 니시무라의 비판적 언사는 날카롭고 또한 적절하다. '윤리학'에서 '전국 공공의 가르침'이 도출될 수는 없다. 왜냐하면 뒤에서 다루듯 일본 국민의 도덕적 결집의 요청에 부응하는 것이 아니고, 또한 그러한 목적에서 도입된 것도 아니기 때문이다. 그 목적에 알맞은 새로운 '도덕론'을 요청하는 것이다. 그러면 그 '도덕론'은 전통적 유교의 재흥으로 가능할까? 그러나 '옛 것을 일소하여 그 면목을 일신한다'는 유신을 경험한 메이지 시대 일본에서 전통적 유교의 단순한 재흥은 있을 수 없다. 니시무라는 스스로 새로운 '도덕론' 창출을 위한 시점, 즉 동서양의 각 교설을 절충하고 선별하기 위한 시점을 설정한다. 절충이란, 우월한 서양문화에 대해서 약간은 균형을 유지하기 위해 자기 쪽에 임시로 구성된 선별의 입장을 말한다. 그리고 이 절충적 선별에서 '일본 도덕'의 확립 목적에 부합하는 교설, 즉 '세교(현세적인 교설)'로서의 '유교'와 '서양의 철학'이, 혹은 양자의 장단점을 보정하여 통합한 교설을 채택하는 것이다. 니시무라는 여기서 얻을 수 있는 '도덕 조목'이란 다음 다섯 가지 조목으로 충분하다고 한다.

---

16) 西村茂樹『日本道徳論』(吉田雄次 校, 岩波文庫, 1935). 니시무라는 1886년 강연 초고를 이듬해 1887년에 인쇄하여 『일본도덕론』이라고 해서 정부 · 각 부처(省)를 비롯하여 식자에게 널리 배포하였다. 이에 대해 총리대신 이토 히로부미(伊藤博文)가 "신정부를 비방하는 것"이라고 강하게 항의하여, 나중에 공식적으로 간행된 것이 정정 제2판이다. 이와나미문고본은 원판을 따르고 있다. 『일본도덕론』을 둘러싼 이러한 경위는 메이지 시대 일본에서 '윤리학' 등 새로운 학술의 형성과 신문명국가의 정치 형성의 상동(相同) 관계를 알려주고 있다.

첫째, 나를 선하게 하고, 둘째, 우리 집안을 선하게 하고, 셋째, 우리 지역을 선하게 하고, 넷째, 우리나라를 선하게 하고, 다섯째, 타국 인민을 선하게 한다.

"위 다섯 조항 외에 어떤 것도 더할 게 없다"고 니시무라는 말하지만, 그러나 여기서 보여준 '도덕 조항'이란 『대학』의 '수신 · 제가 · 치국 · 평천하' 테제를 근대 국민국가 형성의 과제 아래 녹여낸 것에 불과하다. 니시무라가 말하는 동서양 '세교'의 절충이란 국민의 도덕적인 결집에 의한 국가의 강고한 확립이라고 하는 근대 일본의 국가적인 과제에 따라서 인륜 도덕(유교)을 근대적 논리와 언어(서양 철학)를 가지고 재구축하는 것이었다. '일본도덕론' 즉 일본의 '국민도덕론'은 이렇게 해서 생겨났다.

6. '윤리학'과 '국민도덕론'

'윤리학(Ethics)'에서 노출된 '윤리(ethics)' 교설이란 '이렇게 하는 것은 좋은가, 나쁜가. 옳은가, 그른가.' 하는 개인의 행위규범과 관련된 교설이다. 메이지 시대 초기 철학자들의 학설 형성에 커다란 영향을 끼친 영국 공리주의 윤리학의 후계자이며 이를 펼친 저들 메이지 시대 철학자의 동시대인이기도 했던 윤리학자 시지윅(H. Sidgwick, 1838~1900)은 '윤리학의 방법'을 "개개인이 무엇을 하지 않으면 안 되는가, 혹은 그들에게 있어 무엇이 옳은가를 결정하기 위한 어떠한 합리적인 절차"[17](『윤리학의 방법』)라고 규정하고 있다. 이때 '개인'이란 '윤리학'을 '정치학'에서 나누기 위한 지표말(指標語)이라고 한다. 이와 관련하여 시지윅은 '정치학'의 과제를 "정부가 통합하고 있는 사회의 바른 구성과 바른 공적 행위를 논정(論定)하는" 데 있다고 한다. 마찬가지로 이노우에 엔료 또한 "정치학은 한 나라의 정치 · 법률에서 행위의 규칙을 논하고, 윤리학은 한 사람 한 개인에서 행위의 규칙을 논하는 차이가 있다"[18](『윤리통론

17) 시지윅(H. Sidgwick, 1838~1900)의 『윤리학의 방법』(*The Methods of Ethics*, 1874).

』)고 '윤리학'을 '한 개인의 관계'를 논하는 점에서 '정치학'과 구별하고 있다. 서양철학 · 윤리학에 대한 뛰어난 이해자이면서 불행히 요절한 오니시 하지메(大西祝, 1864~1900)도 "윤리학은 나의 행위를 연구하는 학문이다. 도덕적 판별이란 나의 행위에 대한 판별이다"[19]라고 말했다. 이처럼 근대 시민사회 개개인의 행위규범을 놓고 근대의 학술적 담론 구분에 따라서 '윤리문제'라고 하는 고유 영역을 설정하려고 하는 '윤리학(ethics)'은, 국가적 요청에 응하여 국민의 도덕적 결합을 가능하게 하는 교설을 즉각 구성하는 학문적 성격을 당장은 가지고 있지 못했다. 그래서 국가적 요청에 의하여 국민도덕의 확립을 요구하는 니시무라 시게키(西村茂樹)는 '윤리학'을 내버려두고 유교적인 전통 교설을 근대 국민국가의 요청에 부응하는 형태로 재구성하려는 것이다. 일본 윤리학 그 자체가 이 국가적 요청에 응하는 형태로 재구성되기에 이른 것은 이 '일본도덕론'적인 반동을 거쳤기 때문이다.

그런데 '국민도덕론'이라고 하는 국민 교화의 도덕적 교설 형성은 니시무라 혼자 자각한 책무가 아니다. 당연히 그것은 제국대학의 윤리학 담당 교수가 '윤리학(ethics)'에 의한 새로운 학술 · 교육적 담론의 재편과 함께 당연히 짊어지지 않으면 안 되는 국가적인 책무였다. 1890년의 '교육칙어' 발표는 국가의 필수적인 교육 과제로서 '국민도덕' 형성을 학교 교육 체계에 부여하게 된다. '윤리학'과 '국민도덕론' 형성은 근대 일본의 강단 윤리학자가 짊어지지 않으면 안 되는 두 가지 과제가 되었다. 제국대학의 윤리학 교수들은 똑같이 한 목소리로 혹은 각기 따로 두 가지 윤리 · 도덕적 교설을 이야기하기 시작한다. '윤리학'과 '국민도덕론'이란 교설을.[20] 아울러 '윤리학(Ethics)'과 '국민도덕론'의

---

18) 井上円了 『倫理通論』(普及舎版, 1887).

19) 大西祝 『倫理学』(大西博士全集, 第二巻, 警醒社書店, 1903). 『윤리학』은 와세다대학에서 행한 오니시의 강의(1891-98)를 기초로 하고 있다. 오니시는 유럽 유학(1898) 중에 병을 얻어 귀국. 교토제국대학 문과대학의 학과편성을 위촉받으면서 병 치료 중에 사망하였다(1900).

20) 메이지 일본에 '윤리학'을 확립하는 이노우에 데쓰지로는 '교육칙어'의 국가 공인 해설자로서 『勅語衍義』(1891)를 저술하여 국민교육의 기축으로서의 '국민도덕론' 형성에 노력하였다(『国民道徳概論』 1912). 그 이래로 제국대학의 윤리학 강좌 담당자는 '국민

관계가 어떠한가는 윤리학자와 함께 사범교육 과정 학생들도 답하지 않으면 안 되는 윤리학상의 문제가 되고 있었다.[21)]

7. '윤리' 개념의 유교적 재구축

니시무라 시게키가 제창한 '일본도덕론'의 확립에 호응하듯 1888년에 유교주의적 국민(신민) 교화를 주장하는 모토다 나가자네(元田永孚, 1818~1891)[22)]

도덕론' 강의도 담당하게 된다.

21) 교토제국대학의 윤리학 강좌를 담당한 후지이 겐지로(藤井健治郎)는 『国民道徳論』(北文館, 1920)에서 '국민도덕과 윤리학의 관계'라는 장을 두어서 그 관계를 논하고 있다. 그는 생물 현상과 그 현상에 입각한 이론인 생물학이라고 하는 비유에 따라, 말하자면 도덕 현상으로서의 '국민도덕'과 그 사실과 현상에 입각한 이론 '윤리학'이라는 관계를 말하고 있다. 그러나 이 '윤리학'은 이미 '국민도덕론'을 포괄하고 통합 할 수 있는 학적 구성으로 변용되고 있다. '국민도덕론'은 '윤리학'에 포섭됨으로써 스스로의 재구성을 촉구하는 강한 계기를 맞이했다. 또한 후지이의 『국민도덕론』은 메이지 시대 말년에 이 문제를 둘러싼 학계 · 교육계의 상황을 전하고 있다. 그는 수신과 교원시험 담당 문부성 위원이었을 때 "국민도덕과 윤리학의 관계는 어떠한가"라고 하는 문제를 내고 있다. 그리고 '윤리학'과 '국민도덕론'이 대항관계에 있다는 해답자가 있다고 해서 그 해답의 입장을 이렇게 설명하고 있다. "윤리학은 서양식이며, 서양 사상 혹은 학술에 근거를 두고 있는 공리(空理)여서 우리 국민의 실천상에서는 아무런 이익이 되는 바가 없다. 그렇지만 그에 반하여 국민도덕은 멀리 우리나라 역사에서 연원하며 시종일관 직접적으로 국가 · 국민정서와 함께하는 실리여서 그대로 우리의 실천 규범이 될 수 있는 것이다"라고. 이 반(反) '윤리학'적인 '국민도덕론' 주장은 후지이도 말하고 있듯 '국민도덕론' 성립의 최초 시기부터 내포되어 있었다. 바로 '윤리학'의 재편성을 요구하는 듯한 '국민도덕론' 성립 사정을 후지이는 전하고 있는 것이다. 또한 후지이가 관여한 수신과(修身科) 교원시험 문제는 1909년의 본시험 것으로 보인다. 그 해 시험문제는 다음에서 보듯 '윤리학'과 '국민도덕론'의 혼성으로 이루어진 문제다. 이 출제 자체가 당시 윤리학을 둘러싼 문제상황을 단적으로 전하고 있다.
1. 국민도덕과 윤리학설의 관계는 어떠한가. 2. 이기주의와 이타주의를 대조하고 비평하라. 3. 유교의 중용설과 아리스토텔레스의 중용설을 비교하라. 4. 니노미야 손토쿠(二宮尊徳)의 윤리학설을 서술하라. 5. 스토아 학파의 윤리설과 에피쿠로스 학파의 윤리설이 같은 점과 다른 점은 무엇인가. 6. 우리 국민도덕에서 충효 일체의 이치를 설명하고 그 교안을 만들라. (「文部省教員検定試験 修身科問題集, 『近代倫理学大集成』附録, 中興館書店, 1918).

의 서문을 싣고 노나카 준(野中準)이 저술한 『일본도덕원론』(日本道德原論)[23]이 간행된다. 모토다는 이 글에서 "한 집안에 한 집안의 도가 있고 한 고을(鄕)에 한 고을의 도가 있으니 하물며 한 나라에서랴. 대개 나라마다 풍토가 다르고 사정이 다르니 정치 · 법률이 이미 같을 수 없다. …… 일찍이 이를 고찰함에 도덕도 또한 보통 · 특수 두 가지로 나뉜다"고 만국 공통의 '보편도덕'에 한 나라의 특수성에 입각한 '특수 도덕'을 대치시켜 말하고 있다. 이 '특수 도덕'으로서의 '일본도덕론'이란 주장은 근대 국민국가의 요청에 따른 '국민도덕론' 형성이란 니시무라의 주장에 비해서 분명히 보수적인 대항 담론으로서의 성격을 지니고 있다. 이는 단지 '서양 보편'에 대한 '일본특 수'라는 소극적인 대치일 수밖에 없다. 여기서 근대 일본의 유가 보수주의적 담론이 가지는 반동적 · 방어적인 성격이 여실히 드러나고 있다.

다만 여기서 '교육칙어'를 선점하려는 보수적인 텍스트 『일본도덕원론』을 끄집어내는 것은 '윤리(ethics)'에 대치되는 형태로 유교적인 '윤리' 개념을 재구성하고 있기 때문이다. 『일본도덕원론』은 상권을 「윤리 제일(倫理第一)」로 하고 '윤리설, 부록 3친3강(三親三綱)', '윤리의 기본, 부록 신하의 본분', '윤리의 응용' 등의 장을 두고 있다. 유교적인 국민(신민) 교화를 위한 '일본도덕론'적 텍스트가 '윤리'란 말을 가지고 장 이름을 구성하고 있는 것이다. 그것은 가까스로 근대 교과서라는 증거를 보여주는 듯하다. 하지만 그 '윤리'란 이미 'ethics'가 아니다. 『일본도덕원론』의 강술자(講述者) 노나카 준은 「윤리 제일」의 첫머리에 "한 집안(家), 한 마을(村), 한 군(郡), 한 현(県), 한 나라 안에서

---

22) 모토다 나가자네는 구마모토(熊本) 출신으로 요코이 쇼난(横井小楠)에게 사사한 메이지 시대 전기의 유학자. 메이지 유신 이후 1871년에 궁내성(宮内省)에 임용되어 궁중 고문관, 추밀고문관을 역임하였고, 메이지 천황의 시강(侍講)으로서 『유학강요』(幼学綱要)를 집필하였으며 '교육칙어'의 초안 작성을 맡아 유교주의적인 국민교화에 진력했다. 메이지 천황의 신임이 두터운, 궁중보수파의 중심인물이었다.

23) 野中準 『日本道徳原論』(物集高見 閱, 松成堂 발행, 1888). 산조 사네토미(三条実美)의 제사(題辞), 모토다 나가자네(元田永孚), 시게노 야스쓰구(重野安繹) 등의 서문을 실어 출판된 이 책은 '윤리학'에 대한 메이지 시대 한학파의 보수적 대항 도덕론이란 성격이 확고하다.

반드시 그 조합 순서를 세워 서로 친애하고 서로 화합함으로써 각기 그 삶을 편안히 할 뿐이다. 이것이 인륜의 도가 하루라도 없어서는 안 되는 까닭이다" 라고 서술한 뒤, '윤리'라는 말을 이렇게 설명한다.

> 윤(倫)이란 일본어로 훈독(和訓)하면 한 무리(ともがら), 또는 순서(ついで)라고 읽을 수 있다. 사전에서도 무리(輩也), 순서(次序也) 등으로 되어 있다. 또한 도리(道理)라고도 주를 달았으니, 전체적으로 인간사회에 각기 조합 순서를 세워 서로 화친하고 서로 지켜야 하는 도를 일컫는다. 그 서로 친밀해야 하는 도에 각기 조리가 있다. 따라서 역시 윤리라고 한다.

우리는 여기서 메이지 시대 일본에 '윤리학(ethics)'과 함께 성립된 '윤리'란 말이 유교적 전통 쪽으로 돌아서서 새로이 유교적 개념으로서 재정의되고 있음을 발견할 수 있다. 그 나름 이치에 맞는 유교적인 재해석에 의한 '윤리'란 말의 개념 구성은 그저 단순한 전통적 개념의 부활이 아니다. 그것은 '윤리(ethics)' 개념에 대항하는 새로운 '윤리(倫理, 인륜의 도)' 개념의 재구축이다. '윤리'라고 하는 어휘가 가지고 있는 전통적인 의미소(意味素)에 의한 재구축이다. 근대 한어의 구성 방식으로 말하자면 전자인 '윤리(ethics)'가 '전용(転用)'으로서의 새로운 한어임에 비해 후자인 '윤리(倫理, 인륜의 도)'는 '재생(再生)'으로서의 새로운 한어다. 여기서도 전용으로 성립하는 새로운 '윤리' 개념의 추상성을 공격하면서 전통 '윤리' 개념의 재생을 기도하는 것이다. 동일한 '윤리'란 말을 둘러싼 이 이데올로기적 대항의 드라마는 근대 한어의 조성을 통한 우월적인 유럽 문화의 번역적 이식으로서 수행되는 일본의 근대화 과정을 보여주는 드라마다. 우월적인 언어로서 성립하는 새로운 번역어 '윤리(ethics)'의 저 밑에는 재생적 부활의 시기를 기다리며 가라앉아 있는 전통어 '윤리(인륜의 도)'가 있는 것이다. 후자는 이노우에 등의 『철학자휘』가 창출한 새로운 번역어 '윤리학'에 맞추어 참조한 고어 '윤리'다.

'윤리(ethics)'에 대항하는 유가적 보수주의의 '윤리(인륜의 도)' 개념의 재생적 성립은 '윤리학(Ethics)'에 대항하는 새로운 '윤리학' 형성을 시사한다. 그 새로운 '윤리학'이란 당연히 '국민도덕론'을 포괄한 사회윤리학적 체계성을 지닌 '윤리학'다. 이미 메이지 시대 후기 사회에서 모토라 유지로(元良勇次郎, 1858~1912)가 중등교육과정에 제공한 윤리학교과서는 가족윤리부터 사회윤리, 그리고 국가윤리에 이르는 사회윤리학적인 체계성을 가지고 구성되었다. 여기서 '윤리학'은 이미 '인륜의 이치를 궁구하고 또한 그를 실행할 방법을 연구하는 학문'이라고 정의하고 있다.[24] 우리는 여기서 '인륜의 도'라고 하는 '윤리' 개념에 대응하는 새로운 '윤리학' 즉, '인륜의 이치를 궁구하는 윤리학'이 이미 성립하고 있음을 알 수 있는 것이다.

'인륜의 도'라는 '윤리' 개념의 의식적인 다시 묻기와 그 재구성을 통하여 새로운 '윤리학'의 체계적 성립을 꾀한 이가 와쓰지 데쓰로(和辻哲郎, 1889~1960)다.

8. '윤리' 개념 다시 묻기

후지이 겐지로(藤井健治郎, 1872~1931)[25]가 1931년에 급서함에 따라 교토제국대학의 윤리학 강좌 담당 교수로 승임된 와쓰지 데쓰로는 그 해에 이와나미강좌『철학』의 '윤리학' 부분을 쓴다. 와쓰지는 그 '윤리학'을 다시 구성하여『인간학으로서의 윤리학』(人間の学としての倫理学)이란 새 제목으로 1934년

---

24) 일본 아카데미즘에서 심리학의 기반을 확립한 모토라 유지로는 도쿄제국대학의 심리학 · 윤리학 · 논리학 강좌를 담당한다. 모토라는 중등교육에서 적절한 윤리학 텍스트가 없음을 알고 스스로 세이소쿠심상중학교(正則尋常中学校)에서 한 강의를 바탕으로 윤리학 교과서『중등교육윤리강화』(中等教育倫理講話) 上下 2巻(右文館 발행, 1900)을 간행하였다. 이 윤리학 텍스트는 사회윤리 · 국가윤리적 체계성을 갖춰 윤리를 체계적으로 논술하고 있다.

25) 후지이 겐지로(藤井健治郎, 1872~1931)는 도쿄제국대학 철학과에서 이노우에 데쓰지로 · 나카지마 리키조(中島力造, 1858~1918)의 지도를 받았고, 독일 유학 이후 와세다대학의 교수가 되었으며, 1913년부터 교토제국대학의 윤리학 강좌 담당교수가 되었다. 일찍이 사회윤리학적 입장을 확립하고 '국민도덕론'도 국민의 도덕적 사실의 학문으로서 윤리학에 포괄할 것을 주장하고 있었다. 위의 주 21) 참조.

에 이와나미전서(岩波全書)의 한 권으로 간행하였다.[26] 그 해에 와쓰지는 도쿄제국대학 교수(윤리학 강좌 담당)로 전임을 명 받았으므로 이 『인간학으로서의 윤리학』의 간행은 와쓰지의 "새로운 데뷔를 화려하게 장식하였다"[27]라고 전집의 해설자는 말하고 있다. 와쓰지의 주저 『윤리학』에 앞선 『인간학으로서의 윤리학』은 나중에 '와쓰지 윤리학'이라고 고유명사화되어 일컬어지는 윤리학적 체계의 성립을 예고하는 것으로서, 학문적 데뷔라고 해도 좋을 만한 책의 간행이었다. 동시에 이 『인간학으로서의 윤리학』은 이듬해인 1935년에 간행된 『풍토—인간학적 고찰』(風土—人間学的考察)[28]과 함께 와쓰지가 유럽 유학(1927~28)을 통하여 배양해온 사고의 한 부분을 언어적으로 명료하게 표현한 것이다. 그의 내부에 배양된 것이란 유럽 근대를 구성해온 사상적, 사회적 원리에 대한 강한 비판적 사고이며, 그것은 '와쓰지 윤리학' 체계화의 유력한 모티브가 되고 있었던 것이다.

와쓰지는 『인간학으로서의 윤리학』 첫머리에 "윤리학은 '윤리란 무엇인가' 하는 물음이다"라고 쓰고 있다. 이 말은 '윤리학'이라고 하는 전문적 학술의 본질을 해명하기 위한 당연한 문제 설정인 것처럼 보인다. 하지만 정말로 그러할까? '윤리학'이라고 하는 전문적 학술의 본질이 단적으로 '윤리' 개념을 물음으로써 밝혀지는 것이 당연한 일일까? 결코 그렇지 않다. 지금 와쓰지가 '윤리' 개념을 묻는다는 것은 그 다시 묻기를 추구한다는 말과 같다. 그 개념을 묻는다는 것은 자명하다고 여기는 개념을 다시 묻는 것이다. '윤리' 개념을 다

---

26) 이와나미전서는 각 학문분야의 개론 · 개설적 총서로서 간행되어 대학의 교과서 또는 일반의 교양서로서 전쟁 전 · 패전 후를 통하여 널리 읽혔다. 『人間の学としての倫理学』은 이와나미전서 가운데 가장 많은 판을 거듭한 책 중 하나일 것이다. 내가 가지고 있는 것에 의하면 1934년 초판 이래로 1975년까지 제47쇄를 헤아리고 있다.

27) 『和辻哲郎全集』 第九巻(『人間の学としての倫理学』을 수록, 岩波書店, 1962) 가네코 무사시(金子武蔵)의 해설.

28) 와쓰지는 유럽 유학에서 돌아오자마자 나중에 단행본 『풍토』에 수록되는 여러 논문을 『사상』(思想) 잡지에 발표했다. 그 첫 번째가 「풍토(風土)」(1929년 4월)이다. 『풍토』는 다원적 문화론의 입장에서 나온 최초의 문화유형학적 저작이다. 유럽 문화를 풍토적 특성을 가진 지역문화로서 유형화하는 동시에 일본문화도 고유의 문화유형으로서 만들어내고 있다.

시 묻는다는 것은 '윤리학'의 본질 해명이라기 보다는 그 재구축 작업이다. '윤리'의 다시 묻기를 통하여 구축된 것은 '인간학으로서의 윤리학'이라고 하는 새로운 '윤리학'이었다. 하지만 결론을 앞서 말하지 않겠다. 우리는 와쓰지가 '윤리' 개념과 '윤리'라고 하는 말을 어떻게 다시 묻는가를 차분히 살펴보고자 한다.

> 출발점에서 우리는 단지 '윤리란 무엇인가'라고 하는 물음 앞에 서 있다. 그런데 이 물음은 무엇을 의미하는 것일까? 이 물음이 말로 표현되어 우리들에게 공통의 물음으로서 논의될 수 있는가 하는 것이, 출발점에서는 유일하게 확실한 것이다. 우리는 윤리라고 하는 말로 표현되었던 **것**의 의미를 묻고 있다. 그리고 그 말은 우리가 만들어낸 것도 아니며, 윤리학이라고 하는 학문의 필요에 의해 생겨난 것도 아니다. 그것은 일반 언어와 마찬가지로 역사적·사회적인 삶의 표현으로서 이미 우리들 물음에 앞서 객관적으로 존재하는 것이다. 그래서 우리는 이 말을 실마리로 삼아 출발할 수 있다. 윤리라는 말은 지나[중국]인이 만들어 우리에게 전한 것이고, 그래서 말로서의 활력은 우리 사이에 의연히 살아남아 있는 것이다. 이 말의 의미는 무엇일까? 그 의미 위에 우리는 어떠한 개념을 만들 수 있을까?[29]

'윤리'라고 하는 이 말의 다시 묻기를 통해 '윤리' 개념의 재구축을 단적으로 말하는 와쓰지의 발언은 우리에게 몇 가지 중요한 문제점을 확인해주고 있다. 우선 물어야 할 대상으로서의 '윤리'라고 하는 말은 기존의 우리 생활 속에 이미 존재하는 말이라고 간주되고 있는 것이다. 여기서 와쓰지가 말하는 '우리'란, "지나인(1945년 이전에 일본 학자들이 중국인을 가리키는 말로 사용한 용어 - 옮긴이)이 만들어 우리에게 전한"이라고 하는 말투에서 보이듯, 유가적 전통을 구성하여 일본에 전한 중국인을 애매하게 그 배후에 두고 있는 현대 일본인이다. 여기서 '우리'란 근대 윤리학의 이론적 재구성을 지향하는 존재로서의 일반적인 우리가 아니다. 그것은 **중국에서 일본으로 전해진 특유의 문화**

---

29) 인용은 『人間の学としての倫理学』(岩波全書, 1971년 개정판)에 따른다.

적 · 언어적 전통을 짊어진 우리다. 와쓰지가 '윤리'의 다시 묻기의 주체로서 자각한 것은 이 동양의, 그중에서도 특히 일본의 '우리'인 것이다. 이 발상주체로서 '우리'를 명확히 한다는 일은 1930년대 전후 일본에서 유럽 근대와 그 사상원리에 대한 비판을 모티브로 삼아 일어난 철학적 담론의 특성을 밝혀 준다. 그런데 다시 묻고 있는 '윤리'가 우리 일본인의 생활 속에 이미 존재하는 말이라면 그 '윤리'란 메이지 시대 일본에서 성립한 번역어 '윤리'가 아니다. 오히려 번역어 '윤리'의 성립에서 참조된 고어 '윤리(倫理)'다. 와쓰지가 말하고 있는 그대로 "지나인이 만들어 우리에게 전한 것"이다. 그렇지만 그 '윤리'라고 하는 말은 이미 사어이지 "우리들 사이에 살아남아 있는" 말은 결코 아니었다. 그것은 새로운 번역어 '윤리'의 성립과 함께 고어로서 사전에나 남아 있는 말이다. 그러므로 와쓰지가 '윤리'라고 하는 말을 다시 물으려 한다는 것은 저 『일본도덕원론』의 저자가 했던 식으로 고어 '윤리'를 재해석하여 재생시키는 방법인 것이다. 실제로, 와쓰지가 포착하려는 것도 여기서 살펴보려 하는 해석학적인 재구성이라고 하는 방법이다. 그렇다면 와쓰지가 말하는 '윤리'의 다시 묻기 작업이란 새로운 번역어 '윤리'를 비판하면서 전통어 '윤리'의 재해석을 통하여 새로운 '윤리' 개념으로 재구성하는 작업이다. 그러나 이는 1890년대 전후 유가(儒家)보수주의적인 반동이 취했던 길과 같지 않나? 1930년대 전후 철학적 담론으로서 무엇이 다르다는 것일까? 우리는 이 물음을 불쑥 던져놓으면서 와쓰지의 '윤리'의 다시 묻기 작업을 쫓아가 보자.

9. '윤리' 개념의 해석학적 재구성

"윤리하고 하는 말은 지나인이 만들어 우리에게 전한 것이고, 그러므로 말로서의 활력은 우리 사이에 의연히 살아남아 있는 것이다"라고 와쓰지는 말하고 있다. '윤리'라는 말의 활력은 우리 현대 일본인 사이에 의연히 살아남아 있다는 것이다. 그렇지만 메이지 시대 철학자는 죽은 말 '윤리'의 전용적(転用

的) 부활로서 새로운 번역어 '윤리'를 성립시켰던 것은 아니었을까? 와쓰지가 우리 사이에 여전히 '살아남아 있다'고 착각하고 있는 '윤리'란 '윤리(ethics)'의 성립과 함께 근대 일본으로 귀환시켜 되살아나게 한 '윤리(인륜의 도)'인 것이다. 우리가 '윤리'라고 하는 말과 함께 밟아 온 근대 일본의 윤리학적 담론의 전개 과정은 그것을 분명히 하고 있다. 하지만 와쓰지는 새로운 번역어 '윤리'가 아니라 전통어 '윤리'가 일본인의 언어생활에 여전히 활력을 가지고 '살아남아 있다'고 한다. 일본인의 일상생활에서 전통언어 '윤리'의 지속적인 존립이란 해석학적 해명의 대상으로서 방법적으로 설정된 허구의 〈사실〉일 것이다. 와쓰지는 "그것은(윤리라고 하는 말은 - 옮긴이) 일반 언어와 마찬가지로 역사적 · 사회적인 삶의 표현으로서 이미 우리의 물음에 앞서 객관적으로 존재하는 것이다"라고 말한다.

와쓰지에 의해 '윤리'는 다른 말과 마찬가지로 사람들의 생활에서 현재 사용되며, 살아 있는 말이라고 이해할 수 있게 되었다. 그런데 사람들의 생활에서 어떤 말의 사용이란 사람들의 생활에서 자기이해라거나 상호이해가 그 말로 표현된다는 것이다. 예를 들면 '날이 참 덥습니다'라는 일본어 인사말에는 더운 일본의 여름 날씨에서 생활하는 사람들의 상호이해가 표현되어 있다. 어떤 말의 사용을 통하여 표현되는 사람들의 생활에서의 자기이해 · 상호이해가 그 말의 의미라고 한다면, 그 말이 사용된 방식을 해명함으로써 그 말의 의미가 분명해진다. 이러한 의미 해명을 통하여 그 말을 학문적 반성의 대상으로서 삼는 것이 와쓰지가 말하는 해석학적 방법이다.[30] 사람들이 생활 속에서 '윤리'라고 하는 말을 여전히 지속적으로 사용하고 있다면 '윤리'라고 하는 말의 사용 방식에 그 말에 의한 사람들의 자기이해 모습이, 그 말에 의한 사람

30) 딜타이로부터 배운 해석학적 방법을 와쓰지는 윤리학의 방법으로서 멋지게 마무리하고 있다. "언어 표현이 이미 실천 행위적 관련으로서의 인간 존재의 표현"이라고 하는 이해에서 그 '표현'을 통로로 삼아 인간 존재의 주체적 존립 방식이 파악된다고 한다. 사람들의 일상 생활에서 '표현'이라고 하는 '사실'을 통하여 인간 존재의 주체적인 존립 방식에 대한 반성적인 파악에 이르는 방법을 해석학적 방법이라고 와쓰지는 말한다. "해석학적 방법의 주요한 점은 직접적으로 학문적인 대상으로 삼을 수 없는 주체적인 것을 표현이란 매개를 통해 학문적인 대상으로 바꾼다는 것이다."(『倫理学』 上 「序論」)

들의 존립 방식이 표현되고 있다는 것이다. 그러면 와쓰지는 그 해석학적 방법을 가지고 어떻게 '윤리'라고 하는 말의 의미를 분명히 할까?

> 윤(倫)이라고 하는 지나어[중국어]는 원래 '나카마'(なかま, 무리 · 동료라는 의미-옮긴이)를 의미한다. …… **인륜(人倫)**이라고 하는 숙어도 종종 사람의 나카마(무리), 혹은 인류(人類)라는 뜻으로 사용한다. …… 일본어의 나카마에 '仲間'이라는 한자를 붙인 데서도 분명하듯, 나카마는 한편으론 **사람들(人)의 가운데(中)**이고 사이(間)이면서, 다른 면에서는 이러한 가운데(仲)와 사이(間)의 사람들인 것이다. 이것은 윤(倫)에서도 마찬가지여서 여기서 윤의 중대한 용법이 발전한다. 즉 부자 · 군신 · 부부가 '사람의 대륜(大倫)'(『맹자』)라고 하거나, 형제가 '천륜(天倫)'(『춘추공양전』)이라 불리는 식이다. …… 그것은 부자관계 · 군신관계이며 또한 이런 관계의 부자 · 군신인 것이다. 이러한 용법에서 인륜이 인간의 공동 상태를 의미하고 있음이 명백하다고 이야기하지 않을 수 없다.[31]

'윤'이라고 하는 말은 본래 '나카마(仲間)'를 의미한다고 와쓰지는 말한다. 그러한 점에서 이는 단지 사전적인 의미의 해명이다. 그렇지만 와쓰지는 이어서 유교 경전에서 사용하는 말의 용법을 소급하여 인용하면서 '윤' 혹은 '나카마'라는 말이 가진 진실한 의미라고 할 만한 상(相)을 숨김없이 드러내고 있다. 즉 '나카마'라는 말은 "사람의 가운데(中)이고 사이(間)이면서, 나아가 다른 측면에서는 이러한 가운데(仲)와 사이(間)에서의 사람들"인 것이라고 하는, 그것은 "부자관계 · 군신관계이면서 또한 그런 관계의 부자 · 군신"이라고 하는 유가적 '오륜(五倫)'[32]의 상황과 마찬가지라고 와쓰지는 말하는 것이다. 통상적 의미를 넘은 이러한 심화된 의미 해석에 와쓰지가 취한 해석학적 방법의 진정한 모습이 있다. 인간은 나카마라고 하는 관계성을 가지고 존립하고 있지

---

31) 和辻哲郎『人間の学としての倫理学』.

32) '오륜'에 대해서 와쓰지는 이렇게 말하고 있다. "오륜이란 다섯 종류의 공동 상태를 의미하면서 동시에 다섯 종류의 상(常), 즉 질서도 의미하고 있다. '인륜'이라는 말이 인간 공동 상태란 의미를 가지면서도 '인간의 도' 혹은 '도의'라는 뜻으로 사용되는 것은 위와 같은 사정에 의한 것이다."(『人間の学としての倫理学』)

만 동시에 인간은 그 관계성에서 즉 나카마이기에 인간인 것이라고, 와쓰지는 '윤'과 '나카마'의 의미를 해석학적으로 심화시켜 말한다. 일상어를 따르면서도 그것이 숨기고 있는 존재론적인 의미를 해명함으로써 철학적 담론을 구성하는 하이데거의 존재론적 해석학의 교묘한 수용을 여기서 찾아볼 수 있다. 말의 연금술이라 불리는 하이데거의 경우와 마찬가지로 와쓰지에게서도 말의 의미는 단지 수사를 통해 해명된다. '윤리'라고 하는 말의 사용을 생활 속의 사실이라고 말한 와쓰지의 논의의 허구적 전제에 대해서는 이미 언급하였다. 나아가 '윤'과 '나카마'란 말에 의한 인간 존재의 존립 기저에 대한 의미 해명의 해석적 심화란, 유교 경전에서 사용하는 말의 용법을 소급 인용하여 이루어지고 있는 데서도 볼 수 있듯이, 유교적 '윤리' 개념을 새로운 '윤리학'(인간학으로서의 윤리학)적 개념으로 재구성한 것에 불과하다. 또한 '윤리'라고 하는 살아 있는 말의 깊은 의미 읽어내기로 보이는 와쓰지의 해석학적 작업이란 이미 죽은 말인 '윤리'에 새로운 의미를 넣어 읽어 윤리학적 개념으로서 되살리는 작업일 수밖에 없다. 해석학적 방법, 즉 유럽과 동시대의 철학적 방법인 이 해석학적 방법이란 유교적 '윤리' 개념을 재구성함으로써 1930년대 전후 일본의 윤리학적 담론을 편성하기 위한 철학적 방법인 것이다. 그러면 '윤리' 개념은 어떻게 재구성되었는가? 『인간학으로서의 윤리학』을 통해 '윤리' 개념 재구성의 왜곡을 보자.

> 그러면 '윤리'라고 하는 말은 무엇을 의미할까. 여기에 '리(理)'라고 하는 말이 덧붙음으로써 어느 만큼 변화가 야기되고 있을까? 리란 '사리'이며 '도리'이다. 그러므로 그것이 인간 생활에 관련되었다면 리라고 하는 한 마디 말을 가지고 이미 '도의(道義)'라는 의미를 가질 수 있다. 인간의 리는 인간의 도이다. 그럼에도 불구하고 '윤'은 한편으로는 인간 공동의 상태를 의미하면서 다른 한 면에서 이러한 공동 상태의 질서, 즉 인간의 도를 의미하였다. 그러므로 '윤리'라고 하는 말에 익숙해져 있는 경우에도 여기서 어떠한 의미의 확대가 보이지 않는다. 다만 '윤'이 이미 가진 도의 뜻을 '리'로써 강조할 뿐이다. 그러므로 '윤리'는 충분히 '인륜'과 완전히 같은 의미라고 말할 수 있다. 즉 '윤리' 또한 인간 공동 상태의

> 존재 근저인 도의를 의미한다. …… 윤리란 인간 공동 상태의 존재 근저로서, 각종 공동 상태로 실현된다. 그것은 사람들의 관계의 도이고 질서이며, 그러하기 때문에 관계 그 자체가 가능해진다. 윤리란 무엇인가 하는 물음에서 묻고 있는 것은 바로 이러한 인간의 도인 것이다.

'윤리'란 개념은 '인간 공동 상태의 존재 근저인 도의', 혹은 알기 쉬운 '인간의 도'라는 말로 이렇게 다시 정의되고, 재구축된다. 그리고 중요한 것은 이 '윤리'와 함께 '인간' 개념 또한 재구축된다는 것이다. 인간이란 '세상 속의 사람', 즉 공동 상태 혹은 공동 관계를 이루면서 그 관계 속의 존재로서 재정의된 것이다. '인간' 개념의 이러한 재구축은 새로운 '인간학'으로서의 '윤리학' 형성의 모티브를 알려주고 있다. 그것은 개별적인 '사람'에 입각한 유럽의 근대적 사상원리에 대한 와쓰지의 비판적 대항 모티브이다. '윤리'의 의미를 "인간 공동 상태의 존재 근저인 도의"라고 한 뒤 와쓰지는 "이런 의미에서라면 단순히 개인적·주관적인 도덕의식을 윤리라고 하는 말로 나타내는 것은 매우 부적당하다"라면서, "우리는 위에서처럼 밀의 뜻에서 '윤리'라는 개념을 주관적 도덕의식으로부터 구별하면서 만들어낼 수 있다"고 말한다. 정말로 와쓰지에게는 '윤리(ethics)'에 대항한 '윤리' 개념의 재구성이, 그리고 그 새로운 '윤리(인륜의 이치)' 개념에 입각한 새로운 '윤리학'의 재구축이 문제였던 것이다. 즉 '윤리' 개념의 다시 묻기와 함께 질문을 던진 것은 **주관적 도덕의식**의 '윤리학(Ethics)'에 대한 **인간 공동 상태**의 '윤리학(인륜적 이치의 학문)' 재구축이란 과제다.

1890년대 전후 일본의 유가적 보수주의자는 새로운 번역어 '윤리(ethics)'에 대하여 '윤리(인륜의 도)'를 재생시켰다. 그러나 그들이 '윤리학(ethics)'에 대치시킨 것은 '일본도덕론'이었다. 그렇지만 1930년대 전후 일본의 윤리학자 와쓰지는 '윤리' 개념을 해석학적 방법을 가지고 인간 공동 상태(人倫)의 이치로 재구성하는 동시에 '윤리학'도 인간 공동 상태를 말하는 이법(理法)의 학문으로서 재구축하는 것이다. 그리고 이 인륜적 이치을 규명하는 '윤리학' 체계에서

‘국가’가 “인륜적 조직의 인륜적 조직”이라고 하는 “모든 공동체를 체계적으로 통일하는”[33] 최고의 인륜 상태로서 규정되는 한, 그 ‘윤리학’은 ‘국민도덕론’도 종합적으로 포괄하는 국가 윤리학이 된다.[34] 1930년대 전후 일본 제국대학의 윤리학 교수는 이미 두 가지 윤리학적 교설, ‘윤리학(ethics)’과 ‘국민도덕론’을 말하는 것이 아니다. 그는 하나의 국가적인 윤리학 교설, ‘윤리학’을 이야기하는 것이다.

근대 일본의 학술적 제도명 ‘윤리학’은 Ethics의 번역어로서, 유가 고전의 전통어인 ‘윤리’의 전용적 재생에 의한 새로운 한어로서 성립하였다. 새로운 번역어 ‘윤리학’의 이러한 성립 사정은 ‘윤리학’과 ‘윤리’ 개념이 근대 일본에서 따르지 않을 수 없는 운명을 예시한다. ‘윤리학’이라는 번역어는 그 표기가 짊어진 한어로서의 표의성을 억압하고, 즉 유가적 개념으로서의 의미규정을 억압하고, 단지 Ethics의 머나먼 기표(signifiant)로서 성립하려는 것이다. 그러나 그 새로운 번역어는 소멸시키기 어려운 표의성을 띤 한어로 구성되었다. 한어란 고대 일본에서 대륙문명 도입의 아득한 흔적을 남기면서 일본어 속에 쓰기 일본어를 구성하는 가장 중요한 계기로서 존재해왔다. 한어라고 하는 호칭에 타자성이란 흔적을 남기면서 일본어 속에 존재해온 것이다. 이 한어는 메이지 시대의 신일본의 출발을 맞아 이번에는 근대 유럽 문명을 도입·이식하는 언어적 매체로서 사용되었다. 새로운 타자성을 띤 새로운 한어가 메이지 시대 일본에서 대량으로 만들어지고 있었다. 이 새로운 조어로서 등장하는 한어 어

---

33) 와쓰지의 『윤리학』 중권(제3장 ‘인륜 조직’, 1942년 간행)은 가족에서부터 국가에 이르는 인륜 조직의 고찰에 해당된다. 거기에는 국가 이하의 인간 공동 상태는 사적 성격을 가진 인륜 상태라고 여기고, 국가는 자기 안에 모든 사적인 인륜 상태를 포섭하고 그것을 ‘공(公)’으로 전환하는 최고의 인륜 상태라고 여긴다.

34) ‘국민도덕론’적 과제를 포괄하는 형태로 ‘윤리학’을 재구성하고 있는 것은 윤리학사적으로 말하자면 와쓰지에서 처음 이루어진 것은 아니다. 모토라 유지로는 가족윤리로부터 사회윤리, 국가윤리에 이르는 체계성을 가지고 ‘윤리학’을 강의하고 있다(주 24) 참조). 또한 교토제국대학에서 와쓰지의 전임자였던 후지이 겐지로가 ‘윤리학’을 사회학적인 도덕적 사실의 학문으로 삼으면서 국민의 도덕적 사실의 학문으로서 ‘국민도덕론’을 포괄하고 있다(주 25) 참조).

휘의 기의(signifier)는 근대 유럽의 문명 사회다. 새로운 번역어 '윤리학'도 이렇게 전통적인 유가적 개념을 억압하고 저 머나먼 서구 문명사회를 향하면서 근대적 윤리학 담론을 가지고 신일본의 '윤리문제'를 재구성하는 과제를 안고 성립하는 것이다. 이 '윤리문제'란 당연히 근대 시민사회의 윤리적 형성과 관련된 문제였다.

그런데 이 '윤리학(ethics)'은 그 성립 당초부터 거센 반동의 바람에 맞닥뜨렸다. 국민의 도덕적인 재결집 과제에 응하지 않는 '윤리학(ethics)'에 대해 '일본도덕론'을 주장하게 된 것이다. '일본도덕론'은 도덕 전통의 재구성을 통하여 '국민도덕'을 형성해야 한다는 요청에 응하려 했다. 이 전통의 재구성은 막 태어난 새로운 번역어 '윤리(ethics)'에 대해 전통 언어 '윤리(인륜의 도)'의 재생적 부활을 수반하게 만들었다. 그것은 마치 어디까지나 새로운 한어 '윤리(倫理)'가 그 밑바닥에서 억압받는 옛 한어 '윤리(倫理)'의 복수적인 부활을 가져오는 것 같았다. 이 부활극에 동시대 세계의 철학적 방법인 해석학을 가지고 철학적 표현을 적용하고 있었던 이가 1930년대 전후 일본의 윤리학자 와쓰지 데쓰로였다. 그는 '윤리'라는 말이 일본인의 언어생활에 여전히 살아 있다면서 인간 공동 상태적인 존립의 이치, 즉 '인륜의 이치'를 '윤리'의 의미로서 읽어내고, 그 위에 '인륜적 이치의 학문'으로서 새로운 '윤리학'을 구성하고 있었다. 와쓰지가 해낸 이러한 해석학적 방법에 의한 '윤리'적 의미의 독해는 전통적 '윤리' 개념을 방법적으로 재구성한 것이었다. 그것은 옛 한어인 '윤리'가 가진 타자성의 흔적을 거슬러 올라가 그 흔적을 지우고 자기 것으로 새롭게 재구성한 개념으로서의 '윤리'였다. 와쓰지의 1930년대 전후 시대 '윤리학'은 개별적인 '사람'의 학문인 '윤리학(Ethics)'에 대한 비판적인 대항을 모티브로 삼으면서 자신의 새로운 개념 '윤리' 위에 공동 상태적인 '인간'의 학문으로서 형성된 것이다.

'윤리'라고 하는 말을 통하여 드러난 근대 일본 '윤리학'의 학문적 전환과 변경의 드라마는 대문자 '윤리학'의 드라마이기도 했다. 대문자 '윤리학'은 '윤리문제'를 자기 학문의 부차적인 산물 혹은 자기 쪽에서 만들어내지 못하는 윤리학인 것이다. '윤리학(ethics)'이든 '윤리학(인륜적 이치의 학문)'이든 모두 단적으로 근대국가 일본의 요청에 대응하여 아카데미즘에서 구성해 놓은 윤리학이다. 그것들은 '윤리문제'를 자기 쪽에서 그 해결의 교법(教法)과 함께 만들어내더라도 결코 사회의 윤리·도덕적 문제에 직면하는 일이 사실상 없었던 것이다. 이 대문자 '윤리학'에 대한 드라마의 역사적인 무대였던 한 세기가 끝나려고 하는 지금, 사회는 비로소 심각한 윤리적 문제를 '윤리학'에 들이대고 있다. 그것은 20세기에 새겨진 이 새로운 세기의 국가와 전쟁의 문제이고, 젠더를 포함한 인간의 차별에 관련된 문제이며, 뇌사와 장기이식을 둘러싼 문제이고, 유전공학에 대한 문제이며, 환경파괴와 원자력과 관련한 문제다. 인간 생존의 본질적 조건과 관련된 이러한 문제는 대문자 '윤리학'을 구성해온 틀 그 자체를 다시 묻지 않고는 대응할 수 없는 문제일 것이다. '윤리' 개념의 도입·비판·재구성이라고 하는 근대 일본의 학문적 드라마를 넘어선 윤리학의 형성은 이들 문제에 대응하는 우리의 활동 안에서 이루어질 수밖에 없다.

제5장
한자와 '국어의 사실' – 도키에다의 언어과정설 성립

일본어의 과거 및 현재를 통하여 하나의 커다란 사실이라고 하면 그것은 무엇보다도 먼저 국어가 한자한어의 영향을 절대적으로 받았다는 것입니다.

도키에다 모토키, 『국어학으로 가는 길』

1. 새로운 유학 세대의 감상

1929년 8월, 도키에다 모토키(時枝誠記, 1900~1967)는 1년 반의 유럽 유학을 마치고 귀국하였다. 그 직후인 9월에 도키에다는 우에다 가즈토시(上田万年, 1867~1937)의 뒤를 이어 하시모토 신키치(橋本進吉, 1882~1945)가 강좌 주임을 맡고 있던 도쿄제국대학의 국어학연구실 모임에서 '새로운 국어학의 제창'이라는 주제로 발표를 했다.[1] 도키에다는 유럽에서 머무르던 중에 그

1) 1929년 9월 26일자 도쿄제국대학 국어연구실 모임에서 이루어진 발표. 時枝誠記「東京大学国語研究室における談話」(『国語学への道』 수록, 三省堂, 1957).

곳에서 체험한 언어생활 등을 통하여 국어연구의 방식을 놓고 이전과는 다른 생각을 갖게 되었다고 한다. 그 생각을 도키에다는 다음과 같은 말로 정리하고 있다.

> 국어학의 문제와 방법은 애써 서양 언어학을 따를 필요는 없지 않을까? 그보다는 국어의 사실을 정면으로 마주하면서 그 속에서 문제를 찾고, 방법을 궁리해야 하지 않을까? 서양 언어학의 문제와 방법을 들여와 그로써 국어학의 규범으로 삼은 계몽시대는 이미 지나가버린 것이 아닐까?[2)]

확실히 1920년대 도키에다 세대의 유럽 유학은 그 이전 세대와는 성격이 달랐다. 그들은 이미 일본에서 1세대 유럽 유학파로부터 이미 서구 근대의 학문적 방법으로 교육을 받는 세대이다. 나중에 도키에다는 대학시절에 배운 우에다 가즈토시의 국어학 · 언어학 강의가 얼마나 참신했던지 회상하고 있다. 우에다의 강의를 통하여 도키에다는 "국어학과 언어학의 'ㄱ'자도 모르는 자신에게 국어학이라는 것이 어떻게 서구의 근대과학과 연결되는 것인지, 국어학과 언어학을 연구하기 위해 인류학과 생리학과 해부학과 음향학, 심지어 심리학과 윤리학과 철학 등의 연구가 어째서 필요한지 하는 것을 배웠다"[3)]고 한다. 도키에다는 우에다의 가르침에 따라서 구와다 요시조(桑田芳蔵, 1882~1967)의 민족심리학과 도리이 류조(鳥居竜蔵, 1870~1953)의 인류학 강의 등도 청강한 체험을 쓰고 있다. 이것은 젊은 도키에다가 대학 강의를 통해 근대과학으로서의 언어학을 그 주변 과학과 함께 기본적으로 수용하고 있었음을 의미한다. 따라서 그들에게 유럽 유학이란 저 모든 근대적 과학이 성립한 땅에, 더구나 고국 일본에서 참으로 멀리 떨어진 땅에 서서 스스로 몸에 익혀온 서구 과학에 대한 반성의 기회였을 것이다. 여기서 반성이란 스스로 몸에 익혀온 서구의 근대과학으로서의 언어학과 그것이 적용된 자신의 나라 일본이라

---

2) 위의 도키에다의 글「東京大学国語研究室における談話」.
3) 時枝誠記「東京大学国語研究室と相田万年, 橋本進吉兩先生」(『国語学への道』 수록).

고 하는 대상 사이에 관련된 것이었다. 귀국 직후 이루어진 저 국어학연구실에서의 도키에다의 발표는 이 반성에 입각한 새로운 국어학에 대한 결의 표명이었다.

유럽 근대언어학의 직수입적 수용을 통하여 형성되어온 근대 일본의 언어학·국어학과 '국어의 사실' 사이에 괴리가 있음을 도키에다는 그 유럽의 땅에서서 통절하게 자각한다. 일본의 언어학자·국어학자들은 이 괴리를 느끼지 못하고 있었다. 오히려 이 괴리로부터 눈을 돌려버리는 방식으로 그들은 언어학을, 혹은 국어학을 형성해온 것 아닐까? "과거에 우리는 국어의 사실 그 자체를 직시하는 것을 너무나도 망각해버리고 사실에서 이론을 추출하는 것이 아니라 남이 준 이론으로 사실을 규정하려고 하는 경향이 있지 않았나?"라고 도키에다는 반성적으로 말한다. '국어의 사실'에 직면하는 데서 비로소 스스로의 이론과 방법을 가진 새로운 국어학이 형성되는 것이다. 그것이 저 발표에서 보여준 도키에다의 결의였다. 그러면 도키에다가 그 직시의 요점이라 설명하는 '국어의 사실'이란 무엇인가?

2. 국어의 사실

근대 일본 언어학자와 국어학자가 직시하는 것을 회피해온 '국어의 사실'이란 한자한어가 국어에 결정적인 영향을 미치고 있다는 사실이다. 일본어라고 하는 자기 언어가 다른 언어 중국어 문자인 한자한어에 의해 결정적인 영향을 받았다는 사실이다. 도키에다는 이렇게 이야기하고 있다.

> 우리 국어학에서 무엇이 중요한 사실입니까, 그리고 무엇이 긴요한 문제입니까? 일본어의 과거 및 현재를 통하여 하나의 커다란 사실이라고 하자면 그것은 무엇보다도 먼저 국어가 절대적으로 한자한어의 영향을 받았다는 것입니다. 이것은 국어의 사실 그 자체를 허심탄회하게 보는 누구나 곧바로 느끼는 것입니

다. 일본이라는 나라가 생긴 이래로, 그것은 일반적으로 믿고 있는 시대보다도 혹은 훨씬 더 오래전부터인지도 모릅니다. 국어와 지나어[중국어]는, 국어와 극히 비슷한 조선어라고 하는 친족어와의 관계 등과는 비교도 되지 않을 정도의 관계를 유지해왔습니다. 저는 이 평범하면서도 두드러진 사실을 국어학의 중요하고 또한 흥미로운, 서양 언어학에서는 유례가 드문 문제로서 고찰해보려고 생각합니다.[4)]

언어학자로서 일본어에 관련된 사람이 직시하지 않으면 안 된다고 도키에다가 말하는 '국어의 사실'이란 "국어가 한자한어의 영향을 절대적으로 받았다"는 사실이라는 것이다. 여기서 도키에다가 한자한어에 의한 국어에의 영향을 '절대적'이라는 말을 쓰고 있음을 놓치면 안 된다. 한자한어의 유입은 국어에서는 우연이 아닌, 절대적인 것이라고 도키에다는 말하고 있다. 영향이 절대적이라는 것은 다음과 같다. "우리 국어의 요소 가운데 완전히 별도 계통의 언어 요소가 들어와, 그것이 단순한 외래어의 침입이라고 하는 정도가 아니라 상당히 중요한 국어의 본질적 부분까지 흔들어놓았기 때문일 것이라고 생각됩니다." 한자한어의 영향이 국어에 있어 절대적이라는 것은 한자한어가 국어의 언어적인 구성의 본질적인 부분까지 동요시켰다는 데 있다. 그 영향은 '외래어의 침입' 정도가 아니라고 도키에다가 말하는 것은 많은 국어학자들이 한자한어의 영향을 그 정도로밖에 인식하지 않음을 의미한다.

국어에서 한어가 차지하고 있는 위치와 양의 중대함을 말하면서 일찍이 한어문제를 학문적으로 고찰하여 『국어 속의 한어 연구』라고 하는 저서로 정리한 야마다 요시오도 스스로의 연구 관심을 이렇게 기록하였다.[5)] '한어가 어떻게 우리 국어에 침입하였고 어느 방면에서 이입되었으며 어느 시대부터 들어오기 시작하였고, 국어에서 어떠한 위치를 차지하며, 국어에 어떠한 힘을 미

4) 앞의 時枝誠記 「談話」
5) 야마다 요시오의 한어 연구에 대해서는 이 책 제1장을 참고하기 바란다. 또한 『国語の中に於ける漢語の研究』(宝文館, 1940)에 정리된 야마다의 한어 연구는 도호쿠제국대학(東北帝国大学)에서 1931년도에 강의한 것이라고 한다(위 책의 '서문').

쳤는가'[6]를 검토하는 데 있다고. 그러나 야마다가 국어에서 한어의 지위와 양의 크기를 어느 정도 인식하고 있다 해도, 그것은 어디까지나 외래적인 침입자로서의 한어에 대해서다. 그는 한어가 국어의 본질적인 부분에까지 영향을 주었다고는 결코 인식하지 않았다. 일반적으로 국어학자는 한어에 대해 야마다 만큼의 인식조차 가지고 있지 않았을 것이다. 국어학자는 한자한어에 대한 문제 관심을 억압하여 일본어에 대해서 일국 언어적인 언어 인식을 구성하고 있었다고 해도 좋을 정도이다. 그렇다면 국어에서 한자한어의 영향이 절대적임을 말하는 도키에다는 이 시대에 국어에 대한 인식에서 예외적인 사람이다.

그렇다면 도키에다는 한자한어의 영향이 국어에서 어떻게 절대적이며 본질적이라고 하는 것일까? 1929년 9월에 실시된 이 발표에서 도키에다는 "마나가나(真仮名, 한자)에서 히라가나(平仮名), 가타카나(片仮名)가 창작되었고, 한자의 구성법에 준하여 일본어 고유글자(和字)가 만들어진다고 하는 식의 사실"에서 "한자한어가 어떻게 우세하게 우리 국어 속에 침입해왔는가를 안다"는 것 이상을 말하지 않았다. 아마도 도키에다는 한자한어의 영향이 일본어의 표기법부터 통사법[구문과 문법]적 질서 구성에까지 미쳤음을 통찰하고 그 영향이 절대적이라고 하는 듯하다. 나중에 서술하겠지만 언어과정설이라는, 국어학의 새로운 이론적 입장을 확립한 도키에다는 한자를 사용하여 일본어를 표현한다는 기능이 가나를 만들어냈고, 심지어 일본어 표기에서 한자와 가나의 나눠쓰기를 만들어 냈다는 점에 가장 주의를 기울이고 있었다. 한자와 가나의 나눠 쓰기라는 표기질서의 성립은 문자의 사용법이란 레벨을 넘어서서 일본어의 통사법상의 문제, 일본어 자체가 갖는 문장(文)의 구성 질서와 관련된 문제를 제기하는 것이었다.[7]

국어에서 한자한어의 절대적인 영향을 말하는 도키에다는 그 국어의 사실에 입각한 새로운 국어학이 필요하다고 말한다. 서양 언어학으로 구성된 종래의 국어학은 이 국어의 사실 앞에서 방법적으로 무력하다고 도키에다는 말하

6) 山田孝雄『国語の中に於ける漢語の研究』(宝文館, 1940년 초판. 1958년 정정판).
7)『国語学原論』第二篇「各論」二「文字論」(岩波書店, 1941).

는 것이다. 왜냐하면 서양 언어학은 "늘 유사성, 친근성을 탐구하여 법칙화하면서 하나의 학문 체계를 만들어왔"기 때문이다. 이에 반하여 도키에다 등의 국어학자는 "일본어와 지나어라고 하는, 서로 다른 계통의 언어 접촉이라고 하는 사실"을 직면하지 않으면 안 되었다. 일본어와 중국어라고 하는 완전히 다른 계통의 언어 접촉이라고 하는 국어의 사실은 서양 언어학의 직수입으로 구성하지 않는 새로운 국어학을 요청한다고 도키에다는 말한다. 자기 언어의 성립에 깊이 관련된 타언어(他言語) 문자라고 하는 타자성을 정면으로 마주하는 데서 새로운 국어학이 태어나지 않으면 안 된다는 것이다.

3. 새로운 국어학을 향한 포부와 좌절

도키에다는 도쿄제국대학의 국어학연구실 모임에서 새로운 국어학을 형성하겠다는 결의를 표명한 뒤, 경성제국대학 국어학연구실로 복귀한다. 그는 스스로 표명한 저 결의에 따라서 1930년도의 신학기 강의제목으로 '한자한어의 수입에 기초한 국어학의 제 문제'를 내건 것이다. 그 강의안은 서론과 본론 3편으로 이루어졌다. 서론에서 도키에다가 서술하려고 한 것은 다음과 같은 문제다.

> 1. 본 문제 연구의 의의 1. 언어의 분류와 일본 · 중국 두 나라 언어의 분류상 위치 1. 일본 · 중국 두 나라 국어의 특질과 그 접촉의 의의 1. 일본 · 중국 교류사 : 가. 한자한어의 전래. 나. 서적의 전래와 한자한어 학습. 1. 일본 한문학사와 본 문제의 관계 1. 국어학과 본 문제의 관계 1. 국어사와 본 문제의 관계[8)]

서론 내용을 보더라도 이 과제에 걸었던 도키에다의 의욕을 알 수 있다. 이 서론에 이어서 본론 3편의 표제만 꼽아보면 제1편은 '국어학에 끼친 영향', 제

8) 時枝誠記「漢字漢語の摂取に基づく国語上の諸問題」(『国語学への道』 수록).

2편은 '국어에 끼친 영향', 그리고 제3편은 '국어 정책에서 본 한자한어'로 되어 있다. 도키에다는 이 강의안에서 보여준 자기 연구의 이론적 근거에 대해 "국어학의 방법 및 문제를, 서양 언어학을 벗어나서 국어 자체의 현상 속에서 구하는 것은 …… 언어학이 입각한 진정한 과학적 정신에 충실한 것"이라고 한다. 국어의 현상에 밀착하고 그것을 주시함으로써 국어학은 진정한 언어학으로서 다시 태어난다는 것이다. 그리고 국어의 현상에 대한 주시를 바탕으로 "과학적이라고 하기에는 아직 미완성인 메이지 시대 이전의 국어연구와, 오늘 이후 국어학의 출발점으로 삼는 근거를 이론화하는" 것이라고 도키에다는 말한다. 저 한자한어에 대한 국어의 사실이란 흔적을 밝히는 관점에서 역사 속에서 거듭되어온 국어에 대한 언어적인 자각을 다시 읽음으로써, 국어학사는 새로운 국어학의 형성을 이끌어내는 출발점이 되는 연구라는 정당한 이론적 근거를 갖게 된다는 것이다.

1930년도 신학기부터 이 커다란 포부를 가지고 시작한 강의는 그러나 이듬해 1931년도까지 계속되다가 중단해버렸다. 중단한 이유에 대해 도키에다는 "첫째 이 문제가 극히 곤란했다는 것, 둘째 …… 나로서는 먼저 해결하지 않으면 안 되는 언어의 본질에 관한 문제가 남아있기 때문에"[9]라고 하고 있다. 국어에서 한자한어의 존재를 국어의 본질적인 의미를 가진 사실로 파악하면서 이 '국어의 사실'을 직시하여 새로운 국어학을 형성하겠다는 커다란 포부를 가지고 시작한 도키에다의 작업은 훗날 『국어학사』로 집대성되는 국어학사 분야의 몇몇 논문을 남기고 좌절되었다고 할 수 있다.[10] 좌절된 것은, 역사 속에서 '국어의 사실'에 대한 언어적 자각을 추적함으로써 형성하려고 한, 새로운 국어학으로 가는 길이었다. 도키에다가 좌절의 이유로 꼽은 저

9) 위와 같음.

10) 도키에다의 『국어학사』는 1940년에 이와나미서점에서 간행되었는데, 이 강의를 중단하게 된 시기까지 쓴 국어학사와 관련된 문제를 다룬 논문으로는 「鈴木朖の国語学史上に於ける位置」 (1927), 「本居宣長及び富士谷成章のてにをは研究に就いて」 (1928), 「古典註釈に現れた語学的方法　特に万葉集仙覚抄に於ける」 (1931), 「万葉用字法の体系的組織に就いて」 (1932), 「契沖の文献学の発展と仮名遣説の成長及びその交渉について」 (1932). 「国語学史」 (1932). 「著述目録」 (『国語学史』 수록)에 따름.

두 가지는 강의 혹은 연구계획 중단의 이면을 가르쳐주고 있다. 기대한 연구계획을 계속하는 것이 곤란하다는 도키에다의 자각은 '언어의 본질'이란 문제가 미해결이라는 자각과 동시적으로 생겨나고 있는 것이다. 방향을 돌리지 않으면 안 되었다. '언어의 본질'이란 문제의 해결을 통하여 새로운 국어학에 이르는 길로.

도키에다에게 미해결임을 자각하게 했던 '언어의 본질'이란 문제는 그가 일찍이 도쿄제국대학 국문학과 재학 중에 이미 해명하고자 뜻을 품었던 문제였다. 도키에다는 나중에 간토대지진 이후 부흥의 기운 속에서 그가 '언어의 본질'이란 문제를 규명할 뜻을 품고 있었음을 회고하며 말하고 있었다. 이 말은 1920년대 초, 유럽의 제1차 세계대전 이후 일본의 분위기를 젊은 국어학도의 입으로 이야기하는 것이기에 흥미롭다. 도키에다가 도쿄제국대학 국문과에 재학하던 때는 1922년부터 1925년에 이르는 시기로서, "이 시대는 바야흐로 대전 이후 유럽에서 벌어진 국민적 자각 운동이 이 일본에도 밀어닥쳐 국어학과 국문학 재흥의 태동이 확연히 느껴지는 때였다"고 도키에다는 말한다.

> 당연하게도 도쿄를 중심으로 한 1923년 9월의 대지진은 상당한 양의 학문적 보고를 물거품으로 만들었으나 부흥의 소리에 힘을 되찾은 것은 단지 도시 재건 계획과 고층 건물 설계만이 아니었다. 『교본 만요슈』(校本萬葉集)가 타다 남은 교정쇄를 가지고 간행되었다는 이야기, 고전보존회가 귀중한 옛 전적의 영인작업에 더욱 힘을 다할 것이란 이야기, 『국어와 국문학』이 이 분야의 전문잡지로서 최초로 탄생하였다는 이야기에 당시 학생이었던 우리들은 커다란 자극을 받지 않을 수 없었다. …… 모든 것이 소생(蘇生)하는 기운 속에서 나 또한 일체의 말초적 연구를 버리고 학문상의 근본 문제에 대한 사색으로 내달렸다. 그것은 국어연구의 근본에 가로놓인 '언어의 본질은 무엇인가'란 문제였다.11)

도키에다라고 하는 한 근대 국어학자가 새로운 국어학을 형성하겠다는 뜻을 세우는 과정을, 그 배경에 있는 시대적 분위기와 함께 전하는 귀중한 문장

11) 앞의 『国語学史』 1940년 4월 날짜를 붙인 '머리말'에 있는 회상이다.

이다. 동시에 이 문장은 도키에다에게 '언어의 본질은 무엇인가'라는 질문이 '국어연구의 근본'에서 찾아내고 추구해야 하는 문제임을 알려주고 있다. 1932년, 경성제국대학에서 국어학 강좌를 담당하던 도키에다는 학생시절에 품었던 '언어의 본질은 무엇인가'라는 문제를 한 번 더, 이번에는 자신이 해결해야 하는 긴급한 과제로서 상기해낸 것이다.

4. '언어과정설'의 성립

1932년에 경성제국대학 국어학교실에서 도키에다가 떠올린 '언어의 본질'을 둘러싼 문제란 그가 국어학자로서 하나의 중요한 연구 과정을 거친 시점에서 스스로에게 다시 제기한 문제다. 그런 의미에서 학생시대에 품었던 문제를 단순히 상기해낸 것이 아니다. 도키에다에게서 국어학자로서의 중요한 연구 과정이란 이미 살펴보았듯이 국어에서 한자한어의 존재를 결정적인 '국어의 사실'이라고 보는 데서 시작된 국어학 형성을 향한 작업 과정이다. '언어의 본질은 무엇인가'란 질문은 그 작업을 중단해야만 하는 사정 속에서 도키에다에게 다시 제기된 문제다. 그렇다면 '언어의 본질은 무엇인가'에 답하는 것은 '**국어의 사실**'을 정면으로 마주하는 데서 시작한 국어사적인 연구 작업을 언어본질론적인 근저에서부터 다시 파악하면서 새로운 국어학으로 가는 길을 새롭게 다시 한 번 나아가지 않으면 안 되는 작업이었다.

도키에다는 1937년에 「심(心)적 과정으로서의 언어본질관」이라고 하는 논문을 『문학』지에 발표했다. 그것은 '언어의 본질은 무엇인가'란 물음에 도키에다가 '언어과정설'이란 대답으로 나아가고 있음을 처음으로 알린 논문이었다. 도키에다 국어학 형성 작업이 이 논문 발표로 시작되었음을 그는 "마침내 저수지 둑이 터지고 말았다. 나는 감히 이 격류를 헤엄치는 외에는 살 방법이 없음을 이미 자각하였다"[12]고 비장한 언어로 말하고 있다. 혹은 "죽음을 각오

12) 時枝誠記「言語観についての宿題と『国語学原論』の成立」(『国語学への道』 수록).

하며 채비를 갖추고 사자처럼 분투하는 모습"이라는 지나치게 비장한 정서를 담은 말로 도키에다는 『국어학원론』(1942년 간행)의 성립을 향하여 분투하는 자신의 모습을 수식하고 있다. 그러나 도키에다는 무엇 때문에 이렇게나 비장한 것일까. 그의 국어학 형성이 원군을 찾아볼 수 없는 고립된 싸움의 길이었기 때문일까?

도키에다는 지금 "언어의 본질을 하나의 심적 과정"[13]으로서 이해하려고 한다. 언어 주체의 표현의식을 전제로 한 언어적 표현과정에 언어의 본질이 있다는 것이다. 그것이 도키에다의 '언어과정설'이다. 그런데 도키에다의 언어과정설은 널리 알려져 있는 것처럼, 소쉬르(F. de Saussure, 1857~1913) 비판을 통해 구성되었다. 소쉬르의 『일반언어학강의』(1916)를 고바야시 히데오(小林英夫, 1903~1978)가 『소쉬르의 언어학원론』이란 제목으로 다른 나라에 앞서 번역·출판한 것이 1928년이다. 경성제국대학의 동료인 고바야시를 통하여 도키에다는 일찍이 소쉬르 언어학을 알게 된다. 하지만 도키에다에게 소쉬르는 자기의 언어학적인 이해의 성립을 위한 부정적인 매개다. 유럽 언어학의 직수입에 기댄 기존의 국어학에 비판적인 도키에다는 당초부터 고바야시가 새로이 소개한 소쉬르 언어학에 비판적이었다. 「심적 과정으로서의 언어본질관」에서 도키에다는 이렇게 서술하면서 그의 이론을 시작한다. "이하 서술하는 것은 국어에 대한 나의 실증적 연구에서 얻은 언어 이론을, 먼저 소쉬르의 언어이론에 비추어 나의 테제에 대한 안티테제로서 소쉬르의 언어이론을 서술함으로써 나의 생각을 구축해본 것이다." 도키에다에게 소쉬르의 언어이론이란 테제로서의 도키에다 언어이론 성립의 전제가 되는 안티테제다. 도키에다의 언어과정설은 소쉬르 언어이론을 언어 구성설로서, 즉 자신의 안티테제로서 구성함으로써 비로소 성립하는 것이다.

---

13) 도키에다의 「心的過程としての言語本質観」(『文字』 1937년 6·7월 수록)은 『언어본질론』(言語本質論), 岩波書店, 1973에 수록되어 있다. 이 글에서 인용한 것은 이 책에 수록된 것에 따르고 있다. 이 글은 『국어학원론』의 골자를 이루는 것이라고 여겨지고 있다.

5. 소쉬르와 부정적 언어상

오늘날 소쉬르 원자료의 발견과 그 해독을 통하여 기존의 소쉬르에 대한 해체적인 다시읽기 작업이 이루어지면서 이미 우리가 만들어놓은 소쉬르로부터 출발한 20세기 언어론적 계보의 다시 읽기가 필요해졌다. 그렇지만 이중, 혹은 삼중의 오독 위에 만들어진 도키에다의 비판적 소쉬르 상(像)의 진위를 새로이 가리는 것은 여기서 해야 할 과제가 아니다. 오히려 여기서는 도키에다의 비판적 · 부정적인 소쉬르 상이 어떻게 만들어졌고, 그 부정적인 상을 재구성함으로써 도키에다가 어떻게 자신의 언어론을 말하고 있었는가를 밝힐 필요가 있다. 역사적으로 어쩔 수 없는, 혹은 의도적이기도 한 거듭된 오독 위에서 도키에다는 언어론적으로 무엇을 도출해내고 있었는가.

도키에다의 '언어' 개념은 소쉬르의 '랑그(langue)' 개념을 비판적으로 재구성한 것임을 우선 말해 두고자 한다. 거의 의도적이다시피 오독한 소쉬르의 '랑그' 개념 위에, 도키에다의 부정적인 언어상(像)이 재구성된 것이다. 소쉬르가 말하는 랑그는, 말(언어)로 대표되는 기호로 이루어지는 인간의 기호(symbol)화된 모든 활동을 의미하는 랑가주(langage)와는 분명히 구별된다. 랑그란 이 랑가주로서의 인간의 언어기호적 활동이 개별 사회에서 일정한 언어로서 실현되어 있는 것이며, 랑그에 '언어'란 말이 해당되는 것은 그러한 범위 내에서다. 마루야마 게이자부로(丸山圭三郎, 1933~1993)는 랑가주와 구별되는 소쉬르의 랑그를 개별 언어공동체에서 사용하는 다종 다양한 '국어체(国語体)'라고 말하고 있다.[14] 소쉬르의 『강의』를 일본어로 처음 번역한 고바야시 히데오는 랑그를 '언어', 랑가주를 '언어활동'이라 번역했다. 고바야시의 이 번역에 따라서 소쉬르를 읽은 도키에다는 랑가주에 대한 랑그를 다음과 같이 이해했다. 언어(랑그)란 소쉬르가 인간의 언어활동(랑가주)에서 인식 대상으로서 떼어낸 "그 스스로 일체가 될 수 있는 단위 요소"라고 본 것이다. 이렇게 이해함으로써 언어(랑그)는 도키에다에 의한 소쉬르 비판의 핵을 이루는 부정적인 '언어' 개

14) 丸山圭三郎『ソシュールの思想』(岩波書店, 1981).

념으로서 구성되는 것이다. 도키에다에게 '그 스스로 일체가 될 수 있는 단위요소'라고 하는 언어(랑그) 개념의 해석적 재구성을 수반한 소쉬르의 문장을 고바야시의 번역에 따라 살펴보자.

> 언어(랑그)란 무엇인가. 우리들에 따르면 그것은 언어활동(랑가주)과는 별개의 존재(物)다. 그것은 후자의 어느 일정 부분에 불과하다. 더욱 본질적인 부분이지만. 그것은 언어활동 능력의 사회적 소산이며, 동시에 이 능력 행사를 개인에게 허용할 수 있도록 사회단체가 채용할 만한, 필요한 제약의 총체이다. 언어활동(랑가주)은 전체로서 보자면 다양하며 혼질적(混質的)이다. …… 그것은 인간적 현상의 어떠한 부류로도 거두어들일 수 없다. 그 단위를 끌어낼 방법을 모르기 때문이다.[15]

언어(랑그)와는 다른, 이렇게나 다양하고 혼질적인 언어활동의 모습을 바탕삼아 소쉬르는 "그에 반하여 언어는 그 자신이 일체이며, 분류원리를 이룬다"고 하는 것이다. "언어는 그 자신이 일체이다"란 말은 언어활동(랑가주)에서 구별되는 부분에서의 언어(랑그)의 특질부여다. 도키에다는, 이 구별이 혼질적인 '언어활동'에서 '언어'의 떼어내기이며, 소쉬르가 '언어' 개념을 이렇게 언어학적인 인식 대상으로서 일체적으로 성립시켰다고 한다. 나아가 당시의 제한적인 소쉬르 이해에 결정적인 오독을 더하여 도키에다는 일체적인 '단위요소'로서의 소쉬르 '언어' 개념을 재구성하게 된다. "언어기호는 사물과 이름을 연결하는 것이 아닌, 개념과 청각영상을 결합하는 것이다." "언어기호는 양면성을 가진 심적 실재체(心的実在体)다. …… 이 두 가지 요소(개념과 청각영상)는 단단히 서로 연결되고 서로 호응한다." "우리는 개념과 청각영상의 결합을 기호(signe)라고 부른다."[16] 여기에서 인용한 고바야시 번역에 의해서도

15) 고바야시에 의한 소쉬르 번역 인용은 『言語学原論』(岡書院, 1928)에 의해 써야 하겠지만 지금 여기서 참조할 방법이 없으므로 어쩔 수 없이 도키에다가 인용한 내용을 확인하면서 개정판본 『言語学原論』(岩波書店, 1940)에 따랐다. 도키에다는 『국어학원론』에서 후자도 참조하고 있다.

16) 小林英夫『言語学原論』第一篇 · 第一章「言語記号の性質」.

알 수 있듯이 소쉬르가 말하는 '개념과 청각영상'의 결합은 언어기호(signe)에 관해서였지 언어(랑그)에 관해서가 아니다. 이미 서술한 것처럼 소쉬르는 언어기호에 의해 기호(symbol)화된 인간 활동을 언어활동(랑가주)이라고 하였으나, 그 언어기호의 특질을 개념과 청각영상이 동전의 양면처럼 일체적 결합관계에 있다고 파악하고 있는 것이다. 소쉬르는 이 개념과 청각영상을 시니피에(signifié)와 시니피앙(signifiant)의 표리일체적 관계로서 다시 파악한다. 그런데 이미 뒤에서 『일반언어학 강의』의 편집자가 개념과 청각영상의 결합관계로서의 언어기호(시뉴)를 언어(랑그)와 혼동해서 표기하고 있는데[17] 도키에다는 이 혼동을 의도적으로 받아들여, 개념과 청각영상의 결합으로 이루어진 일체적인 단위라고 소쉬르가 '언어' 개념을 정의하였다고 재구성한 것이다. 이렇게 해서 '그 스스로 일체가 되어야 할 단위요소'라고 하는 언어상(像)이, 부정해야만 하는 소쉬르의 구성주의적 언어상으로서 도키에다에게 존재하게 되는 것이다.

지금 나는 도키에다의 이해에 따라서 소쉬르의 부정적인 언어상의 재구성 과정을 살펴보았다. 도키에다로 하여금 이 소쉬르의 부정적인 언어상의 재구성을 촉구하고 있는 것은 앞서 살펴본, 새로운 국어학을 형성하려는 젊은 도키에다의 의욕이다. 새로운 국어학을 형성하고자 하는 도키에다의 의욕은 근대 유럽 언어학의 직접적인 영향 아래 성립된 기존의 근대 국어학에 대한 비판에서 출발하고 있다. 구성주의적인 언어관이란 도키에다의 이러한 비판적 시선이 찾아낸 부정적 언어관이다. 도키에다는 소쉬르가 언어활동 분석에서 '그 스스로 일체가 되어야 하는 단위요소'를 찾았고, 찾은 것은 그러한 일체적인 단위로서의 '언어'라고 서술한 뒤, "이 의도는 고찰하기 이전에 이미 대상이 자연과학적으로 구성되었다는 관점으로 언어대상에 임하고 있음을 보여주는 것이다"라고 한다. 자연과학적인 구성관이 소쉬르 언어학을 관통한다는 것이다.[18] 그리고 이 구성주의적인 언어관의 파탄은 구성적 단위로서 요구된 '언

17) 丸山圭三郎『ソシュールを読む』第二講「『講義』と原資料」(岩波書店, 1983).
18) 소쉬르의 구성주의적인 언어관에 대한 도키에다의 비판은『国語学原論』에서는 한층

어' 개념 그 자체에 이미 잉태되어 있다고 도키에다는 말하는 것이다.

6. '구성'에서 '과정'으로

개념과 청각영상의 연합으로 이루어진 단위적 '언어'를 분석적으로 뽑아낸다고 간주된 소쉬르의 구성주의적인 언어관의 비판적 해체를 통하여, 도키에다는 개념에서 청각영상으로 가는 계기적인 심적 과정으로 이루어진 과정적 언어관을 도출하고 있다. 도키에다가 소쉬르에 관해서 스스로 재구성한 부정적 언어상을 이번에는 스스로 해체하면서 자신의 언어상을 재구성하고 있는 것이다. "소쉬르도 말한 것처럼 이 '언어'라는 것은 개념과 청각영상이 밀접하게 결합되어 있어서 서로 환기(喚起)하고 합쳐지는 것이다. …… 만일 서로 환기하고 합쳐지는 것이라면 그것은 밀접하게 결합된 것이 아니라 개념과 청각영상이 계기적 과정으로서 결합되어 있다고 생각하지 않으면 안 된다."[19] 개념과 청각영상의 결합으로서 소쉬르의 '언어' 개념을 재구성하는 도키에다는, 그 재구성과 동시에 이 '언어' 개념을 때려부수고, 개념으로부터 청각영상으로 가는 계기적인 심적 과정으로서의 '언어' 개념을 도출하고 있는 것이다. 안티테제로서의 소쉬르 · 언어 구성관에서 테제로서의 도키에다 · 언어과정설은 이렇게 해서 도출되었다.

그런데 소쉬르의 '언어(랑그)' 개념에서 언어과정설을 해체적으로 도출한 도키에다에게는 소쉬르의 '언어(랑그)'와 '말(파롤, parole)'의 상호 '균형'적 관계

명확해졌다. "소쉬르는 언어 대상의 분석에 먼저 이것을 구성적인 것이라고 생각하고, 언어보다 그 구성단위 추출을 시도하였다"고 하고, "개념과 청각영상의 연합을 가지고 정신적 실체라고 하고, 이를 그 자신이 한 덩어리인 언어단위라고 생각하여 '언어(랑그)'라고 이름 붙였다"(第一篇「総論」七「言語構成観より言語過程観へ」)고 한다.

19) 時枝誠記「心的過程としての言語本質観」. 또한 이 논문은 거의 그대로의 모습으로『국어학원론』의 '총론'에서 소쉬르 언어이론 비판에서 언어과정설의 성립을 말하는 각 장을 구성하고 있다.

는 당연히 의미를 갖지 않게 된다. 지금 고바야시의 번역에 따라 소쉬르의 '언어(랑그)'와 '말(파롤)'의 상호 '균형'적 관계를 살펴보자. 소쉬르는 "이 두 가지 대상은 긴밀히 서로 연결되며, 서로 다른 쪽을 예정한다. 말이 사람에게 이해되고 완전히 효과를 거두려면 언어가 필요하다. 그러나 언어가 성립하기 위해서는 말이 필요하다. …… 그러므로 언어와 말은 균형을 이룬 관계이다. 전자는 후자의 도구이고 동시에 그 소산이다"[20]라고 한다. 혹은 고바야시는 소쉬르에 의해 "언어는 잠재된 말이며, 말은 언어의 실현이다"[21]라고 한다. 도키에다는 이미 소쉬르의 '언어(랑그)' 개념을 부정적인 매개로 삼아 언어주체의 언어의식을 전제로 한 표현과정으로 언어의 본질을 파악하려고 했다. 그는 고바야시의 번역을 통하여 획득한 소쉬르의 '언어(랑그)'와 '말(파롤)'의 상호적 관계에 대한 설명으로 자기의 언어관을 한층 확신하게 되었다. 이로써 언어과정설이라는 말을 도키에다가 부여받을 수 있었다.

> 언어과정을 가지고 언어의 본질이라고 생각할 때, '말(파롤)'로써, 말의 주체에 의한 '언어(랑그)'의 실현이라고 하는 생각은 정정해야만 한다. '언어(랑그)'는 언어 활동의 계기적 과정 속에 자리를 차지한 곳의 한 과정이라고 할 수 있다. 그리고 언어 활동에서 개념과 합쳐진 청각영상은 곧바로 운동성 언어중추로 전달되고, 발음행위가 된다. 내가 …… 언어표현은 한정적인 것이지만 비한정적 표현이라고 일컫는 것은 위의 과정에도 해당하는 것이었으며 표현대상인 구체적 사물은 개념과정을 거쳐 여기서 비한정적인 것이 되고, 다시 발음행위로 옮겨졌을 때 음성은 완전히 사상내용과 분리되어 외부로 표출된다. …… 언어는 한정적인 개체를 비한정적으로 표현하는 과정이라고 일컫는 것은 언어의 본질적인 성격이다.[22]

---

20) 小林英夫『言語学原論』第四章「言語の言語学と言の言語学」. 물론 이것은 소쉬르가 사망한 뒤 편집된『강의』에서의 인용이다.

21) 時枝誠記「心的過程としての言語本質観」에 인용되어 있는 고바야시 히데오의「문법의 원리」속의 말.

22) 時枝誠記「心的過程としての言語本質観」.

여기서 도키에다는 언어란 한정적인 개체를 비한정적으로 표현하는 과정이라고, 소쉬르 비판을 빌리면서 자신의 언어과정설을 분절화(分節化)하고 있다. 도키에다는 또한 "'말(파롤)'의 사상 표현이 개별적 경험의 비한정적 개념적 표현이라고 말했던 것은 언어활동의 본질적 성질이다"라고도 한다. 여기서 도키에다가 한정적인 개체의 비한정적인 표현과정이 그 본질이라 여기는 '언어'란, 개념과 청각영상과의 결합으로 이루어진 구성적 단위개념인 '언어(랑그)'를 해체함으로써 도키에다가 도출해낸 개념에서 청각영상으로 표현하는 과정으로서의 '언어'에 불과하다. 언어의 본질로서의 언어적 표현과정을, 도키에다는 '구체적 사물(표상) → 개념 → 청각영상 → 음성'이라는 화자의 수행과정으로 도식화하여 제시하였다. 이 수행과정이란 화자의 개인적 경험인 개별적 표상이 음성(문자)을 매개로 하여 개념적 언어로 표출된 것으로, 일반적인 말이 이루어지는 과정이다.[23] 도키에다의 언어과정을 이렇게 풀이한다면 도키에다의 언어과정설이란 소쉬르가 '언어(랑그)'와 '말(파롤)'이라는 두 가지 언어적 계기의 상호규정적인 구조관계에서 인간의 실제적인 언어 —**우리의 말**— 가 성립한다고 보는 언어 이해를, 언어주체로부터 표출되는 일련의 평면적 언어표현과정으로 해체하여 재구성한 것이라고 할 수 있다. 그러나 소쉬르 언어론을 통한 도키에다 언어과정설의 재구축은 뭔가를 묻지 않고 뭔가를 보이지 않는 형태로 만들었다. 도키에다 언어과정설에서 물을 수 없었던 뭔가는 왜 인간의 실제적인 언어가 **우리의** 라는 한정을 수반한 말이 되는가라는 것이었다.

---

23) 도키에다는 관념화된 표출과정에 대해서 이렇게 말하고 있었다. "말은 그 표출과정에서 개념화 과정을 거친다. 나는 이렇게 표출과정의 형식을 가진 것을 개념어라고 이름붙인다. 개념화라고 일컫는 것은 모든 사실을 객체화하는 것이어서, 예를 들면 자기의 감정과 정서조차도 이 과정에 의해 객관화되고 대상화되었다." (앞의 「心的過程としての言語本質観」).

7. 주체 – 언어의 존재 조건

소쉬르 '언어(랑그)' 개념의 해체적인 비판을 통하여 도출해낸 도키에다의 언어과정설은 언어본질론으로서 전개된다. 그것은 예컨대 이미 인용한 "언어는, 한정적 개체를 비한정적으로 표현하는 과정이라고 일컫는 것은 언어의 본질적 성격이다"라는 설명이다. 그러나 이 언어본질론으로서의 도키에다의 언어과정설 대체 어디에서도 표출된 언어가 **우리의**라는 제약을 짊어진 언어라고 하지 않을 수 없는 이유를 찾아볼 수 없다. '국어체(国語体)'라고도 불리는 소쉬르의 '언어(랑그)' 개념을 구성단위적인 '언어' 개념으로 해석적으로 재구성하고 나아가 그것을 부정함으로써 형성된 도키에다의 언어과정설은 언어의 사회성에 대한 물음을 언어본질론적인 테제에서 소멸시켰다. 어디로 사라진 것일까? '언어란 언어 표출의 심적 과정이다'라는 언어본질론적 테제가 전제로 삼고 있는 언어주체 안으로 소멸된 것이다.

그런데 도키에다의 언어과정설적인 테제가 전제로 삼는 언어주체가, 예를 들면 모어(母語)의 화자로서 그 모어가 화자의 언어표현(言表)의 모어성(母語性)을 규정해버린다면, 그것은 도키에다가 스스로 부정한 소쉬르로 돌아가버릴 것이다. 도키에다가 소쉬르의 객관적인 구성주의적 '언어(랑그)'를 해체하여 주체적인 과정주의적 '언어'를 성립시켰을 때, '언어(랑그)'가 '말(파롤)'의 사회성의 외부적인 규정인자(規定因)라는 모습 또한 부정했던 것이다.

> 우리가 언어 표현에서 어떤 구속을 느낀다고 해서 그 모두를 곧바로 외부적인 구속력으로 돌릴 수 없다. …… 예를 들면 우리가 모어를 말할 때와 외국어를 말할 때는 무엇에서 규범을 강하게 느끼는 것일까, 그리고 그 결과를 고려해 볼 때 우리의 언어는 규범 혹은 외부적 구속력 때문에 수행되는 것이 아니라는 것은 분명하다.[24]

---

24) 앞의 時枝誠記「心的過程としての言語本質観」.

모어(母語) 화자의 말에 모어성을 제약하고 있는 규정인자가 외부에 없다면 그것은 어디에 있을까? 화자인 언어주체의 내부의식에 있다. 도키에다는 그것을 '습관성'이라고 하기도 한다. "구속성을 형성하는 중요한 요소의 하나로서 습관성을 꼽을 수 있다. 언어에서 습관성은 수용적 질서화능력의 결과였으나, 습관에 역행한 언어적 표현은 그 자체의 표현이라고 의식되지 않는다." 언어주체의 내부의식을 구성하는 습관성, 혹은 수용적 질서화 능력이 그 화자의 언어표현(言表)을 특정한 언어적 통일을 지닌 말로 성립시킨다는 것이다. 도키에다가 말하는 언어주체란 언표의 주어를 이루는 주체가 아니다. 언표를 어떤 언표로서 성립시키는 조건이다.

"언어의 본질을 심적 과정이라고 할 때, 주체는 언어 성립의 첫 번째 조건일 수밖에 없다"[25]고 도키에다는 말한다. 집에서 터가 집을 짓는 기반이며, 집이 존재하는 첫 번째 조건이듯, 언어주체는 말의 성립 기반이며 존재조건이라는 것이다. 예를 들면 '나는 가지 않는다(我は行かむ)'라는 언어표현(言表)에서 '나'는 주어지만 이 언표의 주체적 입장을 표현하고 있는 것은 아니다. 그것은 주체의 객체적인 표현이라고 도키에다는 말한다. 이 언표에서 주체의 입장 혹은 주체의 기분은 맨 끝의 '않는다(む)'로 표현되고 있다. 이 '않는다(む)'에 의해 이 언표는 언어주체의 기분을 표현한 말로 성립한다. 여기서 전개되는 '사(詞)'와 '사(辭)'의, 혹은 '제로 기호'를 둘러싼 도키에다 문법론에 대해 이 이상 깊이 들어가지는 않으려 한다. 도키에다에게 언어주체란 언어의 성립조건으로서 언어표현 그 자체에 내부화된다는 것을 여기서 확인하면 충분하다.

어떤 언어를 모어로 하는 화자의 말에 그 모어성이 새겨지는 것은 모어적 언어가 외부로부터 그 화자를 구속해서가 아니라, 모어성을 수용하고 그에 따라 자신의 언어표현을 질서화하려고 하는 화자의 내부의식이 자신의 언표를 모어적 성격을 지닌 언표로서 성립시키기 때문이라고 도키에다는 생각했다.

---

25) 時枝誠記「言語の存在条件」(『文学』 1941년 1월, 전게 『言語本質論』 수록). 이 논문은 「心的過程としての言語本質観」과 함께 도키에다의 『国語学原論』의 「総論」을 구성한다.

그렇다면 어떤 언어가 **우리의 말**로서 내게 성립하는 것은 내가 **우리**라고 하는 언어습관을 같이 하는 공통의 소속 관계에 따라서 **우리**라고 하는 내부의식을 형성하고 그 의식에 의해 자신의 언어를 질서화했기 때문일 것이다. 그러나 이는 결국 소쉬르가 '국어체(国語体)'라고 하는 '언어(랑그)' 개념을 언어의식으로 내부화한 것은 아닐까? 도키에다는 소쉬르가 언어 사회성의 규정인자라고 말하는 '언어(랑그)'의 언어주체의 외재성을 비판하였다. 그리고 "언어가 개인을 외부로 삼은 측면에서 정신적 실체라고 생각하는 만큼, 주체는 언어의 존재조건이 될 수 없다. 그렇지만 언어의 본질을 심적 과정이라고 할 때, 주체는 언어 성립의 제1조건이 되지 않을 수 없다"라고 하였을 때 도키에다는 주체의 언어의식과 함께 '언어(랑그)'를 언어의 표출과정에 내재화시킨 것이다. 이제 '국어체'는 언어주체의 외부에 존재하지 않는다. 언어의 표출과정 자체가 통째로 '국어'적 성격을 가진 언어의 실현과정인 것이다.

8. 새로운 국어학의 성립

'언어(랑그)'를 언어의 표출과정에 내재화시키는 도키에다의 입장에서는 일본어란 정신적 실체로서 언어주체의 외부에 존재하는 것이 아니다. 어떤 주체에 의한 언어적 표출과정에 일본어적 성격이 새겨져 나타나는 언어가 일본어이다. 도키에다가 "일본국가의 언어 혹은 일본민족의 언어"라고 하는 국어의 정의를 배척하고 "국어 즉 일본어는 일본어적 성격을 가진 언어"[26]라고 하는 것은 이것을 의미하고 있다. '일본 국가' 혹은 '일본 민족'의 언어라고 하는 국어의 정의를 배척하고 도키에다가 '일본어적 성격'을 가진 언어라고 새롭게 정의하는 의미는 1940년이라고 하는 시기에 제국일본과 그 언어가 직면하고 있던 역사적 상황과 함께 고려하지 않으면 안 되는 문제이다. 도키에다는 『국어학사』 서설에서 이 국어의 정의를 국어학의 대상의 문제와 연관시켜 이렇게

26) 『国語学原論』 第一篇 「総論」 十一 「国語及び日本語の概念」 (岩波書店, 1941).

말하고 있었다.

> 오늘날 국어학의 대상이 되는 바는 멀고 궁벽한 지방에 존재하는 방언일 경우도 있고, 국가의 영토를 넘어선 지역에서 사용되는 일본어인 경우도 있으며, 일본민족이 될 수 없는 사람이 사용하는 일본어인 경우도 있다. 이때 국어란 명칭은 이미 국가나 민족을 넘어선 것임을 의미하게 된다. 국어는 즉 일본어적 성격을 가진 언어의 총칭이 되는 것이다.[27]

여기서 '오늘날'이라고 하는 것은 1930년대부터 40년까지라고 하는 제국일본의 역사적 시기를 가리키고 있다. 이 시기에 일본어의 상황이 국어학 대상의 확대를 수반하였으며, 새로운 국어의 정의를 필요로 하고 있음을 이 문장은 단적으로 말하고 있었다. 그러나 제국일본과 국어 · 일본어 문제는 이미 논의해놓은 곳으로 미루고[28] 여기서는 '일본어적 성격'을 가진 언어라는 국어의 정의와 함께 형성된 도키에다 국어학의 문제를 추적하고자 한다.

도키에다는 국어(일본어)를 '일본어적 성격'을 띤 언어라고 규정하는데, 그러나 누가 어느 언어적 표출에 일본어적 성격을 인정할까? "국어(일본어)란 일본적 성격을 띤 언어적 표현과정이다"라고 하는 이 동어반복(tautology)적으로 보이는 정의 — 나는 나라는 동일성의 정의는 동어반복이다 — 로는 '일본어적 성격'이란 무엇인가를 전혀 밝혀내지 못한다. 어떤 언표가 일본어적인가 하는 것은 이 언표를 관찰 혹은 분석하는 국어학자, 예를 들면 도키에다에 의해서밖에 인정되지 않는다. 도키에다가 저 정의에 이어서 '일본어적 성격'에 대해서 설명하는 바를 살펴보자.

> 'ink'라고 하는 외국어도 이것이 국어의 문법조직 혹은 음성조직 속에 'inki'로

---

27) 앞의『国語学史』(岩波書店, 1940).

28) 제국일본과 국어 · 일본어의 문제에 대해서 나의「〈国際語 · 日本語〉批判」(『多言語主義とは何か』수록, 藤原書店, 1997)이 있다. 또한 제국 일본의 언어편성 문제로서 포괄적으로 논한 것으로 安田敏朗『帝国日本の言語編制』(世織書房, 1997)가 있다.

> 실현된다면 그것이 이미 일본어적으로 성격이 부여되고 있다고 하는 의미에서 이것을 국어화하였다고 하게 된다. …… 이런 식으로 일본어는 일본어적인 과정적 구조와 그 결합인 문법조직에 의해 결정되는 것이지, 그것은 결코 일본어 낱말의 총화로 성립하는 것이 아니다. 다시 말하면 국어 혹은 일본어는 특수한 주체적 언어기능과 그에 의한 언어적 실현을 가리키는 것이다. 국어를 위와 같이 오로지 언어과정의 형식으로 정의내리려는 것은 이전에도 문법에 관해서 늘 말했던 것이다.[29)]

이렇게 말하더라도 무엇이 '일본어적'인가는 분명해지지 않는다. 단지 어떤 언어표현(언표)을 '일본어적 성격'이라고 인정할 것인가에서 문제되는 것이 무엇인지는 안다. 일본어의 문법조직과 음성조직이라는 '국어의 형식'이다. 그렇다면 어떤 언어표현을 일본어라고 인정하는 일은 이것이 '국어의 형식'에 따랐음을 밝히는 국어학자가 하게 된다. 어디까지나 답은 같은 것이다. 그렇다면 무엇이 '일본어적'인가는 도키에다의 국어학적인 기술에 의해서만 확인할 수 있다. 도키에다의 국어학이란 그야말로 언어표현의 '일본어적 성격'을 기술하고 있는 국어학이다.

도키에다는 언어주체를 전제로 하여 주체로 뒷받침된 언어표현의 과정으로 언어의 본질을 파악하였다. 이 주체적인 언어인식에 선 국어학자 도키에다는 언어의 인식자(관찰자)로서의 위치가 어디라고 생각하는 것일까? 도키에다는 언어에 실천자의 입장과 관찰자의 입장이 있다고 말한다. 도키에다는 '이해 · 표현 · 감상 · 가치판단'을 언어에 대한 주체적(실천적) 입장이라 한다.[30)] 그리고 '관찰 · 분석 · 기술'을 관찰적 입장이라 말한다. 그리고 도키에다는 이 주체적 입장과 관찰적 입장을 식별하는 것이 중요하다고 말한다. 그렇지만 "언어는 주체를 떠나서는 절대로 존재할 수 없는 것이다"라고 주체적 언어관을 강조하는 도키에다는 "자신의 언어를 대상으로서 연구하는 경우, 자신은 언어의 주체인 동시에 관찰자이다"라고 한다. 언어의 주체적인 계기를 강조함으로써

29) 앞의 『国語学原論』 第一篇 「総論」 十一 「国語及び日本語の概念」.
30) 同 「総論」 四 「言語に対する主体的立場と観察的立場」.

언어의 실천적 주체와 관찰적 주체의 위치는 겹치게 된다. 주체적 행위로서 성립하는 언어를 대상으로 하는 연구자에게는 "관찰적 입장에서 대상 언어는 다름 아닌 바로 주체적 입장에서 실천하고 행위하는 언어이다"라고도 도키에다는 말한다. 그렇다면 국어(일본어)학자란 국어(일본어)의 언어주체인 동시에 그 주체적인 언어행위의 분석적인 기술자가 되지 않으면 안 되게 된다. 도키에다가 지금 형성하려고 하고 있는 것은 그러한 국어학이다.

도키에다 언어학은 국어주체의 언어행위(언어과정)로 실현된 국어의 자기기술로서 성립한다. 이것은 언어주체를 전제로 한 언어과정으로 언어적 본질을 파악한 도키에다 '언어학'이란 도키에다 '국어학'으로서 성립하는 것임을 의미하고 있다. 이렇게 '심적 과정으로서의 언어본질관'을 '총론' 속에 담고서 도키에다의 『국어학원론』은 1941년에 성립한다. 새로운 귀국자 도키에다가 새로이 국어학 형성의 필요를 말하던 때로부터 거의 12년이 지나고 있었다.

9. 한자 문제의 행방

1929년, 유럽 유학에서 돌아온 도키에다는 '국어의 사실'에 정면으로 마주함으로써 새로운 국어학을 형성하지 않으면 안 된다고 말하였다. 그가 말하는 '국어의 사실'이란 다른 언어인 한자한어에 의해 국어가 결정적인 영향을 받았다는 사실이다. 이 사실을 바라봄으로써 새로운 국어학을 형성하지 않으면 안 된다고 도키에다는 새로운 학문 수립을 향한 결의를 서술하였다. 이 결의를 바탕으로 도키에다는 1930년도 새 학기부터 경성제국대학에서 국어사 재검토 작업을 발판으로 국어학 강의를 시작하였다. 하지만 그 강의는 2년 만에 중단되었다. 중단한 이유로 도키에다는 첫째 문제 추구의 곤란함, 둘째 전년도부터 '언어의 본질'이라고 하는 과제를 규명해야 할 필요성이 생겼음을 들고 있었다. 새로운 국어학 형성을 향한 도키에다의 길은 여기에서 변경되었던 것이다. 그것은 '언어의 본질은 무엇인가'를 밝힘으로써 국어학을 재형성하는 길로 향하는 것이다. 그 도정은 내가 여기서 추적해온 것처럼 언어과정설이라고 하는 언어관에 입각해서 국어학을 재구성하려고 하는 것이었다. 그 도정의 첫 번째 커다란 도달점은 1941년에 간행한 『국어학원론』이다.

그러면 도키에다에게 있어 하나의 커다란 달성인 이 『국어학원론』에서 '국어의 사실'로서 정면으로 마주할 필요를 말한 저 한자한어문제는 도대체 어떻게 되었을까? 그것은 사라져버렸을까? 아니면 언어과정설에 입각한 새로운 국어학 체계의 어딘가에 솜씨 좋게 수렴되어버렸을까?

도키에다는 이미 '일본어적 성격'을 설명하는 가운데 'ink'라고 하는 외국어가 'inki'로서 국어의 문법조직과 음성조직 속에 있다면, 그것은 이미 "일본어적으로 성격이 부여되어 있다는 의미에서 이것을 국어화하였다"라고 할 수 있다고 했다. 외래성이란 각인이 찍힌 한어에 대해서도 마찬가지로 말할 수 있다. 많은 한어를 사용하면서도 그것이 국어의 문장이라는 것은 그 한어가 문법형식을 비롯하여 리듬·악센트·음성에서 국어적 형식에 따라 사용되고 있기 때문이라고 도키에다는 말한다. 국어적 성격을 가진 언어표현에서 외래어는 이미 국어화하고 있다는 것이다. "일본어는 일본어적인 과정적 구조와 그 결합인 문법조직에 의해 결정된다"고 도키에다가 말할 때, 이미 한자한어는 언어적 위화성을 가지고서 일본어의 외부에 계속 존재해온 외래의 차용문자·언어가 아니다. 일본어적 문법조직을 가진 표현과정에서 한자한어는 일본어일 수밖에 없다. 언어과정설에 입각한 도키에다 국어학은 한자한어를 일본어에 내부화시킨 것이다. 그렇다면 한자한어는 어떻게 도키에다의 새로운 국어학 체계에 내부화되었을까?

한자를 포함한 문자를 언어주체에 외재하는 객관적인 것이라고 간주하고, 언어주체는 단지 그것들을 이용할 뿐이라는 식의 견해를 빌려온 문자관이라면서 도키에다는 배척한다. 그는 한자를 포함한 문자의 사용을 언어주체에 의한 언어표현 과정의 한 단계라고 주장한다.[31] 여기서 언어과정의 하나의 단계라는 것은 '말하다' '듣다'라는 언어주체의 '음성 발표 행위'와 구별된 '쓰다' '읽

31) 同 第二篇「各論」二「文字論」.

다'라는 '문자 표기 행위'를, 도키에다가 전자를 언어과정의 '음성적 단계'라고 하는 데 대해 후자를 '문자적 단계'라고 한다는 것을 의미한다. 이러한 문자관은 인간 언어행위의 주체적 이해로서의 언어과정설이 음성만이 아니라 문자에 관해서도 관철된 결과이다. 이렇게 해서 도키에다 국어학은 문자론을 보충적인 부속물로서가 아니라 자신의 국어학적인 구성과 기술 안에 중요한 장으로서 각각 포함시키게 된다. 다른 언어인 중국어 문자·한자와 그에 의한 표기행위는 일본어 문자와 그 표기행위 성립의 전제이다. 그렇다면 도키에다 국어학이란 이 타언어(他言語)와 문자인 한자와 그에 의한 표기행위를 일본어 언어표현 과정의 표기행위로서 국어론적인 기술(記述) 내부에 자리매김해야 비로소 국어학이라고 할 수 있는 것이다.

10. 이제 한자는 빌려온 것이 아니다

문자 사용을 언어과정의 한 단계로 파악하는 입장에서 도키에다는 종래의 용자법(用字法)이 가졌던 한자에 대한 견해를 비판하고 있다. 종래의 용자법에서는 한자를 자신의 외부에 있는 객체적인 것으로 보고 일본어 표기에 맞추어 그것을 어떻게 차용하는가 하는 입장에서 보았던 것이다. 예를 들면 '차훈(借訓)'[32]이라는 표현방식처럼 한자의 훈을 빌려 일본어를 표기한다든가 **소리**를 빌려 표기해온 것이다. 또한 훈으로 표기된 한자어에 대해서 '정훈(正訓: 예를 들면 '아메쓰치(天地)' - 天이 아메, 地가 쓰치이며 둘을 그대로 다 발음하는 방식-옮긴이)'이라든가 '약훈(略訓: 예를 들면 '아리소(荒磯)' - 荒이 아라, 磯가 이소인데 아라이소가 아닌 아리소라고 줄여 발음하는 방식-옮긴이)'을 일컫는데, 이것들도 한자어의 읽기방법과 관련되어 있는 표현이지, 언어주체의 표기 의도와 관련하여 이야기되는 것은 아니라고 도키에다는 말한다.

---

32) 만요가나 읽기로 만요가나 등에서 한자의 훈독을 그 의미와는 관계없이 같은 소리의 다른 말로 전용하는 방식. 조동사 'つ'의 연체형 'つる'를 '鶴'이라고 쓰는 방식.(옮긴이)

그런데 도키에다가 말하는 차용이란 관점이라는 기존의 한자 용자법(漢字用字法)은 기본적으로 일본에서 한자의 읽기방식을 전제로 한 것이다. 일본에서 음독과 훈독의 한자 읽기를 전제로 해서 비로소 한자의 표음·표의라고 하는 속성에 의거해 그것을 빌려쓴다는 일본어 표기법이 성립한다. 한자를 빌린다는 이러한 용자법은 한자가 일본인이라고 하는 언어주체의 외부에 이미 소여로서 존재하고 있다는 상황에서 유래한다. 한자가 이미 주어진 것으로서 존재하므로 일본인에게 자신의 언어표현에 그것을 어떻게 빌릴 것인가 하는 용자법이 생겨나게 되는 것이다. 도키에다도 "원래 한자는 외래적인 것이어서 상식적으로는 이것을 객체적 존재로 생각하고, 이것을 그 차용이라고 하는 관념으로 규정한다는 것은 어쩔 수 없는" 일이라고 말한다.

도키에다는 여기서 하나의 비유를 사용하면서 이 빌려온 용자법을 전환시킨다. 예를 들면 사람이 망원경을 가지고 사물을 볼 경우를 생각해보자. 망원경을 눈 대신 사용하므로 '본다'는 기능에서 눈으로 보는 것과 망원경으로 보는 것은 달라지지 않는다. 이와 마찬가지로 한자를 빌려 쓰더라도 '쓰다'라는 표현기능에서 문자 사용이라는 점은 당연히 달라지지 않는 것이다. 주체적 언어행위로서 일본어의 표기를 생각하면 이미 우리는 자신의 외부에 존재하는 한자를 차용한다는 종래의 용자법적 입장으로 한자를 보는 것은 그만두어야 한다고 도키에다는 말한다. '쓰다'라고 하는 표기주체의 표현기능에서 볼 때 한자와 일본어 가나 사이에는 이미 아무런 구별이 없다.

> 앞에서 망원경의 사례를 가지고 설명하였듯이 그것이 국어를 표현하는 것이라면, 그 관계는 빌린 사람과 빌려온 것과의 관계가 아니라 빌려온 것은 표현의 기능으로서 생각되지 않으면 안 된다.[33]

한자를 일본어 표기주체의 표현기능으로 파악할 수 있다면 이미 한자는 언어주체의 외부에서 빌린 자와 빌려온 사물이라는 관계로 파악해서는 안 된다.

---

33) 위와 같음.

한자는 문자적 언어기능을 가지고 가나문자와 마찬가지로 일본어의 언어과정에 내재한다고 생각하지 않으면 안 되는 것이다. 이렇게 문자를 언어과정의 표기행위라는 한 단계로 생각한다는 도키에다 언어과정설은 한자를 히라가나·가타카나와 마찬가지로 일본어 표기과정에 내재화시켜 이해하는 새로운 국어학을 성립시켰던 것이다.

한자를 히라가나와 가타카나와 마찬가지로 일본어의 표기기능으로 파악하고 일본어의 표기과정에 내재한다고 파악할 때, 한자라는 타언어(他言語)와 문자는 일본어에서 외부성을 잃는다. 그것은 내부화되며, 언어의 국어적 질서를 구성하게 되는 것이다.

11. 한자와 국어적 질서

도키에다는 종래의 차용적 용자법을 주체적인 용자(用字)의식을 전제로 한 용자법으로 전환시켰다. "용자법 체계란 다름 아닌 주체적 용자의식 체계인 것이다. 따라서 용자법 연구를 통해 우리는 언어주체가 문자를 가지고 무엇을 표현하려고 하였는가, 또는 어떠한 생각이 있었는가 등 주체적인 표현기술 및 의도를 찾는 것"이라고 도키에다는 말한다. 종래의 용자법이 한자의 차용이라는 관점에서 보던 표음성·표의성이라는 한자의 속성은 언어주체의 용자(用字)의식이라고 하는 관점에서 다시 파악해야만 한다. 즉, 언어주체(표기주체)의 표음적 혹은 표의적 의도라고 하는 용자(표기)의식에서 파악하지 않으면 안 되는 것이다. 한자를 표기주체의 용자의식에서 파악한다는 것은 확실히 타언어문자인 한자를 여타의 히라가나·가타카나, 나아가서는 로마자와 마찬가지로 국어적 표현기능을 가진 문자의 한 가지로 파악하는 것이다. 한자는 히라가나·가타카나와 마찬가지로 표기문자로서 국어에 내부화되었다. 그렇지만 한자를 내부화하는 도키에다의 용자법 서술은, 그러나 타언어문자인 한자가 일본어 에크리튀르 위에 드리워놓은 무거운 흔적을 쓰고 있는 것이다.

우선 한자를 표음적인 의도 아래 사용함으로써 일본어 에크리튀르에 결정적인 의미를 가진 가나가 성립하게 된다. 이것은 도키에다의 용자법론이 처음으로 기록하지 않으면 안 되는 것이었다. 나아가 한자의 표의적인 의도에 의해 표기할 때 사람은 예를 들면 'ムスメ(무스메)'를 표시하는 데 '女' '娘'이라고 표기하고 'ハラから(하라카라)'를 표시하는 데 '兄弟' '同胞'라고 표기한다. 이렇게 표의적인 의도에 바탕을 둔 한자 표기법은 "국어의 음성 표현을 희생하고 오로지 의미만을 표기하려고 하는" 것이라고 도키에다는 말한다. 그 때문에 한자에 의한 말(語) 표기 약속이 알려져 있던 시대와 지역에서는 그 약속에 따라서 그 말의 소리(음성)를 이해하는 것이 가능하다고 할 수 있지만, 그러나 그것도 절대적인 것은 아니다. 예를 들면 "'上'이 'ウヘ(우에:위)'인지, 'カミ(카미:위쪽)'인지, 'アガル(아가루:올리다)'인지, 'ノボル(노보루:올라가다)'인지가 분명치 않을 수밖에 없다는" 것이다. 한자를 표의적 의도에 따라 사용하는 표기는 그 말의 음성적인 읽기를 불안정하게 하고, 음성적인 읽기에 관해서는 본질적으로 나중에 독자의 자의에 맡기게 될 것이다. 또한 한자의 표음적 표기법과 표의적 표기법이 말(語)에 의해 고정되는 경향이 있고, 거기서부터 "오늘날, 체언과 용언의 어간은 표의적으로 표기되는 데 비해 조사 · 조동사는 소수의 예외를 제외하고 거의 전부 표음적으로 표기되는 상태가 되었다"고 도키에다는 말한다. 여기서 말(語)에 의한 한자와 가나의 나눠쓰기가 성립하게 된다. 예를 들면 '山に(산에)' '桜は(벚꽃은)' '行くべし(가야 하는)'처럼 한자와 가나에 의한 표기질서가 성립한다. 이 성립에는 오랜 세월의 도야를 거칠 필요가 있었겠지만, 그러나 이러한 표기법으로 통일되는 문제는 "한자의 성질과 국어의 말특성(語性) 두 방면으로 규정되었을 것이다"고 도키에다는 말하는 것이다.

표기주체의 용자(用字)의식을 전제로 한 문자론은 확실히 한자를 주체의 외부에 있는 차용 대상으로서가 아니라 한자를 언어주체의 표현의도를 표기로서 실현하기 위해 언어주체 스스로 갖게 된 매체로서 파악할 수 있게 한다. 이렇게 서술된 도키에다의 용자법(표기법)은 그러나, 타언어문자인 한자가 일본어의 표기문자가 됨으로써 일본어 에크리튀르(écriture)에 새겨진 중대한 흔적을 분명하게 보여주었다. 일본어 표현기능으로서의 한자 사용은 가나를 수반하였고, 나아가서는 일본어 표기에서 한자와 가나의 나눠쓰기를 초래했다. 한자와 가나의 나눠쓰기라고 하는 표기질서의 성립은 문자의 표기법적인 단계를 넘어서 일본어 통사법의 문제, 일본어 자체가 갖고 있는 글의 구성질서와 관련된 문제를 제기하게 된다. 또한 표의적인 의도에 따른 한자사용이 후세에 그 말(語)의 읽기를 불안정하게 한다는 상황은 한자라는 표기기호를 표기문자로 삼은 일본어 텍스트와 그 읽기의 성격을 규정하고 있다. 한자가 일본어에 주어진 것이라고 하는 데서 오는, 그 읽기의 사후성[34]은 우리에게 한자 혼용 쓰기텍스트 읽기의 사후성, **쓰다**와 **읽다**라는 **간극**을 포함한 읽기의 사후성이란 문제를 남기고 있다.

도키에다 국어학에서 타언어문자인 한자는 그 타자성을 잃는다. 여기서 한자는 일본어로 내부화되었다. 히라가나 · 가타카나와 함께 한자를 일본어 표기문자로서 내부화한 도키에다 국어학은 이 타언어문자인 한자가 일본어적 문장의 표기질서를 확실하게 새겨놓은 흔적을 기술하고 있는 것이다. 도키에다 국어학은 타언어문자 · 한자를 내부화하면서, 또 그 한자가 일본어 에크리튀르 위에 새겨져 표출된 자취를 추적하면서 도키에다 문법조직으로서 체계화되고 기술될 것이다. 그것은 '단어(詞)'와 '조사(辭)'로 이루어진 도키에다 문법이다. 이렇게 해서 성립한 도키에다 국어학이 스스로 제기한 '국어의 사실'이라는 한자문제에 대한 해답이었을 것이다. 그렇지만 이 해답, 즉 한자 · 가나혼용이라고 하는 일본어적 질서의 문법적 기술이라는 해답에서 한자는 일본어 질서에 완전히 내부화된 것이다.

---

34) 주어진 것으로서의 한자에 대한 그 읽기의 사후성이라고 하는 문제로부터 나는 일본에서 한자 · 한문 텍스트의 읽기에서 사후적으로 성립하는 쓰기일본어라고 하는 문제를 전망하고 있다.

제6장
한자와 자기 언어 인식
– 국어와 일본어

국민으로 하여금 실로 국어를 반성·자각케 하는 구체적인 사실은 아마도 한자, 한문을 접할 때에 일어날 것이라고 생각합니다.

야마다 요시오, 『국어학사』

나는 국어라고 하는 이름을 일본어적 성격을 지닌 언어를 의미하는 것이라고 생각하고자 한다. 다시 말하자면 국어는 곧 일본어를 말한다.

도키에다 모토키, 『국어학사』

1. 한자와 국어 의식

국어학사란 무엇인가. 야마다 요시오는 국어학을 "국어에 대한 국민의 자각·반성이 전개된 결과가 학문으로서 조직된 것"이라고 규정하면서 그 국어학의 역사, 즉 국어학사를 "(국어에 대하여) 국민이 자각하고 반성해온 자취를 보는 것"이라고 정의한다.[1] 야마다가 국어에 대한 국민의 자각과 반성의 전개 과정이라고 한 이 국어학사(国語学史)의 정의는, 근대 일본에서 국학 정신의 계승자인 야마다가 "일본 국민의 중추부인 야마토 민족의 사상을 발표하는 데 필요한 도구로서 또 사상을 교통시키는 필요도구로서 현재 사용하고 있으며 사용해온 언어"라는 국어의 정의와 함께, 그 나름 반성적이며 주도면밀한 정의라고 할 수 있다. 그것은 "언어 주체가 국어에 대해 갖는 각종 의식은 일본어가 성립하였던 당시부터 이미 존재하였을 것이다"[2]라고 아무런 반성 없이 '국어'를 '일본어'와 등치시켜 말하면서 고대 일본의 언령(言霊) 신앙과 기휘언사(忌詞)에 대한 고찰에서부터 쓰기 시작하는 현대 국어학사에서 보게 되는 국어학자의 순진하다라 할 만한 국어 의식에 비하면 명료하다. 현대 국어학사를 연구하는 사람의 이러한 의식은 일본어의 루트를 기꺼이 추구하던 19세기 언어학적 의식을 지금까지도 지니고 있는 현대 국어학자의 의식과 완전히 동질적이라고 해도 좋을 것이다.

당연히 야마다는 국어의 자각을 말하는 것이지 일본어라고 일컫는 어느 토착언어에 대한 의식을 말하고 있는 것은 아니다. 최근, 일본어라는 하나의 언어를 내부에서 말할 때는 '국어'라고 하고, 외부에서 가리켜 말할 때는 '일본어'라고 하는 국어(일본어)학자가 있기도 하지만[3] 그것은 국어학과 일본어학, 혹은 국어교육과 일본어교육이 병존하는 현재의 상황에 대한 사후적 정합성을 갖게 하는 해석이다. 그들은 일본어를 국어로 자각하고, 메이지 시대의 국가 형성과 함께 국어 또한 성립하였음을 잊어버리고 있다. 야마다가 말한 것처럼 국어의 자각이란 국가적인 자각이며, 국민적인 자각이다. 야마다에게는 국어학과 국어학사 모두 근대 일본의 국가 의식을 배경으로 한 역사적인 긴박감을

---

1) 山田孝雄『国語学史』(宝文館, 1943).

2) 古田東朔・築島裕『国語学史』(東京大学出版会, 1972).

3) 馬淵和夫・出雲朝子『国語学史 — 日本人の言語研究の歴史』(笠間書院, 1999). 여기서 국어(일본어)학자라고 기묘하게 표기하였으나 국어・일본어에 대한 이 규정에 따르면 이 저자는 스스로를 안으로는 국어학자라고 칭하고, 밖으로는 일본어학자를 칭한다고 할 것이다.

그 안에 감춘 학문적 작업이었다. '국어'라는 말은 그 성립부터 '국가'라고 하는 말의 동의어였다. 국어에서 외래 어휘를 둘러싼 말을 국적문제를 비유 삼아 예를 들면 '귀화어'라는 식으로 이야기하는 것은 그 때문이다.[4] 그렇다면 국어에 대한 국민적 자각의 성립과정은 당연히 국가적 자각의 성립과정과 겹치게 된다. 따라서 야마다의 국어학사는 국어(즉 국가)의 자각의 시작을 향한 회상적 기술에서 시작할 것이다. 국어 의식에서의 한자 문제에 대한 나의 검토 역시 바로 그러한 국어의식의 성립을 둘러싼 반성적인 학설사 서술에서부터 시작하지 않으면 안 된다.

고대 일본에서 국가의 자각적인 형성은 인접한 강대한 국가 중국과의 대립을 포함한 교섭관계를 빼놓고서는 존재할 수 없다. 나 · 당 연합군에 대한 일본의 백촌강 전투의 패전(663년)이 바로 일본국가의 방어적인 형성을 한층 촉진하게 된다. 일본 고대국가의 명확한 형성 시기는 이 7세기 후반이다. 일본의 국가적 형성은 한반도를 둘러싼 중국과의 대립이 계기가 되지만, 그러나 일본 국가체제의 확립은 한자와 중국문화의 도입에 의한 제도와 문장의 성립 없이는 있을 수 없었다. 일본의 국가적인 성립을 알리는 그야말로 상징적인 문장인 『일본서기』『고사기』는 한자 텍스트로서 비로소 성립하는 것이다. 일본의 국가적 성립을 알리는 문장이 한자 텍스트로 쓴 것이었음은 자기 나라의 국가적 텍스트 성립이 타언어(他言語)문자 · 한자를 매개로 삼았음을 의미하고 있다. 여기서는 자기(자기언어)의 확립과정에 타자(타언어)가 피할 수 없는 형태로 개입하고 존재하는 것이다. 이 상황에 대해서 야마다는 어떻게 말할까?

"일반적으로 외국어를 접할 경우, 그것과 국어의 차이를 인정함으로써 국어에 대해서도 반성과 자각을 하게 되기 쉽다는 것은 자연스러운 이치이다"라고 한 뒤에 야마다는 "우리나라에 국어와 두드러지게 성질이 다른 한어 · 한문이 들어오고, 우리나라에는 이제껏 없었던 한자를 수입하여 사용하게 되면서 국어에 대한 모종의 자각을 낳게 되었을 것이라고 생각한다"[5]고 한다. 한어 · 한

---

4) 국어에서 외래어휘가 국어화하는 것을 동화나 귀화라고 하는 식으로 국적을 메타포로 삼아 이야기된다. 이에 대해서는 이 책 제1장에서 이미 언급하고 있다.

문이라고 하는 타언어 · 타언어 글의 도입과 접촉이 국어라고 하는 자기 언어에 대한 자각을 일으켰다고 야마다는 말하는 것이다. 강한 국어(국가)의식을 가진 야마다는 그만큼 국어 의식 성립의 장으로서의 자타의 교섭 관계에 예민하다. 그것은 자기 민족의 기원에 자기 언어 · 일본어의 기원을 속 편하게 똑같이 정하면서 그 기원을 기술하고 있는 현대 국어(일본어)사 연구자에게는 결여된 자타 감각이라고 할 수 있을 것이다. 하지만 야마다에게 고대 일본이 도입하는 한어 · 한문이란 어디까지나 자기 언어 · 국어 의식을 촉발하고 국어의 자각을 촉진시키려는 타자였다.

2. 국어 의식과 한자표기법

타언어 · 한어한문을 접하면서 일어나는 자기 언어 · 국어에 대한 이른 자각을 야마다는 이른바 센묘(宣命) 표기에서 찾아낸다. 센묘표기란 『속일본기』의 센묘의 서식이다. "센묘표기란 국어로 선언된 옛 조칙을 한자로 표기"한 것인데, 그 한자체 서식에는 대체로 일정한 방식이 있다고 야마다는 이렇게 설명하고 있다. "그 개략을 말하면 대체적으로 관념을 드러내는 말 즉 체언, 부사 및 용언의 근간은 큰 글자로 쓰고, 용언의 활용, 복합어미, 조사와 같은 것은 작은 글자로 쓰는 기록 방식이다"라고. 야마다의 이 설명 자체는 이미 이 서식에 대한 일정한 이해에 입각한 것이다. 즉 한자체 문장에서 말의 성격에 따라서 큰 글자와 작은 글자 구분해 쓰기를 하고 있는 데서, 고대인에게서 국어적 언어성(語性)의 차이에 대한 인식의 성립을 보고 있다. 그런데 이 센묘표기라고 하는 표기법의 성립에 이르는 경위를 야마다는 모토오리 노리나가의 『역조조사해』(歷朝詔詞解)에서 인용하여 말하고 있다.

> 먼 옛날에는 가타가나 · 히라가나라고 하는 것이 없어서 사물을 기록함에 황

---

5) 山田孝雄『国語学史』第三章「上代の文献に見ゆる当代の国語意識」.

국어(皇国語)를 그대로 적으려면 중국의 글자모양에 대응하여 만사를 모두 한문으로 적게 되었으나, 노래(歌)만은 이른바 만요가나를 가지고 적었고, 또한 노리토(祝詞)・센묘(宣命)도 고어 그대로 써서 한 글자도 틀리지 않게, 데니오하(우리말의 조사에 해당하는 말- 옮긴이)에 맞는 빌린 글자(假字)를 보조 삼아 작은 글자로 덧붙이니, 이를 세상에서 센묘 표기라고 한다. 본래 이는 한문으로만 쓰지만 그러나 [일본] 말 그대로 쓰는 이유는, 노래는 더 말할 것도 없으려니와, 노리토도 신에게 말씀드리는 것이며, 센묘도 백관과 천하의 공민에게 들어 알게 하려는 것이니 신이나 사람이 듣고 마음에 스며들어 느낄 수 있도록 그 말에 꾸밈을 넣지 않아도 아름답게 만든 것으로서, 한 글자도 잘못 읽어서는 안 되기 때문에 평소처럼 한문식으로 표기해서는 안 된다.[6)]

야마다는, 노리나가의 이 말은 센묘표기 등 한자에 의한 쓰기방식이 왜 필요했는가 이유를 서술하는 것일 뿐, 센묘표기라고 하는 사실을 설명하는 것도 아니고, 이 쓰기방식을 채택하기에 이른 "사람들의 국어의식 여하"를 돌아보는 것도 아니라고 한다. 그렇지만 야마다는 노리나가의 이 말을 인용함으로써 고어에 대한 우리 견해, 그리고 그 점에서 '국어 의식'을 이미 노리나가와 공유하고 있다. 노리나가는 노리토・센묘가 모두 본래는 신과 사람에게 구송함으로써 닿게 하는 말로 이루어진 것이라고 말한다. 거기서 센묘는 『만요슈』의 노래와 같은 부류로 여겨지고 고어 그대로 표기를 중시하여, 센묘표기라고 하는 한자표기법을 채택하게 되었다고 한다. 야마다가 노리나가와 공유하고 있는 것은 이 견해다. 이 견해가 전제하고 있는 것은 센묘표기라고 하는 한자표기법의 성립에 앞서 구송된 고어가 존재한다는 것이며, 이 한자표기법이란 센묘를 읊는 사람에게 구송 언어를 훼손하는 일 없이 재현케 하는

6) 『続紀歷朝詔詞解』(『本居宣長全集』 第七巻, 筑摩書房). 노리나가는 『일본서기』에 실려 있는 한문체의 센묘(宣命)에 대해 『속일본기』에 옛말대로 실려 있는 센묘를 중시하여 이렇게 말한다. "나는 『일본서기』를 읽을 때마다 상고시대 예의 그 한문풍으로 꾸며 쓴 조(造詔)가 번잡하고 장황함에도 옛말 그대로의 조사(詔詞)가 떠오르는 한스러움을 실로 참을 수 없었다. 그런데 『속일본기』는 이를 버리지 않고 역대의 조사를 이토록 많이 실어 놓았으니 너무나도 훌륭함은 말할 나위도 없노라"

것을 목적으로 한다는 것이다. 그리고 이 한자표기법의 채용은 센묘라고 하는 일본의 구송 고어와 타언어 · 한문과의 이질성을 충분히 자각했기 때문이라고 한다. 즉 구송된 고어, 이를 지금 '야마토코토바'라고 한다면, 타언어 · 한문과 '야마토코토바'의 이질성이 한문 에크리튀르와는 다른 센묘 에크리튀르를 요구하였다는 것이다. 센묘 표기에서 야마다가 찾아낸 국어 의식이란 이것을 말한다.

이러한 국어 의식에서 구송된 고어 '야마토코토바'는 원리적으로 센묘표기라고 하는 한자표기법에 앞서 존재한다. 이 원천적으로 존재하는 '야마토코토바'가 타언어 표기방식으로서의 한문의 이질성을 깨닫는 데서 독자적 한자표기법 · 센묘표기를 요구하였다고 여기는 것이다. 이러한 국어 의식에서 센묘표기라고 하는 한자표기법은 이 센묘의 고어를 가능한 한 투명하게, 재생 가능한 형태의 문자로 남겨놓기 위한 수단으로 간주된다. 동시에 이 국어 의식에서 타언어 · 한자한문은 자기 언어가 그것과는 이질적인 고유성을 가졌음을 분명히 하는 거울이 된다. 이러한 국어 의식에서의 한자관은 노리나가 등 국학자의 자기 언어의식이 가진 이질적인 타자로서의 한자관이다. 야마다가 노리나가와 공유하고 있는 것은 이러한 한자관이다. 야마다를 국학적 정신의 계승자라고 하는 것은 그 강한 국가의식과는 별개로 자기 언어의식의 한자관을 노리나가 등과 공유하고 있어서다.

그들은 타언어문자 · 한자가 자기 언어 에크리튀르의 성립에 개입하고 있다고는 보지 않는다. 즉 센묘표기라고 하는 한자표기법과 함께 센묘라고 하는 자기 언어 에크리튀르 또한 성립한다고는 보지 않는 것이다.

3. 한자 도입과 국어 주체

『일본서기』가 "아직기(阿直岐) 또한 경전을 잘 읽었다"(오진기応神紀)라 해서 한반도 백제에서 건너온 사람에 대해 기록한 것처럼, 한문 텍스트는 그 독법과 함께 한반도를 거쳐 고대 일본에 전해졌을 것이다. 전해진 독법이란 직독적인 음독법과 함께 자기 언어로 의미를 풀이하면서 읽는 훈독법이다. 일본에서 한자로 표기한 텍스트의 성립에 우선하는 것은 한문 텍스트를 둘러싼 그러한 독법 상황이다. 야마다 또한 저 센묘표기에는 한문 훈독법이 전제된다고 한다. "이 센묘 기록의 큰 글자와 작은 글자를 구분한 쓰기법은 한문의 훈독법과 커다란 관계를 가진 것으로 추정하며, 이를 바탕으로 해서 생각하지 않으면 이해할 수 없는 점이 적지 않다"고 야마다는 말한다. 그러나 여기서 야마다에게 질문하지 않으면 안 되는 것은 한문 훈독법이라고 하는 한문수용 상황에 대한 이해 방식이다. 야마다는 고대 일본에서 한문을 도입했을 때 생각할 수 있는 대응방식이 다음 세 가지라고 한다.

> 그러면 한문을 우리나라로 수입했을 당초에 일어날 수 있는 사정은 그 한어 · 한문에 국어가 완전히 정복될 것인가, 혹은 국어가 그 한어 · 한문을 완전히 정복할 것인가, 혹은 어떤 점은 한문 그대로 하고 어떤 점은 국어로서 취급해서 양자가 타협의 길을 열 것인가 하는 세 가지 외에는 있을 수 없다.[7]

여기서는 한자한문의 도입이라고 하는 상황을 외부자에 의한 정복이라는, 국가의 대외관계를 비유로 삼아 말하고 있다. 나는 국어가 국가를 둘러싸고 이야기되는 것과 똑같이 언어를 가지고 이야기되는 점에 대해서 이미 서술한 바 있다. 내가 여기서 새삼스레 말하고자 하는 것은 야마다가 이야기하는 한자한문 도입을 둘러싼 상황이란 국어(국가)의식을 가진 국어(국가)적 주체를 전제로 하였다는 것이다. 외부에서 온 침공자를 보게 되면 내부에서는 그것에 대응하는 방어적인 주체를 구성한다. 그러하기에 타언어 · 한자한문을 외부에서 온 침입이라고 보는 야마다는 자기 쪽에서 그에 방어적으로 대응하는 자기 언어적 주체를 구성하게 되는 것이다. 야마다는 이 언어주체가 채택하는 대응책이 결국 제3의 타협책이었다고 본다. 그 타협책이란 이른바 한문 훈독법이

7) 山田孝雄『国語学史』.

다. "오늘날의 한문 훈독법은 일종의 타협책으로서, 그 문장을 한문 형태 그대로 보존하고 그것을 읽을 때는 국어의 규칙에 따르는 것이다."

야마다가 일종의 타협책이라고 말하는 한문 훈독법이란 한문은 그 문장 형태 그대로 두면서 '국어의 규칙'을 가지고 그것을 읽으려 하는 독법이다. 훈독법으로 타언어 · 한자한문을 도입한 것은 이미 '국어의 규칙'을 가진 자기 언어 주체, 즉 국어 주체이다. 따라서 이 국어 주체가 한문에 붙이고 있던 훈점을 통해 그들의 언어의식이 준비한 '국어의 규칙'을 읽을 수 있는 것은 당연하다. 그리고 이미 '국어의 규칙'을 가지고 하는 한문 훈독법은 그 규칙을 가지고 하는 한자표기법을 수반할 것이다. 그것이 바로 센묘표기라는 한자표기법이다. 그와 관련해서 야마다는 피차간의 언어적 성질 차이에서 생겨나는 규칙의 차이란 "첫째로 조사, 즉 말의 배열법의 차이, 둘째로 용언에 활용이 있는가 여부, 셋째로 조사의 유무 혹은 차이점이다"라고 한다. 야마다는 국어학사와 국어학을 타언어 · 한자한문과의 접촉과 그 수용이라고 하는 장면에서 '국어의 규칙'을 갖춘 국어주체의 존립을 일본 민족의 자각적 언어활동의 원초적 광경이라고 하는 부분부터 기술한다. 일본어를 둘러싼 야마다의 언어학적 작업이란, 근대 일본에서 자립적 언어와 그 언어학 성립에 대한 요청을, '국어의 규칙'을 가진 한문 훈독법에서 민족의 자각적인 언어활동의 원초적인 성립을 찾는다는 국어 의식을 가지고 대답하려고 했던 작업이라고 할 수 있을 것이다. 그 언어학적인 작업의 결과는 야마다가 발신하는 국가주의적인 담론과 함께 근대국가 일본의 **근대적** 소산임에 틀림없다.

그러나 야마다에게 한자란 무엇이었을까? 타언어 · 한자한문이란 자기 언어의 고유한 언어적 규칙을 자각케 하고, 그것을 독법에서 실현시키는 거울로서의 타자였다. 그런 점에서 이 타자는 당연히 자기 언어의 자각을 수반하는 불가피한 매개자였다. 그렇지만 야마다의 국어 의식은 이 타자를 초대받지 않은 외부의 침입자라고 간주하는 것이다. 그렇게 간주하기에, 자기쪽에서 자립적인 언어주체가 방어적으로 구성된다. '국어의 규칙'을 가진 국어 주체는 이미 존재하는 것이다. 한자한문이 매개하는 '국어의 규칙'이란 야마다에게서는 자립언어의 문법 '일본문법론'으로서 기술될 것이다.

4. 한자와 '국어의 사실'

야마다가 '국어의 규칙'의 원초적인 자각을 찾은 센묘표기라고 하는 한자표기법에 대해서 도키에다 모토키는 야마다와는 다른 견해를 보여주고 있다. "센묘의 성립은 국어의 언어성 구별에 기초하여 나왔다고 생각하기 보다는 훈점의 형식을 모방해서 국어를 표기한 것"8)이었다고 도키에다는 말한다. 센묘표기라는 국어표기법은, 국어의 언어성을 인식함으로써 성립한다기 보다는, 한문에 준거한 훈독법에 따라서 생겨난 표기법이라고 도키에다는 말하는 것이다. 도키에다가 보고 있는 것은 한문에 의거하면서 성립해가는 표기언어로서의 일본어의 본래 모습이다. 도키에다는 "원래 국어의 정식 표기법은 한문이었다"면서 이 원형적 표기법이 "국어식으로 붕괴해가는" 데서 『고사기』·『만요슈』·노리토·센묘 등의 표기법이 출현한다고 한다. 센묘 표기법의 성립이란 한문을 기준으로 하는 표기법의 **국어적인 붕괴**라고 보는 도키에다의 이 관점은 흥미롭다. 한문적 표기법의 국어식 붕괴를 촉진하는 것은 한문 훈독법이다. 한문 훈독법이 국어적이라고 간주되는 한자를 이용한 일본어 쓰기방식을 가져온 것이다. 여기서 한문과 한자한어는 국어표기법의 성립 그 자체의 불가결한 전제이며, 그것들은 국어표기법의 성립과정에 불가피하게 개입하는 것으로 간주된다.

한문, 그리고 한자한어가 국어표기법의 성립과정 그 자체에 불가피하게 개입하는 것을 인정하는 도키에다는 국어가 절대적이라고도 말할 수 있을 만큼 한자한어의 영향을 받았음을 '국어의 사실'로서 직시해야 한다고 말하고 있었

8) 時枝誠記『国語学史』(岩波書店, 1966 개정판). 다만 1966년 개정판은 1940년의 초판본의 "내용에는 손을 대지 않고 약간의 표기 체제를 고치는 데 그쳤다"('머리말')고 한다.

다.[9] 아마도 도키에다는 국어에서 한자 영향의 중대성을 인식한 최초의 국어학자일 것이다. 유럽 유학에서 돌아온 도키에다가 도쿄대학 국어학연구실에서 행한 발표에서 국어학의 긴요한 문제로서 이 한자한어의 영향을 말하고 있었다.

> 우리 국어학에서 무엇이 중요한 사실이며, 따라서 무엇이 긴요한 문제입니까? 일본어의 과거 및 현재를 통틀어 하나의 커다란 사실이라고 하면 그것은 무엇보다도 먼저 국어가 절대적으로 한자한어의 영향을 받았다는 것입니다. 이것은 국어의 사실 그 자체를 허심탄회하게 보는 누구나가 곧바로 느끼는 것입니다. 일본이라는 나라가 생긴 이래 그것은 일반적으로 믿고 있는 시대보다도 혹은 훨씬 더 오래전부터인지도 모릅니다. 국어는 지나어[중국어]와, 국어와 극히 비슷한 조선어라고 하는 친족어 등과의 관계와는 비교도 되지 않을 정도의 관계를 유지해왔습니다. 저는 이 평범하면서도 두드러진 사실을 국어학의 중요하고 또한 흥미로운, 서양 언어학에서는 유례가 드문 문제로 고찰해보려고 생각합니다.[10]

도키에다에게 국어학의 언어학적인 새로운 재구성으로 가는 길이 한자한어를 둘러싼 '국어의 사실'의 인식에서 시작되었다는 것은 중요하다. 도키에다가 보는 국어에 대한 언어의식은 다른언어 · 한자한문에 대한 자기 언어 · 국어의 의식이 아니다. 이미 한자한어를 자신의 언어의 성립과정에 포함시킨 일본어라고 하는 언어의식이다. 이 언어의식은 이미 타언어 중국어에 대한 것이 아니라, 위에서 인용한 도키에다의 발언에서도 볼 수 있듯 서양 언어학과는 이질적이라는 자각과 강하게 관련된 것이다. 이 점에 대해서는 뒤에서 다시 다

---

9) 時枝誠記『国語学への道』(三省堂, 1957). 또한 이 '국어의 사실'의 지적에 입각한 도키에다 국어학의 형성에 대해서는 이 책 제5장 참조.

10) 1929년 8월, 1년 반에 걸친 유럽 유학을 마치고 귀국한 도키에다는 우에다 가즈토시(上田万年, 1867~1937)의 뒤를 이어서 도쿄제국대학의 국어학 강좌를 담당하는 하시모토 신키치(橋本進吉, 1882~1945) 아래에서 국어학계에 하나의 전기가 그어지기를 기대하며 연구실 모임에서 '국어학의 방법론에 대한 하나의 제안'이라고 하는 보고를 행했다. 時枝誠記「東京大学国語研究室会における談話」(『国語学への道』 수록).

룰 것이다.

5. 한자는 빌린 것이 아니다

도키에다에 의해 국어학은 언어를 언어과정, 즉 언어라고 하는 심적 과정을 통하여 표현되는 언어과정으로서 파악하는 언어관으로서 재구성된다. 이러한 언어관에 입각할 때, 문자는 언어의 구성소재가 아니라 언어적 표현과정의 한 단면 내지 한 과정으로 간주된다. 여기서 문자사용의 양상은 언어적 표현주체의 표현의도와의 상호관련성에서 파악하지 않으면 안 되었다. 따라서 문자사용 연구란 "첫째로 문자표기 과정에 작용하는 표기자의 표현의식을 관찰하지 않으면 안 된다"고 여기게 된다. 즉 "화자가 자신의 언어표현에서 문자를 가지고 무엇을 표현하려고 하는가 하는 의도"를 고찰하는 것이다. 그것은 또한 "이러한 의도에 따라서 어떠한 문자를 어떻게 사용하는가"를 연구하는 두 번째 연구과제를 구성한다.[11] 이렇게 해서 한자와 가나에 의한 문자표기의 모습(用字法)은 표음적 표기의 의도, 혹은 표의적 표기의 의도와 관련하여 이해하지 않으면 안 된다고 도키에다는 말하는 것이다. 이렇게 언어과정설에 의한 문자관에 입각할 때, 한자는 가나문자 · 로마자와 함께 일본어의 표현주체에 의한 언어과정에 이미 편입되어 존재하고 있다. 한자냐 가나냐 하는 구별은 단지 표기적 관습과 표현의도에 따라서 결정되는 구별이다. 한자는 이미 빌린 것이 아니다. 도키에다의 언어과정설에 입각한 국어학은 이른바 **한자를 빌려온 것으로 보는 관점**에서의 탈피다.

> 원래 한자는 외래적인 것이어서 상식적으로는 이것을 객체적 존재로서 생각하고 이것을 그 차용이라고 하는 관념으로 규정한다고 하는 것은 어쩔 수 없는

---

11) 時枝誠記「心的過程としての言語本質観」(『言語本質論』 수록, 岩波書店, 1973). 또한 논문 「心的過程としての言語本質観」은 1937년에 잡지 『文学』에 발표한 것이다.

> 것이지만, 이미 망원경의 사례를 가지고 설명한 것처럼 그것이 국어를 표현한다고 하게 되면 그 관계는 빌린 사람과 빌려온 것의 관계가 아니고, 빌려온 것은 표현의 기능으로서 생각하지 않으면 안 된다.[12)]

여기서 망원경의 사례라고 하는 것은 본다는 기능에서 망원경이나 사람의 눈이 똑같듯이, 활자나 문자도 표현의 기능에서는 같은 것으로 간주하지 않으면 안 된다고 도키에다가 말하고 있는 데 따른다. 한자와 가나 문자를 모두 국어의 표현기능으로 파악하는 도키에다의 국어학은 국어의 자기의식을 규정해온 한자를 빌려온 것이라고 보는 관점에서 이탈하는 것이다.

한자를 빌려온 것이라고 하는 관점이란 한자에 외부성·타자성을 규정한 채 자기 내부의 언어표기(국어표기)를 하고자 그 표기수단으로 한자를 빌린다는 사고방식이다. 이것은 본래 모토오리 노리나가 등 국학자들이 품고 있었던 한자 관념이다. 예를 들면 모토오리 노리나가는 '천지초발지시(天地初発之時)'라고 하는 『고사기』 첫머리의 문장표기에 대해서 그 '天地(천지)'라고 하는 한자는 기본적으로 '아메쓰치(あめつち)'라고 하는 '**야마토코토바**'를 표기하고자 빌려온 것이라고 간주하는 것이다.[13)] '天地'를 빌린 것으로 간주하는 것은 이 한어 '天地'를 가지고 고유 일본어 'あめつち'에 대한 유추적인 의미를 해석하는 침입을 차단하게 된다. 노리나가는 한자를 빌린 것이라고 하는데, 이는 『고사기』 주석에서 한어 이데올로기에 의한 의미해석적 침입을 배제하는 중국 이데올로기 비판(漢意批判)을 말하는 것과 같은 태도다.

한자에 외부성·타자성을 규정하면서 그것을 자기 언어·국어 표기를 하고자 빌린 것으로 간주하는 한자관은 국학자에서 비롯되었고, 야마다 요시오 등 많은 국어학자(혹은 일본어학자)에 의해 기본적으로 계승되어온 견해이다. 한자에 이렇게 외부성·타자성을 규정하는 견해에는 이미 이쪽(일본)·내부에 자기 언어란 의식을 전제로 삼고 있다. 만일 한자를 이렇게 침입하는 외부로

---

12) 時枝誠記『国語学原論』第二篇「各論」二「文字論」(岩波書店, 1941).

13) 한자를 빌린 글자(임시 글자)라고 간주하는 입장에서 이루어진 노리나가의 『고사기』 주석에 대해서는 나의 『本居宣長』(岩波現代文庫, 2001)을 참조하기 바란다.

간주한다면 그 견해는 틀림없이 이쪽(일본)에서 방어하는 내부를 구성하게 될 것이다. 이미 살펴본 것처럼 야마다는 한문한자라고 하는 외부에 대응하여 탄생한 국어에 대한 의식을 가지고 있었다. 국어를 의식하는 이 언어 주체야말로 다름 아닌 국어를 형성하는 국어 주체다. 야마다에게 이 국어 주체란 야마토 민족이었다. 야마다는 '국어'를 이렇게 정의하고 있었던 것이다.

> 우리가 국어라고 인정하는 것은 일본제국의 중추인 야마토민족의 사상 발달 및 사상 교섭에 필요한 도구로서 사용되고 있고, 또한 사용해온 언어를 말하는 것이다. 이것을 간단히 말하면 이 국어란 일본국가의 표준어라고 하는 것이다.[14)]

이는 국어를 형성하는 언어 주체를 야마토민족으로 파악하는 야마다가, 1930년대 일본제국의 개념으로서 재구성한 국어 개념 이다. 한자에 외부성·타자성을 부여하면서 자기 언어·국어 의식의 성립을 서술하는 국어학의 역사가 가져온 국어 개념은 이러한 국어 주체·야마토 민족을 규정하게 된다. 야마토민족은 일본 민족·일본인과 동의어다.

그러면 한자를 빌린 것이라는 관념에서 이탈하는 도키에다국어학에서 언어주체란 무엇인가? 그 언어 주체를 전제로 해서 어떠한 국어 개념이 등장한 것일까?

6. 언어 주체 개념의 전환

우선 도키에다가 '국어'를 어떻게 정의하는가를 살펴보자. 그는 국어를 '일본국가의 언어' 혹은 '일본 민족의 언어'라고 하는 정의를 배척하고, "국어 즉 일본어는 일본어적 성격을 가진 언어이다"[15)]라고 한다. 국어란 일본어적인 성

---

14) 山田孝雄『国語学史要』(岩波全書, 1935).
15) 時枝誠記『国語学原論』第一篇「総論」二「国語及び日本語の概念」.

격을 가진 언어, 즉 일본어라는 도키에다의 이 정의는 국어 개념을 그 자연주의적이고 실체적인 기저로부터 떼어내 언어론적이라고 할 만큼 전환시킨 정의라고 할 수 있을 것이다. 이 전환으로 탄생한 정의의 정치적인 의미에 대해서는 나중에 언급하고자 한다. 도키에다는 국어란 언어의 주체적 행위로서의 언어수행적(performative)인 표현과정에 일본어적 성격으로서 실현되는 언어라고 본다. 그러면 그 언어적 표현과정에서 일본어적인 성격을 실현하는 언어 주체의 행위란 무엇인가. 도키에다에게 언어 주체란, 말하자면 일본인이나 일본 민족으로 갈래가 결정되는 그런 실체적인 개념이 아니다. 그것은 언어 활동을 조건지운 주체적 기반이라는 식의 기능적인 개념이다.

언어를 심적 과정이라고 보는 도키에다의 언어관은 강한 주체의식 위에 구성되어 있다. 도키에다가 말한 바와 같이 "언어는 언제 어떠한 경우에서도 이를 산출하는 주체를 고려하지 않고서는 이를 생각할 수 없다. 더욱 엄밀하게 말하면 언어는 '말하거나' '읽거나' 하는 활동 그 자체라고 할 수 있다"[16]고 한다. 그러면 도키에다의 언어론은 주체를 어떻게 말하고 있는가. '주체'는 도키에다에게 있어 '장면'과 '소재'와 함께 언어의 주체적 존재조건의 세 요소(triangle)를 구성한다. '주체'는 언어의 화자이며 해설자로, 좁은 의미에서의 언어 주체를 의미한다. '장면'이란 발어자(発語者)가 대응하는 청자와 수용자를 포함한 사회적 장면을 의미하고 있다. 그리고 '소재'란 언어 발신자의 지향 대상이다. 누가(주체), 어디에(장면), 무엇을(소재) 말하는가가 언어의 세 가지 주체적 존재조건이라고 말한다. 언어과정설에서 언어 주체란 언어의 이러한 주체적 존재조건을 의미한다.[17]

또한 언어의 주체적 존재조건을 도키에다는 집과 집터(地盤)라는 비유로 이

16) 時枝誠記『国語学原論』第一篇「総論」二「言語研究の対象」.

17) "나는 언어의 존재조건으로서 1 주체(화자), 2 장면(청자 및 기타를 포함하여), 3 소재 이렇게 세 가지를 꼽을 수 있다고 생각한다. 이 세 가지가 존재조건이라고 하는 것은, 언어는 누구(주체)인가가 어디(장면)인가에, 무엇(소재)인가에 대해 말함으로써 성립하는 것임을 의미한다." (時枝誠記『国語学原論』第一篇「総論」五「言語の存在条件としての主体, 場面及び素材」).

야기하고 있다. "집터는 집의 구성 요소라고는 말할 수 없지만, 어떠한 집도 집터 없이는 존재할 수 없다. 또한 집터에 의해 집 자체의 구조도 제약을 받는 것이다." 이 집터 비유를 통해 도키에다가 그것 없이는 집이 있을 수 없음을 말하는 동시에 집터는 집의 구조 자체도 제약한다고 하고 있는 데 주의해야 한다. 도키에다는 또 거푸집 비유를 통해 "언어는 장면을 향해 자기를 밀어내는 것, 마치 거푸집에 주물을 흘려넣는 모습인 것이다"라고도 말하고 있다. 언어주체가 언어과정에서 일성한 언어를 실현하는 존재조건이라면, 그것이 없으면 언어를 실현할 수 없는 집터이며 아울러 거기에 실현된 언어를 일정하게 제약하는 거푸집이기도 하다는 것이다. 그야말로 일본어적 성격을 가진 일정한 언어란 이 주체라고 하는 존재조건에서 실현되는 것이라고 생각하지 않으면 안 될 것이다. 그러면 일본어적 성격의 언어는 어떻게 실현되고, 무엇에 의해, 또 누구에 의해 일본어적 언어라고 인정받는가?

7. 일본어적 성격의 언어

도키에다는 언어의 사회성을 둘러싸고 "더욱 주체적이고 동(動)적인 언어사실을 고려하지 않으면 안 된다"고 하며, "거기에는 사회라고 하는 것을 평면적이고 정적인 것으로서가 아니라, 언어주체의 신분으로서, 대인적 관계로서 생각하지 않으면 안 된다"고 한다.[18] 이것은 도키에다가 주체의 언어 활동을 뒷받침하며 동시에 제약하는 존재조건으로서, 주체의 대타적(対他的)인 언어교섭 장면, 커뮤니케이션적인 공간을 고려하고 있음을 의미할 것이다. 물론 그 장면은 주체적인 장면으로서, 주체의 대타적인 언어 활동과 함께 성립하는 장면이다. 이미 거푸집 비유에서 도키에다가 "언어는 장면을 향하여 자기를 밀어내는 것, 마치 거푸집에 주물을 흘려넣는 모습인 것이다"라고 하였듯, 이 장면에서 언어활동은 언어를 일정한 성격을 가진 것으로 실현시키는 것이다. 그

18) 時枝誠記『国語学原論』第一篇「総論」十「言語の社会性」.

것은 경어(敬語)의 성격을 가진 언어였거나 어느 방언의 특질을 가진 말이기도 하다. 도키에다에게 언어의 사회성에 대한 이러한 고찰은 소쉬르의 '언어(랑그)' 개념의 비판적인 교섭 · 교착과 함께 이루어지고 있다. 도키에다가 소쉬르의 '언어(랑그)' 개념을 비판적으로 언급하면서 언어의 사회성에 대해 서술하고 있는 바를 살펴보자.

> 갑 · 을 · 병 …… 에게 동일한 습관이 성립하였다는 것은 반드시 갑 · 을 · 병 …… 각 개인 사이에 '언어(랑그)'화된 실체가 성립하였음을 의미하지는 않는다. 또 언어에서 인정되는 구속력은 우리들에게 외재하는 '언어(랑그)' 및 그 법칙이 아니라 언어표현을 제약하는 주체적인 표현목적 및 이해목적에 있는 것이다. 우리가 타인의 이해를 구하려고 하는 의식 없이, 혹은 타인을 이해하려고 하는 의식 없이 우리들 사이에 공통된 언어습관은 성립할 수 없다. '언어(랑그)'의 외재성과 구속성은, 요컨대 언어에 필연적으로 갖추어진 위와 같은 주체적 의식을 외부에 투영하는 수밖에 없는 것이다.

도키에다가 소쉬르의 '랑그' 개념을 언어에 사회성을 규정하고 있는 외재적이며 실체적인 개념인 '언어(랑그)'로 비판적으로 재구성하면서, 그것을 언어주체의 언어수행적인 표현과정에 내재화시키고 있었다는 점은, 내가 이미 별도로 논의하였다.[19] 여기서도 도키에다는 언어행위로서의 표현과정(이해과정)으로 실현된 언어의 상호적 통유성(通有性, 사회성)이 상대에게 전하려고 하는 표현목적(상대를 알려고 하는 이해목적)을 가진 주체적인 언어행위 그 자체에 의한 것임을 말하면서, 실체적 개념인 '언어(랑그)'란 이 언어과정으로 실현된 상호적 통유성을 "외부에 투영한 것"이라고 비판적으로 말하고 있다. 일정한 사회성을 가진 언어는 언어주체의 존립조건(장면)으로 규정되면서 표현목적(이해목적)을 가진 언어수행적(performative)인 표현과정(이해과정) 위에 실현된다고 도키에다는 말하는 것이다. 일본어적 언어라고 하는 일정한 사

19) 이 책 제5장 참조.

회적 통유성을 가진 언어도 또한 그러한 언어행위를 통하여 언어과정으로 성립한다.

그렇지만 언어과정설에 입각한 도키에다 국어학은 언어주체의 이러한 존립 조건에 의해 그 언어과정에 **일본어적 성격**을 가진 언어가 성립한다고 말할 수 있다고는 해도, **일본어**가 성립한다고 할 수는 없다. 도키에다의 언어과정설은 일본어를 일본어로서 규정하는 실체적이고 자연주의적인 근거와의 연관성을 단절하고서 성립하고 있기 때문이다. 그러면 주체의 언어과정으로 성립하는 언어를, 이것이 일본어라고 어떻게, 누가 인정하는가?

> 일본어는 일본어적인 과정적 구조와 그 결합인 문법조직에 의해 결정되는 것이지, 결코 일본어 낱말의 총화로 성립하는 것이 아니다. 다시 말하면 국어 혹은 일본어는 특수한 주체적 언어기능과 그에 의한 언어적 실현을 가리키는 것이다. 국어를 위와 같이 오로지 언어과정의 형식에 의해 정의내리려고 하는 것은 종래에도 문법에 관해서는 누누이 이야기된 것이다. 많은 한어를 섞어 쓰면서 그것이 국문이라고 일컫는 중요한 근거는 문법에 있다고 여긴 것이다.[20]

어떤 언어과정으로 성립하는 언어를 일본어적 성격을 가졌다고 인정하고 그것을 일본어라고 결정할 수 있는 것은, 그 언어구조가 일본어적인 문법형식을 따른다고 인정받음으로써이다. 그러나 이러한 문법형식의 언어는 일본어적이라고 누가 결정하는가? 그것은 일본어 문법형식의 분석적 기술자(記述者)인 일본어 문법학자, 즉 국어학자일 수밖에 없다. 그것은 '단어(詞)'와 '조사(辞)'의 과정적 구조형식으로서의 일본어문법의 분석적 기술자인 도키에다 자신이다. 도키에다 문법의 기술 자체가 일본어적인 성격의 언어를 그 기술 위에 성립시켰다고 할 수 있겠다. 방법적인 자각에 입각한 근대의 학술이 그 학문적 대상개념을 결국 자기 자신의 학문적 기술 위에 구성하지 않을 수 없는 것처럼, 여기서도 일본어라고 하는 대상개념은 그 문법론적 국어학의 기술 위

20) 時枝誠記『国語学原論』第一篇「総論」十一「国語及び日本語の概念」.

에 구성된 것이다. 국어학은 이렇게 일본어적 성격의 언어, 즉 일본어를 자기의 담론 위에 구성한다.

그렇지만 "국어란 일본어적 성격을 가진 언어다"라고 한, '국어'의 정의에 대한 명제는 국가 · 민족 같은 자연주의적 기저와의 연결을 스스로 단절한 국어학 자체에서 도출된 것이 아니다. '국어'를 정의하는 것은 본래 '국어'라고 하는 국가제도적인 개념과 관련된 정치적 담론이다. 국어 주체, 즉 일본인 · 일본민족이라고 하는 식의 실체적인 주체개념을 부정하고, 기능적인 주체개념을 가지고 언어주체를 구성한 도키에다 국어학은 학문적 기술의 첫머리에서 스스로 내건 '국어'의 정의가 가진 정치성을 거꾸로 한층 더 두드러지게 만든다.

> 오늘날 국어학의 대상이라고 하는 것은 멀고 궁벽한 지방에 있는 방언인 경우도 있고, 국가의 영토를 넘어선 지방에서 사용되는 일본어인 경우도 있으며, 또 일본 민족이 아닌 사람이 사용하는 일본어인 경우도 있다. 이때, 국어란 명칭은 이미 국가나 민족을 넘어선 것임을 의미하게 되니 **국어는 즉 일본어적 성격을 가진 언어의 총칭**인 것이다.[21]

이는 틀림없이 1930~40년대 일본제국이 각인된 '국어' 개념의 성립이다.

8. 도키에다 국어학으로 가는 길

1929년 9월, 유럽 유학에서 돌아온 도키에다는 이미 다룬 것처럼 도쿄제국대학 국어학연구실에서 '새로운 국어학의 제창'이라는 제목으로 강연을 했다. 여기에서 도키에다는 새로운 국어학을 형성하게 만든 동기로 유학 중의 체험을 이야기하고 있었다. 그것은 프랑스의 일상생활에서 겪은 유럽 여러 언어의 유연성(類縁性)에 대한 체험이었다. 그 체험으로 도키에다는 유럽 언어학

21) 時枝誠記『国語学史』第一部「序説」. 인용문 안의 방점은 글쓴이.

이 연구 대상으로 삼은 언어와 자기 언어 사이에 존재하는 이질성을 통감하였다. 그것은 단지 언어간의 이질성을 말하는 것이 아니다. 유럽 언어학과 유럽 여러 언어 사이에 연결된 관계에 대한 일본어의 이질성이다. 도키에다는 이 체험을 통하여 한층 명확하게 종래의 국어학을 회의하게 되었고, 새로운 국어학 형성의 동기로 삼았다. 이 체험에서 그가 도출해낸 결론은 다음과 같다.

> 국어학의 문제와 방법은 일부러 서양언어학만을 좇을 필요는 없지 않을까? 그것보다도 국어의 사실에 직면하여 그 속에서 문제를 찾고, 방법을 생각해야 하는 것은 아닐까? 서양 언어학의 문제와 방법을 옮겨와 국어학의 규범으로 삼은 계몽시대는 이미 지나가버린 것이 아닐까?[22]

이 결론에 따라 도키에다가 말하려는 것은 이러하다. 유럽 언어학을 옮겨옴으로써 구성해온 종래의 국어학은, 본래 국어학이 직면하고 거기서 국어학적이라고 할 수 있는 자신의 문제와 방법을 구성해야 하는 '국어의 사실'과 정면으로 마주하지 않는 것이 아닌가 하는 것이다. 그러면 본래 국어학이 정면으로 마주해야 할 사실이란 무엇인가. 그것은 이미 몇 번이나 다룬 것처럼 국어가 한자한어의 절대적인 영향을 받았다고 하는 사실이다. 도키에다는 "일본어의 과거 및 현재를 통틀어 하나의 커다란 사실이라고 하면 그것은 무엇보다도 먼저 국어가 절대적으로 한자한어의 영향을 받았다는 것입니다. 이것은 국어의 사실 그 자체를 허심탄회하게 보는 누구나가 곧바로 느끼는 것입니다"라고 말한다. 그렇지만 누구라도 당연히 느끼는 이 '국어의 사실'에 의해 근대국어학을 형성하는 길을, 국어학자는 결코 걸어가지 않았던 것이다.

내가 여기서 재차 도키에다에게서 국어학 형성의 출발점에 있었던 상황, 즉

---

22) 時枝誠記「東京大学国語研究室会における談話 — 国語学の方法論に対する一の提案」(앞의『国語学への道』수록).

'국어의 사실'을 정면으로 마주한다는 상황을 다룬 것은 다시 한 번 언어본질론(언어과정설)을 경유하는 도키에다의 국어학 형성의 길을 탐색하기 위해서가 아니다. 오히려 여기서 되묻고자 하는 것은, 이 '국어의 사실'을 정면으로 마주함으로써, 다시 말하면 국어의 정당한 언어적 자기인식을 통하여 일가를 이룬 도키에다 국어학이 갖는 의미다. 현대 국어학에서는 거의가, 그리고 일본어학에서는 전혀 돌아보지 않게 된 도키에다 국어학의 의미다.[23]

저 '국어의 사실'을 정면으로 바라봄으로써 시작하는 국어학의 형성이란, 유학할 때의 체험이 말하듯 유럽의 비교언어학이란 시점과 방법에 대한 회의에서 시작하지 않으면 안 되는 국어학으로 가는 길이었다. '국어의 사실'이란 한자한어의 절대적인 영향을 받은 국어라는 사실을 말하고 있었다. 그러나 비교언어학적 통설에서 중국어는 계통적으로, 또한 조직적으로 일본어와는 완전히 이질적인 언어라고 여긴다. 이러한 이질언어 · 중국어의 문자와 문장을 일본어에서 불가피한 전제로서 생각하는 국어학의 형성 등은 비교언어학적으로는 도저히 있을 수 없는 논의였다. 최근의 비교언어학적 연구가 특수언이로서의 일본어의 고립성이란 특성짓기를 한층 더 강조하는 경향에서 보자면 저 '국어의 사실'에서 도출하는 국어학 등은 말도 안 될 것이다. 이러한 특수언어 · 일본어관에 입각하여 현재 국어학자는 "문자를 갖지 못한 일본어는 중국에서 전해진 한자를 통해 쓰기생활을 시작하였다. 이렇게 고대로부터 문자를 비롯해서, 한자음, 한어의 차용 등, 중국어의 영향을 받아왔으나, 그것들을 제외함으로써 본래 일본어의 모습을 그려낼 수 있다"라는 말을 의외로 태연하게 말하기도 한다.[24] 이는 노리나가 등에 의한 고유어 · 일본어(야마토코토바)의 성립담론이 오늘날의 상황에서 일상화된 것이라 하겠다. 국학적인 고유어 · 일본어에 대한 지향이 비교언어학적인 특수어 · 일본어설에 의해 보강되어 현대국어학 · 일본어학의 일본어관을 성립시키고 있는 것이다. 그것이 우리 주변에

23) 도키에다의 국어학 혹은 언어론은 우리 외부자는 다대한 관심을 가지고 들여다보지만, 내부자인 국어학자 · 일본어학자에게는 무시된다고 하기보다, 부정적으로 평가받고 있다. 그것 자체가 전후 국어학 · 일본어학의 성격에 대한 우리의 질문을 이끌어낸다.

24) 白藤礼幸 · 三浦克己『国語学概論』(放送大学教材, 放送大学教育振興会, 1998).

서 찾아볼 수 있는 일본어관이다. 그렇다면 비교언어학적인 시점을 배척하면서, 저 '국어의 사실'을 정면으로 바라봄으로써 출발하려고 한 도키에다국어학이란 근대국어학에서 이질적인 언어적 자기인식을 가진 국어학이 된다.

도키에다의 언어적 자기인식은 일본어의 표기언어로서의 성립과 강하게 연결되어 있다. 한자한어의 영향을 말하는 도키에다로서는 그것은 당연한 시점이다.[25] 이미 다루었듯 도키에다는 한문을 기준으로 삼은 표기법의 **국어적인 붕괴 과정**에서 『고사기』·노리토·센묘 등의 표기법이 성립한다고 보았다. 국어적인 붕괴과정이란 한문 훈독법에 의거하여 한자로 표기하는 국어적 표기법의 성립과정을 의미하고 있었다. 국어적 표기언어의 이러한 성립과정을 보는 도키에다의 시선 앞에는 한문 훈독문, 그리고 한자가나 혼용문으로서의 표기언어·일본어 성립이 예견되고 있었을 것이다. 이러한 국어사적인 전망을 포함한 국어학은 어떻게 해서 가능한 것일까?[26] 도키에다에게서 국어학 형성의 과제가 안고 있던 곤란함과 특이성은 이 점에 있다. 도키에다의 언어과정설에 의한 언어론적 고찰은 이 국어학적인 과제에 부응하기 위한 불가결한 기초작업이었다.

---

25) 당연히 가져야 할 한자표기언어·일본어에 대한 시점을 국어학적 인식에서 배제하기 위해서는 본래 한자한문과는 관계없는 고유 일본어를 사용하는 인종이라고 하는, 국학자 흉내를 낸 설정이 필요하다. 그 대표적인, 천진난만하여 죄가 많은 담론은 위의 주 24)에서 거론한 시라후지 노리유키(白藤礼幸) 등의 『국어학개론』에서 전개된다. "확실히 문자를 비롯하여 한어 등의 어휘도 일본어 속에 도입되었으나 그것도 불교와 한학, 정치를 통해서이지, 대부분의 일본인이 직접적으로 다른 언어와 접촉한다는 것은 거의 없었다고 해도 지나친 말은 아니었다. 그렇게, 일본인은 자신들이 그 속에서 태어난 자신들의 말을 특별히 의식하지도, 나아가 상대적으로 파악하지도 않았다. 자신들의 말이 유일하고 절대적이었다." 이것을 보면 시라후지 노리유키(白藤礼幸) 등 현대 국어학자는 도키에다 뿐 아니라 야마다도 반대하여 절대적인 고유어 일본어를 주장하려고 하는 듯하다.

26) 도키에다는 나중에 이 과제를 이렇게 말하고 있다. "일본은 지리적·문화적인 관계에서 일본어와는 완전히 성질이 달랐던 중국어적 언어 요소를 잔뜩 섭취하여 오늘날의 국어를 형성해왔다. 이 사실을 국어학 속에 어떻게 자리매김하는가 하는 것은 국어학에 부과된 중요한 임무이다." (『現代の国語学』第二部·第一章·第四節「言語過程説の基本的な考へ方とその研究課題」, 有精堂, 1956).

9. 도키에다 국어학의 성립

"언어가 인간의 표현이해의 과정적 사실로서 성립한다고 하는 생각은 옛 일본의 국어연구 속에서 암시받은 것이다"27)라고 도키에다는 말한다. 그에게 언어과정설을 암시한 국어학사적 사실이란 우선 국어문에서 한자를 사용한 표기법이었다. 문장에서 사용된 한자를 둘러싼 정훈(正訓)·의훈(義訓)·마나가나(真名仮名)·와쿤가나(和訓仮名)라는 구별도 한자를 언어표현(이해)의 한 과정으로 보지 않으면 나오지 않는 구별일 것이라고 도키에다는 말한다. 어느 말의 표기를 한자로 하는가, 가나로 하는가, 혹은 정훈(正訓)의 한자표기로 하는가, 의훈(義訓)의 한자로 하는가 하는 용자법(用字法)의 구별은 표기의 관습과 표기의도를 가진 주체의 표현행위라고 하는 언어과정의 이해로서만 나온 것이다. 여기서는 한자와 한자를 섞은 표기언어는 새로운 언어이해를 요구한다. 도키에다가 "언어를 표현이해의 과정적 행위라고 할 때 표현의 매개재(媒材)로 음성 혹은 문자를 사용함으로써 각각 '말하는 언어' 혹은 '쓰는 언어'가 성립하고, 음성 혹은 문자를 매개재로서 이해할 때 '듣는 언어' 혹은 '읽는 언어'가 성립한다"28)고 한 것처럼, 언어과정이라는 그의 언어이해에서 문자언어를 음성언어와 함께 정당한 고찰의 대상으로 삼게 된 것은, 이 새로운 언어이해를 재촉한 것이 위의 국어학사적 사실에 있기 때문이다. 한자·가나 혼용문이라고 하는 일본어문이 도키에다로 하여금 비로소 언어학적 반성에 선 국어학의 형성을 촉구하게 하였다고 할 수 있다.

도키에다는 다시 한 번 그의 과정적 구조로서의 언어이해를 촉구한 국어학사적 사실을 꼽는다. 그것은 말을 분류하여 '단어(詞)'(혹은 코토바コトバ)와 '조사(辞)'(혹은 테니하テニハ, 테니오하テニヲハ)라고 하고, '단어(詞)'를 '가리키는 바(さす所あり)'라고 하며, '조사(辞)'를 '마음의 소리(心の声なり)'라고 설명하는 스즈키 아키라(鈴木朖, 1764~1837 국학자·유학자)의 언어이해이다. 이른

27) 時枝誠記『現代の国語学』第二部·第一章·第三節「言語過程説と国語学史」.
28) 時枝誠記『現代の国語学』第二部·第二章·第三節「音声言語と文字言語」.

바 스즈키 아키라의 '단어(詞)'와 '조사(辭)'의 구별이라는 것을, 도키에다는 표현과정으로서의 말이 가진 위상의 차이라면서 이 위상이 다른 말 사이의 관계 구조로서 일본어문법론을 구성한다. "'테니오하(辭)'와 다른 말(詞)의 관계를 포함하는 것과 포함되는 것의 관계라고 생각하고, 지향작용과 지향대상의 관계로 설명하며, 또한 그 말의 구조상의 차이를 밝힘으로써 어법연구의 기초이론으로 삼았다"[29]고 도키에다가 스스로 말하고 있는 것처럼, '테니오하' 혹은 '단어(詞)'와 '조사(辭)'를 둘러싼 근세 국어학사 상의 사실로서의 어법연구가 도키에다 문법론에 있어 결정적이라고 할 수 있는 의미를 가진 것이다.

이렇게 보면 도키에다 국어학은 일본어문, 다시 말하자면 한자한어를 스스로의 중요한 구성계기로서 가진 일본어문의 언어학적 반성에 입각한 자기인식의 학문으로서 성립하였다고 말할 수 있을 것이다. 타언어(他言語)문자・한자가 자기 언어에 개입하는 구조적 문제가 존재한다는 언어적 사실을 직시하는 데서부터 시작하는 국어학, 그 출발에서부터 이단성을 등에 지고 있는 이 도키에다의 국어학은, 그러나 1930-40년대에 성립하는 니시다 기타로(西田幾太郎, 1870~1945)・다나베 하지메(田辺元, 1885~1962) 등의 철학, 와쓰지 데쓰로(和辻哲郎, 1889~1960)의 윤리학, 그리고 야나기타 구니오(柳田国男, 1875~1962)의 민속학 등과 함께 일본의 자기인식의 학문으로서 성립하였다고 할 수 있지 않을까? 이 시기, 보편성을 주장하는 근대 유럽의 제반 학문에 대한 비판적인 학문적 지향은 궁극적인 자기인식을 통해서 스스로를 학문적으로 표현하려고 했다. 근대 초극적 지향은 이 시기 각 학문이 많건 적건 간에 공통적으로 가지고 있던 지향이었다. 이러한 근대 초극적 지향을 가진 각 학문에서는 근대 유럽에서 성립된 제반 학문을 강한 타자성을 가지고 의식한다. 그것은 주관성의 철학이고, 개인주의적 윤리학이며, 나그네의 외부적 관찰로 이루어진 민족지이며, 인도유럽 친족언어의 비교언어학이며, 구성주의적인 언어학 등등이다. 근대 일본의 학술 그 자체를 형성해온 이들 제반 학문은 이

29) 時枝誠記『国語学史』第一期「元禄期以前」. 또한 인용문 속의 ( ) 안의 주석은 필자에 의한 것이다.

시기 일본 혹은 동양의 자기인식을 통하여 비판적으로 넘어서려고 하는 것이었다. 도키에다 국어학에서도 유럽의 근대언어학을 강한 타자성을 가지고 의식하고 있었다. 도키에다가 소쉬르 언어학을 비판적인 타자로서 재구성하면서, 얼마나 자기의 언어학적 입장을 이끌어내고 있었는가에 대해서는 이미 서술한 바 있다.[30] 여기서도 '국어의 사실'을 직시하는 국어학에 대한 지향은 비판적 타자로서 유럽의 비교언어학에 맞서고 있다. 유럽 언어학을 비판적 타자로 삼아서 성립하는 국어학은 이미 타언어 · 한자한문에 대한 자기 언어 · 국어의 의식에 입각한 국어학이 아니다. 이미 그것은 한자한어를 불가피한 표현매체로서 내재화시킨 언어문장의 일본어적 성격을 기술하는 국어학이다. 그러나 이 국어학의 대상이 되는 일본어라고 하는 언어에 타자적 계기는 이미 존재하지 않는다. 자기 언어 · 일본어가 존립하는 본래적 모습 그 자체에 대한 타언어 · 중국어의 무시할 수 없는 영향이라고 하는 사실을 주목함으로써 시작된 도키에다 국어학은 타자적 계기를 잃은 자기 언어 · 일본어의 과정적 구조를 둘러싼 형식적 특질을 기술하는 도키에다 문법학으로서 성립하는 것이다.

그러나 이 도키에다 국어학을 거의 무시하듯 대하는 현대 일본어학에 '일본어적 성격의 언어'라고 하는 언어학적 대상을 해방시킨 것은 다름 아닌 도키에다 국어학 바로 그것이다. '일본어적 성격의 언어'란, '국어' 개념을 실체적인 기저에서부터 떼어낸 도키에다 국어학이 가져다준 일본어학에 대한 선물이 아닐까?

---

30) 이 책 제5장 참조.

'맺음말'을 대신하여
- 한자론이라는 시점

1.

일본어와 일본문화를 고찰할 때 내가 한자론적 시점이 갖는 중요성을 느낀 것은 그리 이른 시기의 일이 아니다. 이렇게 말하는 것은 나 또한 오랫동안 한자에 대한 진부한 견해에 따라 한자가나 혼용문이라고 하는 일본어표기에 익숙했고, 한자 사용을 너무도 자연스레 나의 언어표기로 삼으면서 일본인의 자기인식에서 한자 문제의 중요성을 지나쳐왔기 때문이다.

내가 한자에 대해 진부한 견해를 갖고 있었다는 것은 한자에 다른 언어적 성격, 즉 타언어 · 중국어의 문자라는 성격을 부여하면서 그것이 지닌 문제를 오랫동안 느끼지 못하고 있었다는 것이다. 그것은 한편으로는 우리들이 사용하는 한자한어에 관해서는 중국과의 공유성이나 공통성을 전제로 하여 일본인과 중국인 사이의 용이한 상호이해의 가능성을 나 역시 막연하게 인정하고 있었음을 의미한다. 공유하는 한자를 기반으로 한 일본과 중국의 동문동종(同文同種)이라는 환상을, 나도 어딘가 계속 가지고 있었다. 그러나 한편으로는 중국에서 유래한 한자한어의 다른 언어적 성격에서, "한자 · 한문의 극단적인 영향에 의한 부자연스러운 한어의 횡포"를 비난하면서 국어의 질서를 말하는 국어학자의 주장이 있다는 것도 나름 이해하고 있었다. 한자에 대한 정반대라고도 볼 수 있는 이 두 가지 견해는 일본어에서 타언어 · 중국어적 요소로서의 한자한어에 공감과 반발이라고 하는 상반된 감정적 계기를 가지면서, 그러나 양자 모두 한자한어에 중국어에서 유래한 다른 언어적 성격을 부여한다고 하는 공통의 견해에 입각했던 것이다.

한자에 대한 진부한 견해란 일본어에 있는 한자에 타언어적 성격을 부여하면서 그 자체의 문제성을 느끼지 못하고 계속 가지고 있던 견해다. 이 견해에 문제가 있음을 내가 느끼게 된 것은 타이완에서 열린 심포지엄에서다. 그것은 6년 전 쯤, 타이완의 중앙연구원에서 일본의 근현대 유학을 주제로 한 심포지엄이 열려 그곳에서 내가 발표하였을 때의 일이었다.

2.

그 심포지엄에서 나는 「근대 일본 '유교'의 표상」이라는 발표를 하려고 하였다. 나는 일본어 발표논문을 미리 제출하고 그 중국어 번역을 의뢰하였다. 그런데 타이베이에 도착한 나는 번역원고를 받아들고서 당혹감을 감추지 못했다. 나의 발표논문에서 몇 가지 열쇠가 되는 개념용어가 예상과는 사뭇 다른 말로 번역되어 있었기 때문이다. 그 말이란 논문의 제목에서도 사용하고 있는 '표상(表象)'과 그 외에도 '자명성(自明性)', 그리고 '이야기(語り)' 등이다. '이야기'는 그렇다 치고 나로서는 '표상'과 '자명성' 같은 한어어휘는 그대로 중국어 번역문에서도 사용 가능한 것이라고 생각하고 있었다. 그런데 그 한어를 중국어문에서 그대로 사용하면 이해되지 않는다고 타이완 연구자가 말했던 것이다. 당초에 나는 이것이 어떠한 상황을 의미하는지 알지 못했다. '표상'과 '자명성'은 중국어에서 유래한 한어이고, 당연히 중국어문에서도 그대로 사용 가능하다고 생각하고 있었기 때문이다.

나는 심포지엄의 발표와는 별도로 내 스스로가 직면한, 일본어에서 중국어로 한어 번역을 둘러싼 문제를 제기하고 그 문제를 놓고서 토론이 이루어지기를 바랐다. 이 토론을 통해 나는 몇 가지 중대한 문제를 느꼈고 배웠다. 우선 지적받은 것은 '표상'과 '자명성'과 '이야기'는 서구어의 일본 번역어라는 것이다. 확실히 representation이나 self-evidence나 narrative라는 말이 그런 말의 배후에 존재하고, 그러한 서구어휘가 배후에 있는 이른바 번역어라는 이해 아래 우리는 그 어휘를 사용하고 있는 것이다. 그것은 우리들이 사용하는 많은 한어어휘, 특히 학술 담론에서 사용하는 한어어휘란 거의 서구어를 일본어로 옮긴 번역어임을 나로 하여금 새삼스레 인식하게 하였다. 나아가 그 번역어로서의 한어어휘는 어느 시대, 어느 사회적 서클에서 사람들의 공통 이해를 바탕으로 사용되고 있다는 것도 인식하게 되었다. 그 점을 내가 알고 있었다면 '표상'과 '자명성'이 곧바로 현대 중국어문에서도 사용 가능한 것이라고 생각하지 않았을 것이다. 나는 그런 어휘가 일본어로 번역된 단어라는 것을 자각하지 못하고, 더구나 일·중 두 나라 언어에서 한자한어라는 공통성을 맹신하였기에 곧바로 중국어문에서도 그 어휘를 사용할 것을 주장한 것이다. 지금 생각해보면 이러한 나의 주장에는 서구인처럼 그들의 개념용어를 다른 언어세계로 직접적으로 가지고 들어가려는 식의 문화제국주의적 언어의식이 없다고는 할 수 없었다. 일본어의 한자에 중국어에서 유래한 다른 언어적 성격을 부여하는 견해는, 우리들이 사용하는 언어가 암묵적으로 전제되어 있는 많은 상황 혹은 우리들의 언어의식에 숨어 있는 많은 문제를 볼 수 없게 하고 있는 것이다.

타이완에서 열린 심포지엄 체험은 일본어를 중국어로 번역하는 일이 일본어를 영어로 번역하는 것과 본질적으로 다르지 않은 번역임을 새삼스럽게 내게 가르쳐준 것이다. 두 언어에서 한자와 한어어휘의 공유는 두 언어 간의 번역이 번역이라고 하기보다 훨씬 쉬운 다른 쪽 언어로의 전환 내지 이행을 가능하게 한다고 믿게 만드는 것이다. 한자를 단지 중국에서 유래한 타언어(他言語)문자라고 간주해버리는 것은 도리어 일본어와 중국어 쌍방의 다른 언어적 성격을 애매하게 만들어버린다. 그것은 중국어문인 한문을 훈독하면서 그 읽기가 일본어로의 번역임을 느끼지 못해온 것과 표리를 이루는 상황일 것이다. 우리가 학술적 담론에서 사용하는 '표상'이라고 하는 한어어휘는 한어를 이용한 Vorstellung이나 represetation의 일본어 번역어다. 그 어휘가 한자로 구성되고 한자음으로 읽힌다 해도 그것은 번역어로서 일본어를 구성하는 어휘다. 그것을 알면 예컨대 '표상'이라고 하는 한어어휘가 고전한어로서 한자-일본어사전(漢和辞典) 속에 존재하고 있다 해도 곧바로 그것이 현대 중국어문으로 옮겨질 수 있으리라고는 당연히 생각하지 못했을 것이다. 오규 소라이는 이미 일찍부터 말하고 있었다. 중국의 '시서예악'을 일본인이 한문훈독체로 읽는 것은 실은 일본의 '시서예악'으로 삼으려는 것이라고.

3.

모토오리 노리나가의 『고사기전』은 일본어라고 하는 문제를 생각할 때 한자라고 하는 시점이 갖는 중요성을 내게 느끼게 해준 또 하나의 계기였다. 그렇지만 이 경우에서도 이 일의 중요성에 대해 내가 처음부터 느끼고 있었던 것은 아니다. 『고사기』 텍스트는 **주지하듯** 한자한문표기로 되어 있다. 이 한문표기는 변체한문체, 즉 일본어풍으로 훈독될 것을 전제로 썼다고 추측되는 한문체인 것이다. 노리나가는 한자한문표기로 되어 있는 이 『고사기』 텍스트에서 한문표기로 고어를 충실하게 재현하는 데 노력하였다는 편찬자 오노 야스마로의 의도에 따른다면서 『고사기』 본문을 고어인 '야마토코토바' 문장으로 읽고 있었다. 『고사기전』이란 이 한자한문 텍스트를 고어 '야마토코토바'로 읽을 수 있다는 근거, 그 방법과 증거를 둘러싼 축어(逐語)적인 코멘트의 방대한 집적이다. 『고사기전』이라고 하는 이 압도적인 성과에 의해 노리나가의 주석학적 작업 자체가 그야말로 비교할 수 없는 학문적 작업으로서 상찬되고, 신격화되고 있었던 것이다.

『고사기전』의 신격화란 『고사기』 텍스트에서 고어 '야마토코토바'를 읽어내는 주석자의 자세와 그 학문적 절차의 신격화이기도 했다. 그 신격화는 『고사기』의 한자한문 텍스트로부터 벗어나 일본의 고어 '야마토코토바'를 읽어낼 수 있는가 하는 물음 자체를 어렵게 만드는 것이었다. 일찍이 가메이 다카시가 '『고사기』는 읽을 수 있는가'라고 하는 본격적인 물음을 제시하였으나, 나를 포함하여 거의 모든 노리나가 연구자는 단지 옛날 말(言)=사실(事)에 충실한 주석자와 그 주석적 작업의 성과를 오로지 칭송할 뿐이었다고 해도 좋을 것이다. 그것은 『고사기』의 한자한문텍스트에서 고어 '야마토코토바' 문장을 읽어내는 데 본질적인 의문을 품지 못했음을 의미하고 있다. 동시에 그것은 『고사기』 텍스트가 한자한문으로 이루어졌다는 그 자체가 갖는 중대성을 느끼지 못했음도 의미할 것이다. 내가 앞서서 『고사기』 텍스트가 한자한문표기로 이루어졌다는 것에 '**주지하듯**'이라고 방점을 찍었던 것은 한자한문 텍스트라는 사실은 인식하고는 있으나 사람들이 그 일의 중대성을 확실히 깨닫지는 못했기 때문이다.

노리나가가 이것이야말로 '고훈고사기'라고 해서 세상에 제시하려고 한 『고사기』 본문 읽기에 의심을 품게 된 것은 내게 있어 '담론적 전환'이라고 부르는 사상사의 방법론적인 전환을 통해서였다. 혹은 나의 사상사적 방법의 전환은 내게서 노리나가의 『고사기전』 읽기방식의 전환과 함께 이루어졌다고 할 수 있을 지도 모른다. '일본어' 혹은 '야마토코토바'라는 통일적 언어개념 자체가 담론상의 구성물이라는 견해를 갖게 되면서, 나는 노리나가의 『고사기』 주석작업 자체가 고어 '야마토코토바'를 구성하는 작업이라고 보게 된 것이다. 이렇게 해서 『고사기』의 한자한문 텍스트에서 '야마토코토바'를 읽어내고 있는 노리나가의 주석학적 작업 자체에 질문을 던지게 되었다. 한자한문 텍스트에서 '야마토코토바'를 읽어내는 것은 정말로 가능한 것일까? 만일 그것이 가능하다면 그것은 한자한문 텍스트를 어떻게 간주해야 할까?

『고사기전』을 둘러싼 나의 다시묻기, 다시 읽기에 대해서 『모토오리 노리나가』(이와나미 현대문고) 혹은 이 책 제2장을 보아주기 바란다. 다만 이 다시 묻기를 통하여 밝혀진 노리나가의 한자관에 대해서만큼은 여기에 다시 한 번 써 두고자 한다. 이 한자관이야말로 한자에 대한 우리들 즉 후세 일본인의 견해를 규정해버린 것이라고 간주되기 때문이다.

4.

노리나가의, 고어 '야마토코토바'로 『고사기』 텍스트의 본문 읽어내기는 그 한자한문 텍스트의 배후에 고어 '야마토코토바'로 이루어진 구송 전승을 상정한다. 그 고어에 의한 구송 전승은 한편으로는 『고사기』처럼 변체한문체 표기법으로 기록된 동시에 다른 쪽에서는 '노리토(祝詞)'와 '센묘(宣命)'처럼 구송이란 성격(口誦性)을 남기는 형태로 텍스트화되고 있었다고 노리나가 등은 생각한 것이다. 그렇다면 텍스트 배후에 있는 구송된 고어 '야마토코토바'를 한자한문 텍스트에서 어떻게 읽어낼 것인가?

"천지초발지시(天地初発之時)"라고 하는 『고사기』 본문 첫머리의 한 구절에 대해서 살펴보자. 노리나가는 이것을 "あめつちのはじめのとき(아메쓰치노하지메노토키)"라고 읽었다. 노리나가는 당초 '天地'라 표기되어 있는 말의 고어는 'あめくに(아메쿠니)'라고 믿고 있었던 듯하다. 그것을 스승인 가모노 마부치가 『만요슈』의 옛 노래에 근거하여 읽은 바를 따라 'あめつち(아메쓰치)'로 정정한 것이다. '天地'를 'あめつち'라고 읽게 되는 절차는 이런 식이다. 문제는 'あめつち'라고 하는 고어의 의미다. 여기서 의미란 'あめつち'라는 말이 무엇을 가리키는가 하는 것이 아니라 'あめつち'라고 하는 말이 원래부터 품고 있던 원뜻이라고 할 만한 말의 의미다. 지금 노리나가가 '天地'를 주석하고 있는 『고사기전』 3권 첫머리의 문장을 살펴보자.

> 천지(天地)는 阿[あ]米[め]都[つ]知[ち]라는 한자다. 따라서 天은 아메(阿米)다. 그렇지만 '아메'라고 하는 말의 뜻은 아직 생각해내지 못했다. 본래 제반 말이 그렇게 일컬어지는 본래의 의미를 풀이하는 것은 매우 곤란하며, 억지로 풀려고 하면 반드시 어긋난 설이 나오게 된다.

이는 기묘한 주석문이다. 한자표기인 '天地'는 'あめつち'라고 읽는 것이라 한다. 그런데 그 때 '天地'가 'あめつち'의 한자라면 '天地'는 고어 'あめつち'를 표기하기 위한 한자라고 집요하게 변명하는 언사다. '天'도 또한 'あめ'의 한자표기다. 이렇게 '天'이라고 한자로 표기되어 있는 것은 고어 'あめ'인데, 그렇다면 어째서 'あめ'라고 하는가. 그러나 그 'あめ'라고 하는 본래의 의미에 대해서는 나는 아직 생각해내지 못했다고 노리나가는 말하는 것이다.

“하지만 あめ라고 하는 말의 뜻은 아직 생각해내지 못했다”라는 노리나가의 말은, 멋대로 해석하지 않는 신중하고 치밀한 주석학자 노리나가의 자세를 전하는 것으로 이해해왔다. 하지만 이 말은 오히려 ‘あめ’의 뜻(意義)에 대한 한자 ‘天’의 해석적 침입을 배제하려고 하는 데서 오는 것이 아닐까? ‘天地’는 고어 ‘あめつち’를 표기하기 위한 한자라고 집요하게 말하는 것은 이 한어 ‘天地’로 고어 ‘あめつち’의 의미를 파악해서는 안 된다는, 해석할 때 한자를 차단하는 일과 관계될 것이다. 한자 ‘天’으로 고어 ‘あめ’의 의미를 풀어서는 안 된다. 그러면 ‘あめ’란 무엇인가. ‘あめ’의 의미는 아직 생각해내지 못했다고 노리나가는 말하는 것이다. 한자 ‘天’을 배제함으로써 ‘あめ’의 의미는 공백이 되는 것이다. 이를 기묘한 주석이라고 하지 않는다면 무어라 해야 할까? 의미의 공백은 ‘かみ(카미)’에 대해서도 그러하다. 한자 ‘神’을 배제함으로써 ‘かみ’의 뜻도 미상(未詳)이 되는 것이다. 여기서 한자에 대한 견해가 분명해진다. 한자는 고어 ‘야마토코토바’의 표기수단으로서만 생각되고 있다. 한자는 단지 표기수단으로서 일본에 수용되었다고 간주된 것이다. 한자는 빌려온 것이다. 그것을 들여오는 쪽에 이미 우리 고유의 언어 ‘야마토코토바’가 훌륭하게 존재한다고 여기는 것이다. 노리나가 주석문의 기묘함은 한자를 배제하면서 배제된 공백에 ‘야마토코토바’를 가동시키는 작업이 갖는 기묘함이다.

오노 야스마로가 ‘天地初発之時’라고 첫머리의 한 구절을 썼을 때 한어 ‘天地’와 함께 중국의 천지적 우주론(cosmology)은 그 안에 이미 존재하였을 것이다. 이 우주론 없이는 신화의 우주론적인, 혹은 우주 생성론적인 기술도 있을 수 없다. 한어 ‘天地’가 고대 일본의 언어를 표기할 때 존재한다는 것은 그러한 것이다. 한자 ‘天地’는 단지 ‘あめつち’의 표기수단으로서 고대 일본에 존재하는 것일 리가 없다. 하지만 노리나가는 한자를 고어 ‘야마토코토바’의 표기수단으로서 빌려온 것, 즉 빌린 글자라고 간주함으로써 신화적 표기체계로부터 한자한어적 세계관을 총체적으로 배제하려고 하였던 것이다. 노리나가에 있어 고학(古学)의 방법적이며 사상적인 전제로서 강조되는 ‘중국 정신(漢意)’ 비판이란 바로 고기록텍스트에서 한자한어적 세계관을 배제하는 것을 말

한다. 한자란 '다른나라'의 문자로서 '야마토코토바'의 의미체계에 그림자를 드리워서는 안 되었다. 한자는 '야마토코토바'에게 이질적 존재인 것이다.

5.

노리나가의 『고사기전』은 결정적인 한자관을 후세에 남기고 있었다. 그것은 한자를 빌린 것이라고 보는 견해다. 한자를 빌린 것으로 간주하는 것은 이미 자기 언어의식을 전제로 하고 있다. 이 자기 언어의식에서 한자는 이질적 존재였다. 그러하기에 일본어(국어)가 자립언어라는 의식이 확고한 근대의 국어학자는 이 한자관을 강하게 지지하고 있었던 것이다. 더구나 중국어와 일본어의 이질성을 비교언어학적으로 확인하는 근대 일본의 국어학자에게서 한자의 다른 언어적 성격은 이미 그들의 국어 인식의 전제였다.

이 책 제1장에서 살펴본 것처럼 야마다 요시오는 처음으로 국어의 한어에 대해 체계적인 연구적 시선을 보낸 국어학자였다. 야마다는 주지하듯 자신을 국학자의 계보에 자리매김한 근대 국어학자였다. 하지만 그렇다고 해서 그를 근대의 예외적인 국어학자로 간주할 수는 없다. 오히려 국어는 한 나라의 언어라고 강하게 의식하는 데서, 그리고 일본문법론을 구성하는 근대 언어학적 방법에서 야마다는 일본 근대국어학의 정통에 자리하고 있다. 야마다는 스스로의 한어연구의 의미와 목적을 이렇게 말하고 있었다. "이렇게 국어 안에 한어가 들어오는 사정과 그 한어가 국어화되는 사정 및 한어가 국어에 미친 영향을 아는 동시에 우리는 이를 거꾸로 생각해서 한어가 침입할 수 없는 국어의 세력범위를 알고 그럼으로써 국어의 생명이 깃들인 곳이 어디인가를 인식하며, 또한 이상 여러 방면의 연구에 의해 간접적으로 국어의 본질도 알 수 있게 된다." 야마다의 국어 의식에서 한어는 외부로부터의 침입자로 간주되고 있다. 한어란 밖에서 온 것(외래자), 즉 외래어로 간주되지 않으면 안 되는 것이다. "한어는 외래어임에 틀림없으므로 순수한 국어로 취급할 수 없음은 논할 필요도 없다"고 야마다는 말한다. 야마다의 이러한 말에서 한어를 외래어로 간주하는 것은 자기 쪽에 이질적인 요소를 포함하지 않은 '순수한 국어'를 작동할 수 있게 만드는 것임이 명백해진다. 야마다는 그것을 한층 명확하게 이렇게 말하고 있다. "외래어라고 하는 이름이 갖는 의미는 자국어가 본체로서 엄연히 존재하고 거기에 외국에서 온 말이 섞여들었다는 사상을 드러내는 것이다."

한자한어를 외래자로 간주하는 것은 자기 쪽에 수용자로서의 자기 언어의 사선적 존립을 인정하는 것이 된다. 더구나 그 외래자를 이질적인 존재로 규정할 때, 자기 쪽에 구성되는 것은 순수한 언어적인 자기동일성이다. 한자가 가져온 것을 총체적으로 배제하려고 하는 노리나가의 『고사기전』을 나는 기묘한 주석이라 했는데, 그 외래성을 가지고 한자한어를 이질적 존재라며 배제하는, 국어학자가 구성하는 '순수국어'라고 하는 개념도 또한 기묘한 개념이라 하지 않을 수 없다. 그러나 근대의 국학 계승자 야마다만이 이 '순수국어' 개념을 품은 것은 아니다. "우리 일본인에게 일본어는 그 안에서 살아가고 그 안에서 성장해간 언어이며, 우리의 아이덴티티를 이루는 것이다"라고 한 소박한 언어적 아이덴티티로서의 일본어를 말하는 데서 공통적으로 품게 되는 개념이다. 이 소박한 아이덴티티로서의 일본어 주장자가 현대 국어학자이기에 현재 통용되고 있는 『국어학개론』(白藤礼幸・杉浦克己, 放送大学教育振興会, 1998)에서 다음과 같은 일본어의 모습(像)을 그리게 된다.

> 문자를 갖지 못한 일본어는 중국에서 전해진 한자로 표기활동을 시작하였다. 이렇게 고대에서부터 문자를 비롯하여 한자음, 한어의 차용 등에서 중국어의 영향을 받아왔으나 그것을 제거함으로써 일본어 본래 모습을 그려낼 수 있다.

6.

외래성이란 표지를 붙이면서 한자에 다른 언어적 성격을 부과하는 견해는 강한 자국어의식을 가진 근대 국어학자 만이 아니라 많은 일본인도 받아들이고 있다. 내가 나 자신 속에서 찾아낸 한자에 대한 진부한 견해도 이러한 한자관이다. 이렇게 한자를 다른언어문자라고 보는 견해가 국학자, 혹은 근대 국어학자에게 배타적인 자기 언어 · 일본어의식을 구성하고 있었음은 이미 서술한 바다.

그러나 일본에게서 한자수용이란 스스로 선택해서 받아들인 결과가 아니다. 동아시아에서 중국은 처음부터 문명적 우월자로서 존재하는 소여(所与)였다. 동아시아 각국에게 한자란 이 우월자로부터 받아들이지 않을 수 없는 문명적 선물이었다. 그러나 그 선물이란 중화제국의 주변 각 지역에게는 문명적 은혜인 동시에 문화적 구속을 가져온 이중 구속적(double bind) 선물이었다. 일본에서 자기문화 · 자기 언어의식이 이 선물의 어쩔 수 없는 수용에 대한 저항 · 반발과 함께 형성된 것임은 이미 살펴보았다. 하지만 이질적인 타자에 대한 배외적인 반발과 함께 형성되었던 이 근대적 자기를 현대 일본의 비판적이고 분석적인 시점은 또 하나의 자기, 잠재된 자기의식으로서 재구성하고 있었다. 문화적 강자가 남긴 심리적 트라우마를 계속 짊어지고 가는 자기로서. 문화적 강자로서의 이질적 타자, 그 없이는 자기문화도 자기 언어도 존립할 수 없는 이질적 타자, 어쩔 수 없이 그것을 전제로 삼을 수밖에 없는, 혹은 포함할 수밖에 없는 자기로서다. 일본에서 스스로를 이렇게 비판적으로 재구성하는 것은 일본정신 분석의 시점이다. 국어학자는 근대의 자기 언어의식을 역사적으로 소급시켜, 그것을 국어의 의식으로서 재구성하고 있었다. 일본정신 분석이란 시점 또한 자기 언어의식을 일본문화를 잠재적으로 규정하는 역사적인 자기의식으로서 재구성한다. 한자란 이 일본정신 분석적 시점에 따라 일본인이 문화심리적으로 계속 짊어지지 않으면 안 되는, 강자가 남긴 트라우마다. 하지만 일본정신 분석의 시점이 찾아내고 분석하는 자기 언어의식이란 국어학자가 찾아내고 기술한 것과 같은 근대의 자기언어의식일 수밖에 없다. 이 자기 언어의식에 의해 한자란 다른 언어적 성격을 짊어진 이질적 타자로서 늘 존재하는 것이다. 근대의 국어학자는 이 이질적 타자 · 한자에 반발하면서 한자의 수용기반으로서의 고유 언어를 역사 속에서 환상적으로 존립시키고 있었던 것이다. 이에 대해서 일본정신 분석가는 이질적 타자·한자라고 하는 트라우마를 계속 짊어진 자기 언어의식을 역사 속에 잠재시키고, 그것을 문화심리적인 규정인자로서 삼으면서 언어론적인 일본문화론을 구성하고 있는 것이다.

하지만 그 유래로 인해 외부성을 가진 한자를 단지 이질적 타자로 간주하는 것은 폐쇄된 내부적 자기밖에 만들어내지 못한다. 일본정신 분석이란 입장이 구성하는 언어론적 일본문화론에서, 마루야마 마사오(丸山眞男)의 역사의식의 고층론(古層論)과 같은 폐쇄된 내부성이란 울림이 들리는 것은 그 탓이다. 지금 우리들은 한자를 자기 언어의 전개에 불가피한 타자로 간주해야 한다. 모든 자연언어에서 다른 언어를 전제로 하지 않는 순수한 자기 언어 같은 것은 있을 수 없다. 순수언어란 비교언어학이 구성하는 태초의 언어 같은 인공언어학적인 추상이다. 한자가 배타적으로 자기를 만들어내기 위한 이질적 타자가 아니라면, 수용자의 자기 언어의식이 계속 짊어지고 가지 않으면 안 되는 트라우마로서의 이질적 타자도 아니다. 그것은 일본어의 성립과 전개에서 피할 수 없는 타자다. 한자란 일본어에서 불가피한 타자다. 그것은 자기언어가 끊임없이 외부에 열려 있음을 가능하게 하는 언어적 계기로서의 타자다.

*　*　*

한자론이라는 이 책을 구상한 것은 이 글 첫머리에 다루었던 타이완에서의 심포지엄에서 돌아온 직후다. 1998년 가을, 당시 잡지 『사상』(思想)(이와나미서점)의 편집장인 고지마 기요시(小島潔) 씨에게 한자론의 구상을 이야기한 것이 시작이다. 이렇게 해서 나의 한자론은 「'한어'란 무엇인가」(1999년 5월)를 시작으로 『사상』지에 단속적으로 발표되었다. 그리고 『비평공간』(批評空間)에 고 나이토 유지(內藤裕治) 씨의 마지막 편집으로 「한자와 '국어의 사실'」이 게재된 것이 2002년 4월이고, 이 책 마지막 장인 「한자와 자기 언어 인식」을 써서 현재 『사상』 편집장인 오시다 렌(押田連) 씨에게 건넨 것이 2002년 말이었다. '불가피한 타자'라는 한자론에 대한 나의 시점은 처음부터 분명했으나 이 4년 동안은 한자론을 어떻게 해서 비판적인 사상적 시점으로 구성할 것인가에 대한 고통스런 모색의 과정이었다. 그 과정을 뒷받침하고 이 책의 간행을 이루어주신 이와나미서점의 고지마 씨와 오시다 씨에게 마음으로 감사를 표한다. 또한 한자론 집필과정에서 나의 국어학과 언어학 지식을 보충해주고 유익한 조언을 해준 미야카와 야스코(宮川康子), 산토 이사오(山東功) 두 사람에게도 감사하고자 한다.

2003년 4월 7일

고야스 노부쿠니

| 초출 일람 |

第1章 「漢語」とは何か	『思想』 899(1999. 05)
第2章 『古事記』 — この漢字書記テクスト	『思想』 905(1999. 11)
第3章 他者受容と内部の形成	『思想』 927(2001. 08)
第4章 飜訳語としての近代漢語	
(原題) 近代「倫理」概念の成立とその行方	『思想』 912(2000. 06)
第5章 漢字と「国語の事実」	『批評空間』 III-3(2002. 04)
第6章 漢字と自言語認識	새로 씀.

「あとがき」にかえて — 漢字論という視点

「言語論的日本論批判」 『ユリイカ』 臨時増刊(「日本語」特集 2003. 04)을 바탕으로 고쳐씀.

문자 · 사회 · 문화 총서 31

한자론

불가피한 타자

지은이 고야스 노부쿠니(子安宣邦)
옮긴이 이한정
펴낸곳 연세대학교 대학출판문화원

주 소 서울시 서대문구 연세로 50
전 화 02) 2123-3380~2
팩 스 02) 2123-8673
ysup@yonsei.ac.kr
http://press.yonsei.ac.kr
등 록 1955년 10월 13일 제9-60호
인 쇄 네오프린텍(주)

2017년 2월 28일 1판 1쇄

ISBN 978-89-6850-181-4 (94000)
978-89-7141-962-5 (세트)

값 12,000원